王钟翰 著
杨海英 邱永君 编

最后的王朝
王钟翰说清朝

大家说历史

生活·讀書·新知 三联书店

Copyright © 2019 by SDX Joint Publishing Company
All Rights Reserved.

本作品版权由生活·读书·新知三联书店所有。
未经许可,不得翻印。

**图书在版编目(CIP)数据**

最后的王朝:王锺翰说清朝 / 王锺翰著;杨海英,邸永君编. —北京:生活·读书·新知三联书店,2019.8
(大家说历史)
ISBN 978-7-108-06155-3

Ⅰ.①最… Ⅱ.①王… ②杨… ③邸… Ⅲ.①中国历史-清代-通俗读物 Ⅳ.①K249.09

中国版本图书馆 CIP 数据核字(2018)第 017026 号

| | |
|---|---|
| 特约编辑 | 邹小舟 |
| 责任编辑 | 杨柳青 |
| 封面设计 | 陈乃馨 |
| 责任印制 | 黄雪明 |
| 出版发行 | 生活·讀書·新知 三联书店 |
| | (北京市东城区美术馆东街 22 号) |
| 邮　　编 | 100010 |
| 印　　刷 | 常熟市文化印刷有限公司 |
| 版　　次 | 2019 年 8 月第 1 版 |
| | 2019 年 8 月第 1 次印刷 |
| 开　　本 | 650 毫米×900 毫米 1/16 印张 20.5 |
| 字　　数 | 230 千字 |
| 定　　价 | 56.00 元 |

# 自　　序

20世纪30年代末，我在北平燕京大学研究院历史学部当研究生，两年后毕业留校，任助教，并在历史系开过清史与明史两门课。当时我27岁，登上教授讲坛，还算年轻，对清史情有独钟，涉猎所及，自以清人所著文史为多。又因精力充沛，对邓文如（之诚）师所授清史一课，特感兴趣，一下课，即回宿舍，伏案整理讲稿，用蝇头小楷，恭恭敬敬誊录一遍。一年下来，讲稿积累竟不下二三十万字，装订成册，送呈邓师过目，并乞审定。邓师一见用毛笔誊过的讲稿，十分高兴，即将讲稿留下，并谬加奖许。

过了若干年，我去邓师家询问讲稿是否改好，邓师告我已被中央党校清史学系两位年轻教习借走，迄未送还。我闻罢顿时闷闷不乐，垂头丧气，怅然而返。

从20世纪50年代起，我在民院历史系为本科生开设清史与满族史课程。至90年代，陆续又积累了讲稿数十篇，每篇一个专题。2004年，任士英同志曾将讲稿整理，推出《清史满族史讲义稿》。今因年老体衰，已无力再写新稿，但又考虑讲稿乃我多年心血，其中不无一得之功、一孔之见。故而委托门人杨海英、邱永君二人为我选择整理，以不负美意。因时间紧迫，仓促定稿，故无暇顾及言之无文与字斟句酌也。是为序。

王锺翰　2007年11月序于北京西苑医院

时年九十有四

| 总 说 | 清朝的历史定位 | 3 |
| --- | --- | --- |
| | 满族的历史和形成 | 11 |
| | 清史和满族史研究的关系 | 20 |
| | 研究方法入门 | 27 |
| 分 说 | 对明清之际历史人物的研究 | 35 |
| | 袁崇焕和皇太极 | 35 |
| | 钱谦益和柳如是 | 39 |
| | 陈梦雷和李光地 | 42 |
| | 施琅与洪承畴 | 47 |
| | "清宫四大疑案" | 52 |
| | 顺康之际的几个历史问题 | 68 |
| | 多尔衮的独裁与专政 | 68 |
| | 康熙生平大事略 | 73 |
| | 清政府对台湾郑氏关系之始末 | 77 |
| | 清朝前期的党争问题 | 84 |
| | 关于雍正篡位问题的研究 | 92 |
| | 清圣祖遗诏考辨 | 92 |
| | 《清世宗夺嫡考实》 | 97 |
| | 《胤禛西征纪实》与相关问题 | 109 |
| | 三释"阿其那"与"塞思黑" | 120 |
| | 盛世的光芒和黑暗 | 129 |
| | 乾隆生平大事略 | 129 |

| 和珅其人 | 138 |
| 安疆铜版画 | 145 |
| 清廷之贡使朝仪诸问题 | 154 |

## 嘉庆中衰与白莲教起义 163

| 嘉庆处置和珅 | 163 |
| 社会危机加深 | 172 |
| 天地会和白莲教起义 | 179 |

## 道咸以来朝野杂记 187

| 魏源与《圣武记》 | 187 |
| 同治中兴与慈禧听政 | 195 |
| 关于左宗棠的几个问题 | 200 |
| 陈宝琛和末代皇帝 | 204 |
| 《道咸以来朝野杂记》 | 208 |

## 清代政制略讲 215

| 理藩院与蒙古 | 215 |
| 清朝中央和地方官制 | 224 |
| 清代兵制略讲 | 242 |

## 附录

| 附录一 《清实录》与清史研究 | 247 |
| 附录二 《清史稿》略讲 | 252 |
| 附录三 我为什么专攻清史与满族史 | 268 |
| 附录四 五石先生小传 | 281 |
| 附录五 邓之诚先生评传 | 284 |
| 附录六 王锺翰先生传略 | 301 |
| 附录七 王锺翰先生著述目录 | 307 |

| 后 记 | 320 |
| 再版后记 | 321 |

总说

## 清朝的历史定位

清朝是中国古代历史上最后一个封建王朝，是继元朝之后又一个由少数民族满族建立起来的统一的多民族封建王朝。元朝祚短，而清朝长达近三百年，文治武功，非独元朝莫敢望及，即较之汉唐亦略胜一筹。

元（1206—1368）、清（1644—1911）两朝，是以蒙古族和满族取得迅速发展和进步，开创出了以各兄弟民族为主的入主中原、统一全国为先河的新时期。它们是以暴力统治来实现和维持好几百年的长期统治的。元、清两个朝代一共长达三四百年之久，到18世纪40年代基本上确立和巩固了今天中国的版图，这一期间发展了政治、经济、军事、文化、宗教信仰，为中华民族五千年光辉灿烂的中国古代优秀历史和文化添写了新的篇章。大家都知道，西藏就是在元朝被纳入祖国版图之内的。清朝前期先后抗击了沙俄殖民者对我东北黑龙江、西北新疆的渗透和入侵，同时又粉碎了英国殖民者对我西藏、新疆的多次入侵阴谋，收复了宝岛台湾等，维护和巩固了祖国的统一和领土完整。

而汉族在这时相对来说是处于较弱状态。特别到明朝后期，自视为天之骄子的汉族朱姓王朝腐朽透顶，官官相护，人民大众家破人亡，流离失所，民不聊生，社会动荡，大厦欲倾，即使是人口众多和文化处于绝对优势和先进状态的汉族，也无力阻止多尔衮指挥的清军铁骑的直驱入关，广大汉族劳动人民被强迫剃发、易服、圈地、投充、逃人,汉族由统治民族的地位落到被统治民族的地位。

1840年鸦片战争爆发,中国大门被英国殖民者的利炮坚船打开以后,中华民族的地位一落千丈,为世界各列强所欺凌。正如伟大的民主革命先行者孙中山先生喊出的:"中国积弱,非一日矣……堂堂华夏,不齿于邻邦;文物冠裳,被轻于异族。"因而孙中山先生最后发动辛亥革命,再次喊出"联合世界上以平等待我之民族共同奋斗"的沉痛呼声。武昌起义终于推翻了统治近三百年之久的清王朝,成立了联合中国各兄弟民族的共和国,为重新振兴中华开辟了广阔的前进道路。

这里需要指出的是,从原始社会后期民族开始形成之日起,经过奴隶社会、封建社会到半殖民地半封建社会,民族是在竞争中发展、兴旺或衰弱、消失的。像汉族就有非常强大的竞争力,虽然某些短暂时期处于相对衰弱的状态,但总是在不断地发展、前进、振兴和壮大,即使在被兄弟民族统治者(特别在以蒙古、满两个强大民族为统治轴心的元、清两代)统治的条件下,仍然能以被统治民族身份发挥出其强大的文化主体和组织辅助作用。

清史作为中国断代史,开始于1644年清朝入关取代农民军李自成推翻了的明朝统治,终了于1911年清朝为孙中山领导的辛亥革命所推翻,历时267年。清朝入关以前从1616年清太祖努尔哈赤建立大金国(史称后金国)起大约十年,再经其子太宗皇太极在位18年为开国史或清前史,固与清史有关;即在1911年宣统皇帝溥仪在辛亥革命以后,于1924年后被驱逐出宫以前的一段历史,亦与清史不无关系。如果将清前和清亡以后的两段历史都加起来计算,有清一代就超过三百年有余了。

历来中外史学家对它都提出过不同的看法和做出过不同的评价。但重要的问题在于,自清军入关后大约四五十年期间,在全国范围内,平定了三藩之乱,统一了台湾,抗击了沙俄侵略者,恢复和发展了社会经济,我国各兄弟民族之间的关系也得到进一步协调和发展。清前期、中期,在促进国内各民族之间的交流与融合、开拓和保卫边疆及整理中华传统文化等方面做出过卓越贡献。这些都是客观历史事实。特别是在康、雍、乾中叶以前(1662—1765)这一个世纪内,从世界范围来看,中国还是居于当时世界文明发达国家的前列,它的落后只是在1840年鸦片战争后一百多年以来的事。人们不禁要问:为什么与康熙皇帝玄烨(1662—1722)差不多同时的法王路易十四(1643—1715)和俄国彼得大帝(1682—1725),他们能鼓励和引进科学技术,最终导致了法国专制政体的破产和北方强大的俄国的建立,而中国却一直停留在封建社会末期呢?

清前中期(1644—1840)正处在中国封建社会的最末端,它继承着历代封建王朝各个方面的遗产,但又有着不同于前代的许多特点;同时,它对资本主义萌芽的进一步发展也提供了一定的内部条件。因此,深入研究清前期的历史,对进一步了解和认识中国的前天、昨天和今天,都是十分必要和迫切的。

不少历史学家认为,康熙统治时期,由于满族社会经济形式的落后和受到汉族几千年封建传统的影响,以"天朝"自居,对外闭关锁国,拒绝西方先进科学技术,终于使得全国社会、经济、政治、文化的发展长期地陷于发展迟缓的状态中。据我个人不成熟的看法,单单通过揭露清朝统治阶级的反动本质,就迅速地对康、雍、乾这一历史时期做出否定或肯定的判断,为时尚嫌过早。康熙在位期间和清朝前期统治鼎盛时期,是提高了全国的生产力水平和促进了社会经济发展呢?还是与此相反呢?

有些历史书上把清朝的统一全国、对全国的统治看作外国对中国的征服,认为清初的统治破坏了中国社会生产力,阻滞了社会经济的发展;并且发动了极其残酷的征服战争,狂热扩张领土,如此等等(参尚钺主编《中国历史纲要》,第357—420页),许多方面都讲了,就是没有讲到清初的统治起过什么进步作用,有哪些历史功绩。很显然,这是对康熙到乾隆这一段长期统治下的历史地位采取否定态度,不把满族当作中国的一个民族而把它当作一个国外民族,是不承认它们具有进步作用的。康熙到乾隆统治下的中国历史地位,是不能一概否定的,必须承认它的进步作用。

康熙和乾隆在国内和对国外的斗争和交涉中都做出了出色的贡献。在国内,康熙到乾隆统治时期,中国形成了一个疆域辽阔、民族众多、十分强大统一的封建国家;封建的经济文化在这个条件下,发展到了一个新的顶点。

中国有了这样大的边疆地区并在清朝前期得到了进一步的稳定,这主要是在康熙时期完成的。康熙亲政不久,吴三桂等"三藩"的反清势力割据着南方好几省,郑成功留下的抗清力量尚驻守在台湾群岛,清朝中央政府还没有来得及在西藏、新疆、漠北等地区建立起巩固的省一级权力。康熙为了削平割据势力而加强封建国家的中央权力,稳定和巩固中国的广大版图,进行了一系列的斗争。康熙二十年(1681)至三十六年(1697),三次击败噶尔丹,统一漠北地区。康熙五十九年(1720)进军西藏,驱逐准噶尔,重新统一西藏地区。康熙六十一年(1722)进军乌鲁木齐。后来到乾隆二十四年(1759)最后平定新疆。在统一祖国的同时,康熙二十八年(1689)与沙俄在平等的基础上签订了《尼布楚条约》,划定我国东北边界。从此,我国疆域沿黑龙江库页群岛,东至太平洋,南连海南岛、西沙群岛以及南沙群岛,西跨葱岭,北至恰克图,直连西伯利亚。清代以前的历代封建王朝,从来没有过在这样广袤辽阔的版图上实现长期有效的统一。

全国疆域辽阔、国家统一是合乎人民根本利益的。中国境内各民族在经济文化上的悠久联系,进一步在政治上加强起来,这是发展的必然结局。由于政治上的统一,多少打破了一些封建割据和人为的障碍,某些少数民族地区的生产、生活状况因此有所改进和提高,全国的封建经济因此获得进一步的发展。各民族人民之间的交相往来和团结合作,又是共同抵御外来殖民者入侵的重要条件。把康熙统一全国说成扩张领土,或对其他民族或国家的征服,那只会符合于资产阶级和地方民族主义观点,或是很容易陷入那种腐朽观点的泥坑里。

清朝建立的统治和明朝一样都是中国地主阶级的统治。满族是中国56个民族中的一个,和汉族相比,只是一个人口比较少、经济发展不像汉族那样快的民族。清朝中央政权的性质绝不是满族人做了皇帝所能决定的,而是由全国占多数的地主阶级掌握中央与地方政权决定的。满洲贵族占有特权和特殊地位,并不能改变清政权是地主阶级镇压广大农民的工具这一实质。后来从鸦片战争到辛亥革命,满洲贵族的特殊地位并没有改变,但清朝政府却由地主阶级专政的工具变成了外国资产阶级奴役中国人民的工具。如果只看满族的特殊地位,不管外国资产阶级的侵入,就怎么也无法理解这种实质的变化。把清王朝中央政权的统治看作外国对中国的征服,这并非从阶级分析出发,而是从汉族与非汉族出发,那只会符合于资产阶级大汉族主义观点,或者是容易陷入这种观点的泥坑里。

满洲贵族在全国建立起中央统治特权的过程也就是以暴力实行民族压迫的过程,反对这种压迫的斗争是必要的和正当的。

但是清朝中央政权在全国的统治既经确立起来,满族和国内其他各民族的壁垒,首先是汉族与满族的壁垒便趋向瓦解,直至彼此融合。这对中国历史的发展具有更深刻更长远的影响,必须承认这是康熙与清朝前期统治的一项重要的贡献。

这里必须对满洲贵族统治集团入主中原、统一全国,做出一个比较公正的答案来。是满洲贵族统治集团进关入主中原的征服,还是把它作为最后一个中国封建王朝的最高统治者又一次完成了全国的统一事业呢?

能不能得出这样的合乎逻辑的关系:肯定了满洲贵族最高统治集团的统一全中国,就应当否定清初的反满运动和抗清斗争,或者相反,抗清斗争和反满运动既有革命性,那么满族的统一全国就是非正义的、反动的,就应该一概加以否定吗?我们伟大的中华人民共和国这一统一的多民族国家是在什么时候巩固、加强和发展起来的呢?应该说我们今天所继承的统一多民族的国家的疆域基本上是在清朝乾隆时期奠定下来的。这并不是说,清朝以前的中国历代王朝就不是多民族的统一国家,而我们要说的是统一的多民族国家是由清朝乾隆时期统一固定起直到嘉庆二十年左右才完成的。如东北三地区的黑龙江、松花江流域以及辽河以东的广大地区,明朝时期虽然都属于中国领土的一部分,但是当时明中央政府并没有直接派遣官吏去治理,而只是指定当时各民族自己的首领来管理,也只是从清朝开始,才由中央政府直接派遣官员去管理的。其他如中国的西南、西北和北方的边疆地区也都大致如此。我们祖国疆域明确固定和巩固,直到今天,应该说是清朝的功绩。清代奠定和巩固下来了统一多民族国家的疆土,主要是在康熙到乾隆这一时期,可以说从康熙时期开始确立,到乾隆时期才基本上加以巩固确定下来。

这并不是把祖国领土的确定和巩固归功于康熙和乾隆他们两个人,而是说我们祖国疆域是在康、乾两个时期才得以确定和巩固下来的。他们两人只是在客观上起了推动作用而已。像这样的国家的建立和巩固当然是56个民族大家共同努力的功劳,是各民族人民长期不断努力的结果。

一些外国学者把满族当作外国民族看待,才会错误地说满洲贵族最高集团入关、统一全中国是对中国的侵略征服,这是完全错误的。为什么同样是兄弟民族之一的满族不能像汉族、蒙古族那样当上全国最高统治者呢?

为了对这段历史得出一个比较符合实际的科学的答案,我建议应由中国社会科学院历史研究所清史研究室和中国人民大学清史研究所联合成立一个清前期历史综合比较研究中心,制订规划,组织人力,暂可分为几个方面,从当时历史实际出发,进行综合比较研究:

(一)历史资料方面 本国的历史资料除汉文的以外,应大量搜集编译满、蒙、藏等各族用本民族的文字记载下来的资料;同时,国外的外文资料,也应尽量搜集选择许多西方传教士来华后所写的拉丁、法、意、德、荷、俄、日、英各种文字的书刊和有关资料。

(二)社会经济结构方面 这一方面必须与经济研究所和民族研究所的专家们有计划地进行分工合作,不但对当时中国的社会、政治、经济关系的整个传统制度要做纵的剖解,即对明清两代甚至在这以前和以后的沿革、因果关系进行深入细致的分析和探讨;而且还要对西欧各国的封建社会经济结构进行横的综合比较研究,看看到底有些什么相同或相异之点及其所以产生异同的原因和条件。

（三）政治制度方面　同样，不但要对本国做纵的综合比较研究，同时也要从横的，即对欧美各国的政治制度与法律系统进行全面研究，有何异同，产生异同的原因和不同的后果及影响。

（四）文化思想与宗教信仰方面　除从纵的，研究儒、释、道以及天主教、伊斯兰教的传入和各种秘密结社的传播，及其产生、演变的原因、过程和社会效果以外，还要从横的，世界各国的哲学思想和宗教流派进行综合比较研究。

（五）历史人物评价问题　不但要研究农民起义领袖所起的推动社会发展的进步作用，同时，也要研究当时占统治地位的统治人物的历史作用。

（六）满族的特点问题　满族作为一个少数民族，在入关前后的一二百年期间，正处于上升发展阶段，在不断接受汉族几千年来的封建经济、文化和政治制度的情况下，它是从落后的生产方式向高一级方向发展，对本民族来说，入关是起进步作用的；但另一方面，清王朝建立后的政策措施，虽给濒于衰亡的封建制度注入几针强心剂，但对整个中国社会向前发展却起着阻碍作用。如何做出恰如其分的评价，是需要进行一番综合比较研究的。

总之，对清前期的历史，必须从当时的历史实际出发，从各个方面、各个角度，纵的（上下古今）和横的（左右中外），在搜集掌握大量的丰富资料的基础上，进行全面综合比较研究，撰写出若干篇（部）长短不拘的有分量的专题论文（或专著），经过多次反复综合比较研究，才能得出一个比较接近符合当时历史实际情况的令人信服的结论来。

## 满族的历史和形成

众所周知,清朝是由我国的少数民族——满族行使最高统治权的朝代,所以要说清朝的历史,首先就应对满族的历史有所了解。

开始出现于17世纪30年代的满族共同体,到底算不算一个"民族",是曾经引起过专家学者和民族工作者长期讨论而迄今未达成共识的一个问题。大家都知道民族是一个历史范畴内的问题,是一个历史上形成的具有很大稳定性的人们共同体。马克思主义经典作家们提到的民族通常是指从古代直到现代不断出现的具有民族共同特征的一切人们共同体。关于民族形成的问题,必须结合一个民族形成和发展的具体过程,进行综合的分析研究,才能得出比较切合实际的结论来。

"满洲"一词作为族称,是在明代末年(17世纪初)才出现的,但它有着悠久的渊源。先秦古籍中所记的肃慎人,就是满族有史书记载的最早先世。汉代以降,不同朝代的史书上分别记载的挹娄(汉、三国)、勿吉(北朝)、靺鞨(隋、唐)、女真(辽、宋、元、明),皆是肃慎后裔,同时也是满族的先人。

在从肃慎到满族出现以前两千余年的漫长时间内,肃慎人的历代后裔,在祖国东北的"白山黑水"之间生息繁衍,开发了祖国的边疆,丰富了祖国的文化,谱写了诸多壮美的历史诗篇,也经历了复杂的演变过程。由于自然条件的差异、发展程度的不同,以及所受外来因素的影响有别,这一民族共同体的不同部分的发展,呈现出不平衡的状态。

一方面,处于边远地带的部族长期保持着朴素的生活方式,过着"化外长为太古民"的生活;另一方面,也不断从这共同体中一次次分化出其他族人,形成新的共同体,建立政权。如渤海和金,便是两个典型的实例。在某些先进的部族进一步发展,逐渐和其他民族同化的同时,从后发的部族中又一次次分化出了新的先进者。几千年来,肃慎及其历代后裔的变化过程有力地证明:民族属于历史范畴,它将长期处于不断变化发展的过程之中。

追根溯源,满族先世肃慎人是我国东北地区最早见于记载的部族之一,居住在"不咸山"(长白山)北,东濒大海以及黑龙江流域的广大地区,早在传说中的舜、禹时代就和中原王朝建立了联系。周代时,肃慎人向朝廷贡献过"楛矢石砮"。周人在列举其疆土四至时,便声称"肃慎、燕、亳,吾北土也"。这充分说明远在春秋以前,肃慎人已臣服于中原王朝,并成为中原王朝疆土不可分割的一部分。

战国以后,肃慎人改称挹娄,而有时仍称肃慎。挹娄活动的区域,大致与肃慎同,包括今辽宁东北部,吉林、黑龙江东半部和黑龙江以北、乌苏里江以东的辽阔地带。挹娄人也用"楛矢石砮"猎取野兽。有农业,地产五谷,长于养猪,食猪肉并以猪皮制作服装。能织麻布,用兽皮兽骨制成铠甲。工于造船,不时乘船向邻区进行掠夺。三国以后,挹娄人摆脱对夫余的从属关系,屡次来贡"楛矢石砮",直接臣服于中原王朝。

至北朝及隋唐时,史书分别以"勿吉"和"靺鞨"称呼肃慎、挹娄的后人。靺鞨人在政治、经济、文化上与中原地区的联系,比其先人更为密切。7世纪初,高句丽强盛起来,靺鞨白山、粟靺鞨诸部受高句丽的役属。唐太宗伐高句丽,大败之。白山部"众多入唐",部分粟末靺鞨入迁营州,与先已移来营州的靺鞨人并居。武则天时,契丹首领叛乱,营州都督赵文翙被杀,徙居营州的靺鞨人在首领乞乞仲象、乞四比羽的率领下东走。后至乞乞仲象之子大祚荣时,在松花江上游、长白山北麓一带,建立了政权(698),自称振(一作震)国。振国居民以靺鞨人为主体,也有部分高句丽人。唐玄宗时,封大祚荣为"左骁卫大将军、渤海郡王","以其所统为忽汗州,加授忽汗州都督"。从此不称靺鞨,其辖区便以"渤海"为号。渤海建国二百余年,政治和军事制度均按唐制建立,使用汉文。渤海王每次更迭承继,均受唐册封。玄宗以后,渤海与唐联系更加密切,贡使几乎每年必赴唐都长安,且经常派遣学生入唐求学,故而文化发达,史称"海东盛国"。

辽太祖天赞五年(926),渤海政权被契丹贵族颠覆,改号"东丹"。而渤海遗民活动的记载在辽、金两代史籍中仍随处可见。为反抗契丹贵族的统治,渤海遗民曾几度割据一隅,先后建立过定安、兴辽等政权,但均遭辽统治者镇压。辽代,渤海人与汉人是南枢密院统治的主要对象(契丹本族人和其他草原部落则归北枢密院统治)。金太祖阿骨打曾云:"女直(真)、渤海本同一家。"反映了当时人对女真、渤海的相互认同。在金代猛安、谋克的组织中,就包括不少渤海猛安、谋克。经过长期的共同生活,这些渤海人日后逐渐与汉人或其他族人同化。

当渤海强盛时,部分黑水靺鞨人为其役属;及其衰弱时,摆脱其统治,于后唐庄宗同光二年(924),复与中原王朝建立联系。渤海亡后,辽统治者南迁渤海遗民,黑水靺鞨亦随向南伸张,并代渤海而兴。契丹人称黑水靺鞨为"女直(真)",此后,女

山西出土女真骑马武士雕刻像

真这一称呼逐渐代替了靺鞨。

辽王朝把女真人区别为"熟女真"和"生女真"。"熟女真"渐与同处的其他族人同化,而"生女真"比较落后。北宋初,生女真完颜部经过频繁的兼并战争,到北宋末年时,将女真各部落逐渐统一起来。1115年,以完颜部为核心的女真人,跟从首领阿骨打反抗辽王朝奴役,建立政权,取国号为"金"。

1125年,金女真贵族与北宋联合灭辽。其后,女真贵族又推翻北宋,迁都燕京(今北京)。金之统治区域南达淮河,北至外兴安岭,东临海岸,西以"界壕"与蒙古为邻,成为历史上与南宋并立的中原王朝。而大部分女真人也陆续迁入中原定居。

入主中原以后,女真人迅速与汉族融为一体,到金朝后期,进入中原地区的女真人的民族特点已基本消失。1234年蒙古灭金以后,把中原地区的女真人列为广义的"汉人"之内,即说明他们与当地汉人已无显著差别。

金统治时期,大量的汉人被徙东北地区,边远的少数民族有的移居松花江中游金上京一带。在金统一的政权管理下,中原与东北的界限被打破,两区的各方面交流大大加强。但与中原地区相比,东北地区的发展仍较落后。在留居东北的女真人中,发展水平也不一致。

金亡以后,东北地区的女真人,转而成为元辽阳行省所属各路下的居民,受其统治。元世祖几次在对宋战争中"签女直、水达达军"(《元史·兵志一》),以补充其兵源。宋亡后,元世祖在对外战争中,又屡次征调女真人从征。

东北地区女真人中的先进部分,多数居住在辽阳等路的辖区内,他们与汉族等兄弟民族杂居共处,从事农业生产。后来,这部分女真人构成了明初辽东直辖卫所下女真人的重要来源。至明中叶时,当地人口中汉人占7/10,高句丽人和归服的女真人占3/10。另一部分散居于松花江流域和黑龙江中、下游,东达海岸的女真人,仍"无市井城郭,逐水草为居,以射猎为业"(《元史·地理志二》),显然还处在较落后的发展水平,但已有农业生产,也能造船。后来,这部分女真人成为明奴儿干都司管辖下的主要居民。但这部分后发的女真人的后裔,在此后的几百年中,几经迁徙,逐渐发展,到明代末年(17世纪初)形成新的民族共同体——满族。

自明初至明中叶,明廷曾先后在女真分布地区设立数以百计的羁縻卫所,以女真各部首领为卫所世袭官长,总属奴儿干都司。由于女真社会生产的发展和各部间兼并掠夺战争频繁不断,女真人为图生存,自明初以来便逐渐南迁。建州女真各部迁至抚顺以东,以浑河流域为中心,东达长白山东麓和北麓,南至鸭绿江边。海西女真南迁后,分布于明开原边外辉发河流域,北至松花江大拐弯处。东海女真(明代亦称"野人女真")散处于建州、海西以东和以北的广大地区,大体上从松花江中游以下,迄于黑龙江和乌苏里江流域,东达海岸。建州、海西两部以农业为主,经济发展较为先进,社会贫富贵贱的分化十分明显;东海女真发展则比较缓慢,各部间又极不平衡。建州左卫的首领努尔哈赤把握机遇,顺应潮流,完成了女真各部的统一。

满族是一个民族,从具体历史事实出发,是研究满族历史所应遵循的最根本原则。在对明代女真(满族前身)进行深入分析的基础上,对满族这个人们共同体在明朝时的形成得出了一个这样的结论:满族这个民族主要来源于具有血缘关系的建州、

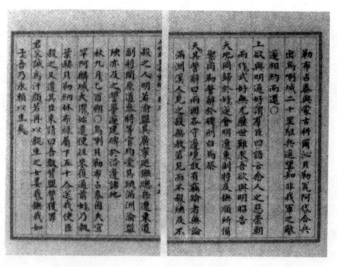

《清太祖高皇帝实录》所载建州女真与明廷立界碑

海西女真人,他们在新的情况下更加密切地结合,形成满族的主体。满族作为一个民族,如果只有建州女真人这个核心部分,而没有核心中不可或缺的海西女真人被吸收进来,要想进入辽沈地区,进而南下入关夺取中央政权统一全中国,是一件不可想象的事。

努尔哈赤(1559—1626)爱新觉罗氏,其先世为明建州左卫首领。万历十一年(1583),祖父觉昌安(又译作叫场)、父亲塔克世(又译作他失)在明军讨伐王杲之子阿台之战中任向导,于战场上被误杀。努尔哈赤时年二十五岁,承袭父、祖为建州部首领。他认定其父、祖之死应由别部女真酋长尼堪外兰负责,遂以父、祖遗甲十三副起兵讨伐尼堪外兰,从此揭开了统一女真各部的序幕。

万历十七年,明廷封努尔哈赤为建州卫都督金事,二十三年又晋封为龙虎将军。自万历十一年起,在以后的三十年中,努尔哈赤以其卓越的军事和政治才能,首先把东至海滨、西达开原、北抵嫩江、南至鸭绿江分散的女真各部逐步统一起来。在统一过程中,努尔哈赤把被合并的女真各部部众分别编入原有的以氏族、村寨为基础的生产和军事组织"牛录"之中,并把这种基层组织逐步扩充成为八旗制度。初只设有黄、红、蓝、白四旗,后增设镶黄、镶白、镶红、镶蓝四旗,合称八旗。各旗的固山额真和贝勒既是本旗的所有者,又是本旗的最高军事统帅。八旗制度具有政治、军事和生产三方面的职能,成为满族社会的根本制度。

万历四十四年(1616)努尔哈赤建立政权,国号金,史称后金,年号天命,称金国汗。至其子皇太极,于天聪九年(明崇祯八年,1635)十月十三日废除女真(旧译诸申)旧称,统一称之为

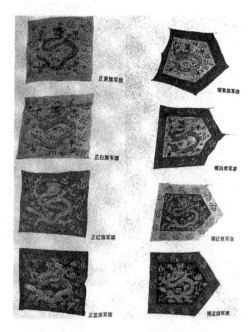

清八旗军旗图

"满洲","满族"即"满洲族"之简称,至是满族共同体正式登上历史舞台。崇德元年(1636)改国号为"大清"。

随着辖属的蒙古归附各部与汉人俘降人众日益增多,先后增编蒙古八旗、汉军八旗,与满洲八旗共同构成清代八旗制度的整体,进一步推动了满族社会的进步与民族共同体的发展,军事力量也得到前所未有的加强。顺治元年(1644),清军进入山海关,定鼎北京。历史事实是,满族入关以后,长期与汉族广大人民杂居共处,在政治、经济、军事、文化、宗教信仰、生活习俗各方面大量接受了汉族的影响,不但丰富了满族自身,同时也多方面丰富了汉族的政治经济生活。辛亥革命在武昌起义,一声炮响,不但推翻了清朝贵族统治的封建王朝，同时也彻底打破了八旗制度对满族广大人民的牢固桎梏，使满族成为一个充满自信和活力的民族。

总之，满族是祖国民族大家庭的成员，在长期的发展过程中，曾对祖国的缔造做出过重要贡献，发挥过将持不同生产方式的两大民族集团融为一体的重要历史作用。

## 清史和满族史研究的关系

清史就是从顺治元年(1644)清朝入关起,到宣统三年(1911)为止,经历有清一代共267年的历史。而满族史应该从努尔哈赤创建后金国的天命元年(1616)那一年开始算起,因此,满族史直到现在,至少已存几百年的历史了。

我们知道,清朝社稷已亡,而满族平民老百姓与清朝满洲贵族统治者皇帝和王公大臣不能混为一谈。虽然民国初年改朝换代之际,满族平民老百姓也遭受过大汉族主义民族歧视与民族压迫政权的不幸遭遇,除了满洲贵族的头面人物如溥仪、载涛等极少数人以外,大多数满族平民老百姓都改名换姓,或冒充汉姓汉名的也不在少数。中华人民共和国成立以后,在党的民族政策的正确领导下,民族不分大小一律平等,满族人民也同样得到进步发展。到今天为止,满族总人口数早已超过1000万。

再说清史与满族史研究的关系问题,两者本为一体,内部联系极为密切,但毕竟清史为断代史,满族史为民族史,各有不同之处,融会贯通,互为补充,相得益彰,尤非一朝一夕之功所能完成。然对满族史的理解和研究,应该是研究清史的基础和前提,没有对满族的形成和发展以及独特的社会性质和文化生活的深入钻研,就难以把握清朝统治集团的特性,难以探讨有清一代封建王朝特有的政治、经济、文化、信仰、军事生活的底蕴。反之亦然,不懂得清朝一代的行政措施和地方建制,亦无法跨进深入研究满族史的堂奥。举例而言,风行一时的《康熙传》(蒋兆成、王根著,人民出版社,1998年;高阳著,中共中央党校出版社,2000年;冯国超主编,中国戏剧出版社,2001年;邱东平编著,远方出版社,2002年)、《雍正传》(冯尔康著,人民出版社,1985年;冯尔康著,上海三联书店,1999年;冯国超主编,中国戏剧出版社,2001年)、《乾隆传》(唐文基、罗泗著,人民出版社,1994年;冯国超主编,中国戏剧出版社,2001年)是清史专著抑或是满族史专著呢?答之曰:从清史一代断代史来写的话,即是清史专著;从民族史的角度来写,即是满族史专著。

我从20世纪50年代初开始转向满族史研究领域,使我的清史研究未能继续进行下去,这当然是我个人的一种损失。但从对满族史经历过一番探索研讨之后,我又觉得清史与满族史皆非各自孤立存在,二者之间的联系和相通之处竟然密不可分。不懂得清史,满族史上的许多问题未必能求得真解;同样,不懂得满族史,清史上的许多问题也未必能求得明晰,甚至在有清一代近三百年间各民族史的意义,也将不能全盘展示出来。昔者顾颉刚师提出过"层累构造"的古史说,开辟了研究古史社会的新途径,但对于近古以来的历史,尤其是各民族各国家各种文化互相交融彼此渗透,经济基础、社会政治结构和意识形态互相作用和反作用日益加强加剧的近现代,必须进行多角度多层次的观察和分析,才能从主体上把握时代的特征和一些重大事件所包含的丰富内容。

历史学研究的必然趋势就是如此,即使对于古代史的研究恐怕也不例外。其实不论是由表及里的层层剥除,还是由里及表地从抽象扩展到丰富的具体,都需要历史研究工作者具有多方面的知识修养,不但是语言学、文字学,还有民族学、社会学、人类学、考古学等等都应该为我们所吸收和应用。21世纪的历史研究要有重大的突破,从人才培养和提高方面来说,这也应该是一个重要的方向问题。

搞清史研究离不开史料,亦即民族文字古籍。仅就位于北京的中国第一历史档案馆(以下简称"一史馆")馆藏明清档案而言就有1000多万件(册),其中满文档案至少有160万件(册)。满文档案的内容涉及清代三百年间的方方面面,是搞清史研究的人不可或缺,几乎是须臾不可离的一个最重要史料,也可以说,没有档案,就写不出高质量的专题论文来。李一氓说得好:"在史籍整理与历史研究上,我以为更应该注重清史。"(《再论古籍和古籍整理》,见《解放日报》,1983年5月4日)那么,清史研究方面首先要注意民族文字古籍,这里即是指用满文书写的满文档案。众所周知,一史馆的前身故宫博物院文献部从1925年10月成立之日算起,到今天已经有八十多年了,在档案保管、整理、修复、缩微、编目、翻译、出版、利用等方面,做了大量工作。1957年《五体清文鉴》(国内仅存两部:北京故宫博物院图书馆精写本与雍和宫抄本,大英图书馆另有一部)36卷三巨册,为满、汉、蒙、维、藏五种文字对照的大型辞书,是为正式出版的满文古籍的第一部。此后20世纪八九十年代,《简明满汉词典》(河南大学出版社,1988年)、《满汉大辞典》(辽宁民族出版社,1993年)与《新满汉大辞典》(新疆人民出版社,1994年)等相继出版,这些辞书是清史研究工作者使用满文原始档案非常有帮助的工具书。

从20世纪80年代初开始,先后出版满文档案文献的翻译专著近二十种,如《清代中俄关系档案史料选编》(中华书局,1981年)第一编,二册,主要选译自一史馆所藏顺治十年至雍正十二年(1653—1734)满文俄罗斯档;《三姓副都统衙门满文档案译编》(辽沈书社,1984年)共收入乾隆六年至光绪三十二年(1741—1906)间的档案文件178件;《盛京刑部原档》(群众出版社,1985年),共收入崇德三年至四年(1638—1639)中的盛京刑部档案72件;《镶红旗档》(东北师范大学出版社,1985年)收入雍正朝的部分档案共54件;《雍乾两朝镶红旗档》(辽宁人民出版社,1987年)收入雍乾两朝档册共180件;《清代锡伯族档案史料选编》(新疆人民出版社,1987年)共选入明万历二十一年至清宣统二年(1593—1910)档案389件,全二册;《天聪九年档》(天津古籍出版社,1987年)一册,足补《满文老档》之缺失;《郑成功满文档案史料选译》(福建人民出版社,1987年),共收入顺治三年至十三年(1646—1656)的满文档案共1116件;《满文土尔扈特档案译编》(民族出版社,1988年)收入乾隆三十六年至四十年(1771—1775)满文档案史料共145件;《锡伯族档案史料》汉文版(辽宁民族出版社,1989年)共收入明万历二十一年至清宣统二年(1593—1910)档册742件;《清代内阁大库散佚档案选编》上编(辽宁民族出版社,1989年)共收入顺、康、雍三朝满文题本62件;《清初内国史院满文档案译编》(光明日报出版社,1989年)全三册,共收入天聪七年至顺治十八年(1633—1661)档册121件;新译《满文老档》(中华书局,1990年)全二册,明万历三十五年至清崇德元年(1607—1636);《清代档案史料丛编》(中华书局,1981—　)已出近二十辑。而一史馆从1989年已将《康熙朝满文朱批奏折》和《雍正朝满文朱批奏折》作为重点项目,现已翻译出版;还有编辑出版《朱批奏折财政类目录》五册、《历史档案目录索引》一册和《明清档案工作标准文献汇编》一册。现在还不断有新的满文档案出版问世。

这里还需要补充一提的是,满文档案中基本上用老满文撰写的编年体清开国史《旧满洲档》(一作《老满文原档》),十巨册,1968年由台北故宫博物院影印出版,卷首有台湾清史学者陈捷先撰写的长达56页的《旧满洲档述略》;此外广禄、李学智合写了《清太祖老满文原档与满文老档之比较研究》;日本学者松村润著有《清太宗朝的旧满洲档与满文老档对照表》;北京一史馆关孝廉著有《旧满洲档谕册秘要全译》;东北师范大学刘厚生亦著有《旧满洲档研究》。大家知道,《旧满洲档》的出版面

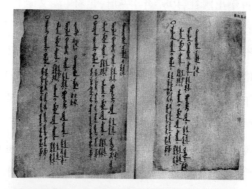

写在明代公文纸上的老满文

世,对满族的族源、社会性质与经济文化及其历史时代背景各个方面的深入探讨,是具有特别重要意义和历史价值的。

依前所述,清史研究(包括在满学之内)之所以能成为目前世界学术界中国学(亦称汉学)三大学科(另有蒙古学、藏学)之一,是有其在国际上无与伦比的丰富满文档案资料和海内外众多卓越的清史研究工作者作为强大后盾的。我国的这种优势,近一二十年来尤其得到党和政府的关怀与支持,一大批清史研究所和满学研究中心先后成立,清史研究与满学方面各种专刊杂志相继出版发行,经常举办有关清史与满学的国际学术研讨会,与海外各国和港台地区学术文化交流访问日益增多和加强,表现出了一派欣欣向荣的气势。

这里我想提出一点意见,请大家特别加以注意,研究历史问题有材料特别是有档案材料比没有材料特别是没有档案材料不知要好多少倍。古人说:"巧妇难为无米之炊。"如果不注意米的质量好坏或发霉掺砂与否,是做不出好饭来的。同样,不问材料或档案文书的来源和真伪,就轻易相信你所用的材料是可信的第一手资料来证明什么也是徒劳的。现在举一个例子:清朝第三位皇帝雍正(胤禛)篡位的问题,自来国内外清史学界并没有取得一致的意见。我于20世纪40年代末写了一篇《清世宗夺嫡考实》(见拙著《清史杂考》,中华书局再版,1963年,第147—193页)的文章,大概有四五万字,从各方面综合研究证明康熙一死,雍正登上皇帝宝座,是阴谋篡夺而来的。1972年秋,中美关系刚刚开始解冻,一位年轻美籍华裔学者一到北京,就专门到学校来找我,问我:"雍正篡位是用什么手段谋害他父亲康熙的?你知道雍正继位得到当时满朝王公文武大臣承认,是合乎国际法的!"当然,他说的国际法是指现在的国际法,意思是说雍正做皇帝是与现在的国际法相符合的。我当时并没有说什么，也没有回答他问的雍正采取什么手段夺位的问题。到了20世纪80年代中期我根据一史馆提供馆藏的两份康熙遗诏：一份是满汉合璧的，一份是纯汉文的，又写了一篇题为《清圣祖遗诏考辨》（见拙著《清史新考》，辽宁大学出版社，1990年，第309—332页）的文章，考证了上述两份"遗诏"取材的来源所从出，证实了"遗诏"是雍正即位后一手伪造的。"遗诏"既是伪造的，当然不合法，谈不上什么国际法，只是说明雍正之位是篡夺来的。这里我要说明一点，伪造的档案材料是帮不了解决问题什么忙的，反而往往适得其反。"尽信档不如无档"（见韦庆远著《档房论史文编》，中华书局，1984年），旨哉斯言！

以上所述，仅就利用文献资料方面而言，若就研究历史人物和事件的思想方法而论，我们固然不能就事论事，或先入为主，或想当然，即轻下断语，甚至人云亦云，辗转贩卖，以自欺欺人为能事。殊不知从事研究工作者，必须科学地实事求是地去搜集资料，具体分析概括，尽可能地搜集大量有关资料（包括地面的和地下的）是首先必须下的一番苦功夫，至少用几个月或几年时间深思熟虑，反复推敲，或许能形成一种新认识和一种新见解，但仍必须经过时间的检验，才能算数。即以研究历史人物和事件为例，必须将历史人物和事件本身作为这一整体的各个组成部分，或其前因后果，来龙去脉，加以条分缕析，一定要从问题发展的必然联系来考虑才成。失掉了问题的重要线索，孤立地、从各种偶然性巧合上进行推测，自然会导致各执一词，异说纷纭，永无终止地争论下去，是很难求得大家共识的结论来的。

# 研究方法入门

比起过去历史上许多封建王朝来,清王朝近三百年(包括入关前的二三十年)的统治时期不算短也不算太长,但距今的时间是最近的。因此,保存到今天的大量实物和文献资料,真是汗牛充栋,多得几乎无法估计。如上述仅北京中国第一历史档案馆现藏的满文档案就多达160余万件,加上台北档案馆和辽宁省档案馆所藏,总数在一千二三百万件以上。作为一个清史工作者,即"皓首穷档",恐亦无卒业之一日,何况不懂满文的同志,更无从问津了。

有志从事清史的初学者,我建议从先读三部书入手:一部是已故著名明清史学家郑天挺先生写的《清史简述》(原名《清史讲义》,1980年中华书局出版,改今名);一部是中国人民大学清史研究所所长戴逸主编的《简明清史》(已出一、二两册,1980年与1984年人民出版社出版);另一部是《满族简史》(集体编写,1979年中华书局出版)。前两部都是最简明也是最有系统的深入浅出的入门专著;后一部虽是满族形成和发展的历史,但作为清代统治民族的满族的消长盈虚,与有清一代的政治、经济和社会文化是紧密相连、息息相关的。

中华人民共和国成立前两位老一辈的明清史学家孟森(心史)先生所著的《明清史讲义》(1981年中华书局再版)和邓之诚(文如)先生所著的《中华二千年史》(1983年中华书局版),均占有大量资料,夹论夹叙:一则考证详明,多有创获;一则据事直书,昭示后学,尤详于一代的社会经济、政治制度和学术思想诸方面,稽考称便。

清末民初之际,清史断代为书之作,一时为盛,值得提出的有江楚编译官书局编撰的《国朝事略》八卷(光绪三十二年,1906年,金陵排字本),连同《历代史略》一起,是作为新设中学堂的历史教材颁行全国的。据传,此书系缪荃孙艺风先生所手订,详略得当,尤便初学。日本学者稻叶岩吉君山著,但焘译《清朝全史》(民国二年,1913年,上海中华书局版),全书分编分章分节,条目清晰,叙事翔实,惜作者的立场、观点,有待商榷之处不少。已故著名清史专家萧一山所著的《清代通史》(1965年增订六册,重印于台北),成书于《清史稿》刊布之前,系依新体裁编排,史实详备,是有清断代为史最为详明、最有系统的一部。唯萧氏认为今天的满族早已同化于汉族,不承认满族的存在,不符合客观现实,而野史杂记,有闻必录,也未免失之杂糅。

专攻清史的中青年同志每以《实录》《东华录》《会典》《方略》《列传》《史稿》等大部头书,浩如烟海,一时不易卒读,应先读何书相询。我个人认为,至少要精读两三部书,要从头到尾地读,而且要不止读一遍,要反复地读,要做札记。第一部是魏源默深的《圣武记》14卷,其中前十卷系记历次重大战役,并阐明其成败得失之故,后四卷为武事余记,尤留心国计民生与夫"以夷制夷"之策;第二部是王庆云雁汀的《石渠余记》(又名《熙朝纪政》)六卷,则详述一代财政税赋之制,多可补官书之阙失;第三部是吴振棫仲云的《养吉斋丛录》26卷、《余录》十卷,专记一代的典章制度和逸闻遗事,信实足取。我个人还认为,读清史的初学者,最好不先读点校本,找一本没有点校过的线装本,自己动手标点来提高阅读的能力。

北京古籍出版社已出版的《清鉴易知录》校订本,系民国初年许国英指严所编,以一人一手之力,汇辑一代三百年间的主要史实,纲举目张,成此一部数十万字的编年体史书,仍不失为有一定参考价值的简明读本。

古人说:"开卷有益。"对治清史的人来说,仍是一句至理名言。因为凡是正反面的文献资料和实物传说,只要善于利用,善于分析,深思熟虑,用得其当,都能做出恰如其分、各得其所的比较接近历史实际的结论来。

目前国内外史学界所公认的,中国历史上最后一个封建王朝——清王朝应该从1644年(顺治元年)清兵入关那一年算起,一直到1911年(宣统三年)清王朝被推翻为止,凡12帝,历时267年,这段历史叫作清朝史或清史。不错,过去从中国社会历史发展阶段的特点看,把从1840年(道光二十年)到1919年(民国八年)这七八十年的历史划为中国近代史。即使不把从1912年成立民国后的八年计算在内,中国近代史的头七十来年也还包括在清史范围之内。为了科研和教学的方便,把近代史部分特别突出出来,是完全可以的,也是很有必要的。但必须承认,两者既有关联又有区别,是相互交叉、相互补充的。

再说清史研究与研究清史以前的中国各朝断代史有几点不同:第一,清亡到今只有九十多年的时间,与以前各断代相比时间相距为最近;近则不怕文献不足征而怕文献太多,不好掌握和驾驭。从前我国史学大师陈寅恪先生说过:研究历史应挑选有史料而史料又不太多的那个朝代去研究,比较容易出成果见功夫,所谓事半功倍;反之则事倍功半,不容易出成果见功夫。比如先秦史,特别夏商以前的历史,文献只有那么多,写文章好比画鬼,谁见过鬼是什么样的?故而陈先生专门从治魏晋南北朝开始,往下经隋唐和元朝史,晚年因双目失明,由于青少年时代喜阅明末清初的丁部书,只好口述叫助手笔录而撰成《柳如是别传》,一部好几十万字驰誉海内外的精心结构的文史名著。第二,清代文献资料多,不但有大量档案资料遗留到今天,而且第一手原始实物资料(包括地上的和地下的),亦不断有新发现。地面上遗存的实物,如辽阳市保存到今的一块城门石门匾,上面刻有天命八年的满汉文字样,足证天命年号不是后来追认的;地面下的乾隆墓裕陵(在河北遵化)石室四周均刻有梵文佛经,显然不是刻给世人看的,足证乾隆真信佛;又如20世纪五六十年代,北京清史学界曾讨论雍正皇帝(世宗胤禛)究竟是因服丹方而死还是被刺杀而砍去了脑袋的,这是一个疑案,有人建议发掘雍正的墓泰陵(在河北易县),看一看有无头颅便可知晓,终因未得政府许可而作罢。第三,除研究元史需要具备多种语文能力外,从事清史研究的专家学者也需要具备阅读多种语言文字的能力,越多越好。因为国内少数民族语文,如满、蒙、藏、维、朝、彝、傣、苗、瑶、壮等十多种,均有大量原始文献资料有待发掘、翻译、整理,足资参稽印证;国外如拉丁、法、德、英、日、俄、意、葡、西、荷、印、梵、波斯、阿拉伯等语言亦均有不少原始档册和私人论著、语录游记和书札报告,有待搜集翻译,整理出版。

说研究清史要掌握多种语言,这是从原则上讲的,因为清史研究的范围,包括一代的政治、经济、军事、文化、历史地理、社会生活、语言文字、宗教信仰、民族关系、涉外条约、民情习俗等许许多多的问题。谈到某一民族或某一国家的具体问题时,如果你不懂它的语言就会感到十分尴尬。记得前些年在东京一次学术报告会上,我根据满文原档撰写了一篇关于《胤禛与抚远大将军王奏档》(见拙著《清史续考》,华世出版社,1993年,第164—179页)的文章,讨论到康熙时进兵拉萨后,提及青藏僧俗人等对皇十四子胤祯的良好反映。日本专搞西藏史的一位青年学者懂藏文,多次提出我没有引用藏文资料不能代表藏族人的看法。当时一位台湾清史学者也不懂藏文,很不以日本青年学者为然,认为探讨清史问题能有满汉文资料作证足够说明问题了,用英语对她训斥了一番。其他好几位日本著名清史学者也都不懂藏文,作壁上观不发一言,我则年老自愧不如,而彼后生实可畏也。这一件事充分说明,搞清史研究的人只懂一种民族文字是很不够的。话又说回来,如果你想搞清史研究而连最低限度的满文也不懂,是不好说什么了,谈不上出成果见功力。同样,你想搞清代藏族史,既不懂藏文,又不懂满文,怎么谈得上深入研究藏族史呢?因此,搞清代的任何一种民族史,满文之外必须要懂一种某民族的语文。此外,也至少要懂一种外国语文才成。

展望21世纪,清史、满族史研究工作者不但人才辈出,必将在前人研究成果的基础上,从新的思维方法论方面,既保持我国史学界自乾嘉考据学以来的优良传统,并进一步吸收从欧美传入对我有用的实事求是的科学方法,以便我们在清史、满族史的研究领域有一个大的飞跃和新的突破。

拿明末清初的历史人物和事件的研究来说,史料方面,在20世纪的最后十年间,三项与《四库全书》有关的古籍整理出版工程相继在中国启动。《四库全书存目丛书》与《续修四库全书》首先编纂,《四库禁毁书丛刊》与《未收四库全书丛编》相继编辑,均已先后出版问世。这为我们从事南明史与清前期史以及明代女真史与满族史的研究提供了前所未有的珍稀资料,研究者们必将做出为前人所不及闻见的新发现和新突破。

即可预见的21世纪的前50年中,不论科技发明创造还是经济发展,必将有一个大的飞跃。民富国强,拥有了大量的物力和财力后,对人文社会科学和自然科学必将有同样大的投入,使之有一个高层次的发展和进步。即以对明末清初的历史人物和事件的研究来说,我们不但能充分利用前人所从未见闻过的禁毁书籍,而且还可以申请直接到东西欧的国家图书馆和梵蒂冈图书馆去查阅明末清初由罗马教皇派遣来华的耶稣会士用拉丁文或其他文字写回报告教皇的书信集。这样我们进行深入研究的资料范围将不仅仅限制在汉文或本国少数民族文字的档案资料之内,而能跨越国界直接利用欧洲中古以来的文献资料了。

分说

# 对明清之际历史人物的研究

研究明清之际的历史人物,我希望能还其本来面目,论世知人,而不苛求于古人;并通过研究一些历史人物,进而阐释明清之际的社会风尚以及明亡清兴之必然性与偶然性的关系。

## 袁崇焕和皇太极

1984年在广西藤县举行的民族英雄袁崇焕诞辰400周年纪念会上,我提交了一篇《论袁崇焕与皇太极》的文章,指出袁之生年早于皇太极八年,卒年亦早于皇太极13年;袁之功名以抗击后金成为民族英雄,而其冤死又与皇太极有直接关系;袁、皇皆为本民族的杰出人物,二人才能不相上下,而结局却截然不同。历来史家对二人的论著,多分别作传,易于立言,若合而论之,殊难着笔。我不自量,试将二人之得失成败,合而论之,进行初步的探讨。

要准确评价这两个人物,对于他们所处的历史背景,具体地说,就是对当时后金与明朝的矛盾性质应该有一个基本的了解。在我们今天的祖国的大家庭中,历史上多次出现过"兄弟阋于墙",甚至彼此兵戎相见的局面。这是历史事实,不能否认。问题是我们今天如何看待这些事实。中国历史上的兄弟民族出现交恶或争战,都是因为民族矛盾问题,与近代以来中华民族共同反抗帝国主义列强侵略的民族矛盾是有本质区别的,这是大

皇太极像

家公认的。我认为,即使是国内民族矛盾,属于家庭内部的事,也应该有个谁是谁非的问题,如果连这一点也被抹杀,那就无从讨论了。

原属于明朝统辖下的建州左卫女真人,在其领袖努尔哈赤的领导下,于万历末年崛起,相继统一了女真各部,这是女真人社会历史发展的必然规律,是进步的。然而,在明朝看来,女真的兴起统一,是大逆不道的,不但不予承认,反而企图干预,一再兴师,从而引起双方长期的战争,迄无了结之日。

那么,明与后金争战是非如何?众所周知,过去国内外不少史家认为努尔哈赤的兴起,占领辽东,是"入侵者",是非正义的。同时,帝国主义者为侵占我国东北寻找历史根据,硬说满族是外来民族,制造舆论,混淆视听,利用历史进行分裂主义的鼓吹。我们应当承认,明代女真的统一、后金政权的建立、努尔哈赤反对明朝的压迫是正确的。

多年以来,史学界不少同志把后金说成割据政权或地方政权,因为如果承认后金国是独立政权,好像满族就不是祖国境内的一个民族了。我认为这种顾虑没有必要,历史唯物主义者必须承认历史的客观性和科学性。后金国的出现,标志着满族以一个统一的独立国家的姿态活跃在东北大地上。古今中外的历史上,一国之内出现两个以上的独立政权或国家,屡见不鲜。后金国与明朝既没有君臣隶属关系,我们就应该承认它是一个与明朝同时并存的独立政权或国家,而这个后金政权依然是祖国大家庭中的成员之一。

那么,对明和后金的议和问题应当怎么看?努尔哈赤既死,皇太极继位。作为对抗一方的明朝督师袁崇焕遣师往吊并贺新君即位,兼探后金虚实,得知皇太极有"息干戈以休养"的要求,由此开始双方的交往议和。从当时的历史实际看,明与后金有可能实现和解吗?我的看法是肯定的,但当时双方都有自己的内部问题。

袁崇焕宁远一战,击退号称战无不胜的努尔哈赤,是明朝十余年来第一次重大胜利。袁以和为守、以守为攻的策略是切实可行的,明朝内部党争不已,财政匮乏,军队腐败,决定了明不可能一战而成。后金一方统治集团内部亦矛盾重重,旗主并立与皇权独尊的斗争正待展开,后金国内辽东汉人的反抗也须安顿平息,也要求有一个休整时间与和平的外部环境。所以我说和谈的客观条件是成熟的,双方和谈的态度也是真诚的,和解是完全可能实现的。

然而和谈终于破裂,其直接原因似乎是皇太极提出的条件过高。但历史进程中人们的行动是否能符合客观要求,又不是

袁崇焕像

以当事人个人意志为转移的,当事者双方的行为都要受到所在的统治集团整体意志的制约。皇太极在国内受到三大贝勒的阻力,说明议和的结局不为自恃武力、惯于掠夺的满洲贵族所接受。而袁崇焕又迫于明朝内部党争,已成骑虎难下之势,因为明朝若失掉整个辽东,势将影响到明朝在全国的统治能否继续维持,所以,袁崇焕不论是出自党争的压力,还是从战略考虑,都只能向后金提出退还辽东城池士民的要求。而这又是皇太极完全不能接受的,要后金放弃辽东,退居山区一隅,无异令其坐以待毙,这才是和谈破裂的真实原因。

还需注意的是明与后金的矛盾性质有个转化过程。努尔哈赤初期,明与后金之间的战争性质,正义性在后金一方;到皇太极时期,战争性质是否仍与以前相同呢?我认为前后是不相同的。当时客观情况已经发生变化。其转折点就在萨尔浒之战,后金从此由战略防守转为战略进攻,明则相反。皇太极即位后,多次发动对明进攻,破关而入,掠夺数以十万计的人口做奴隶。满族统治者成为压迫者,汉族人民及明王朝则全都退居于被压迫者的地位,所以袁崇焕反抗后金的掠夺压迫是正义的。

我个人认为袁之所以失败,皇之所以成功,不是由于他们个人的才能智慧有所不同,若以才能而论,甚至可以认为袁崇焕比皇太极更胜一筹。只是各自所处的地位有别,结局自然迥然不同。袁之冤死,是其个人的不幸,更是明王朝之不幸。皇之反间计能够得逞,正是明末代皇帝崇祯的刚愎昏庸使然;袁之死实为明亡清兴之先兆,但这无碍于袁崇焕是中华民族一位伟大的英雄人物。

## 钱谦益和柳如是

1990年在广州中山大学举行纪念陈寅恪先生百年诞辰学术讨论会。陈老晚年著《柳如是别传》一书,洋洋八十万言,披寻钱谦益、柳如是二人之篇什于残阙禁毁之余,以柳氏为主线,附以钱氏有关事迹,对清初东南士人的活动事迹多发前人未发之覆,既是一部高水平的历史巨篇,又是一部不可多得的文学名著。我素钝鲁,展诵《柳如是别传》虽亦有日,多不得其解。但陈老于我有知遇之恩,我岂可无一言以应命?我以为柳不偶钱

钱谦益和柳如是画像

而名不扬,钱不得柳内助则反清复明之志不坚,故撰《柳如是与钱谦益降清问题》一文,以张陈老之说。

明清易代不同于一个民族内部的改朝换代,满族统治的建立,使汉族士大夫不仅面临新朝贰臣和故国遗民的选择,同时也面临坚持民族气节还是充当异族鹰犬的考验。一般而言,王朝的更新总是社会的一种进步,但当这种进步又伴随着民族压迫与之俱来时,这不仅使当时身临其境的人体验到命运抉择的痛苦和艰难,而且也使后人对他们做出历史评价时,难免感到迷惑。钱谦益就是这样一个充满矛盾的人物。

钱以东林领袖、文宗诗匠,为一代大手笔,早蓄大志,中遭贬黜,晚乃主持江南文坛二十载。年近花甲,竟与年方二十的名妓柳如是结缡,老夫少妻,成为千古佳话。只因清兵南下,南明弘光政权倾覆,柳劝钱同以身殉未果,钱随例北迁,竟坐此列入《贰臣传》,被斥为有才无行,留百世骂名。

柳如是虽寄身青楼,然有气节,饶胆略,擅长辞赋书琴,与东南名士诗酒唱和,朝夕往还。其中相交最密者为陈子龙、程孟燧、谢三宾、宋征舆、李雯,皆负时名,然柳未能与年长十岁、才学情操最为契合的陈子龙结合,而终许身于比自己大30岁的钱谦益,原因在于柳对待婚姻的态度为争取平等自由,陈之夫人张氏不容陈纳柳为继配,使陈、柳二人不得结百年之好。钱原配夫人陈氏虽健在,但钱仍能以平等之礼娶柳,非为妾而是继配,这正合乎柳梦寐以求的男女自由平等婚姻的愿望。钱始终如一地尊重柳的个人自由和人格,这是二人婚姻的基础。

钱降清是事实,未从柳言而殉南明,出仕新朝,较之举兵抗清、隐逸山林、终身不入城市者,自不可同日而语。钱本人亦为此负疚惭悔,不做隐晦。但是否就像乾隆所说的"进退无据,实不齿于人类,掩其失节之羞,尤为可鄙可耻","非复人类"等等。我认为,乾隆所论是出于一种政治需要,不足为训。我们要知人论世,必须对一个历史人物进行全面而有分析的综合考查,不能只抓住一点不放,就轻易做出评价。像钱这样一个江南头面人物,当南明小朝廷既覆,迫于多铎兵威而降清,自然不能不剃发,不能不随例北行,此乃大势所迫,何责于钱氏一人之身?我们应该允许钱氏对清廷有个认识过程。从钱降清南返以后20年间的大量诗文来看,处处流露出他个人对故国家园的思念之情。所谓"心悬海外之云(指台湾郑成功),目断月中之树(指南明桂王朱永历)",才是钱内心的真实感情。

钱氏自顺治三年辞官南返,即与柳氏参与反清复明运动,至死不渝。顺治四年因"谋反"被逮,六年还家,以后直至康熙三年去世，20年间，钱、柳从事复明活动从未间断，顺治十六年郑成功北伐失败，其后收复台湾定居离岛，钱氏遂心灰意冷，而柳氏仍以犹有可为，二人之间亦有区别。此时，钱已年届八十，离死期不过三年。钱死，柳即以身殉，时人谓之真娘，其见重于时人如此。

难道我们今天还要相信乾隆对钱的指责吗？还钱本人一个真面目，才不失作为一个历史研究者的应尽之责。当明清之际类似于钱谦益这样反复于故国与新朝之间的人物，大概在任何一次改朝换代之中都会出现，但像钱这样复杂而曲折的江南头面人物，却是明清嬗替时期不可多见的典型。

## 陈梦雷和李光地

对康熙一生影响最大的汉族官员，一为熊赐履，一为李光地，二人皆以理学名世。前者以康熙亲政前上疏力陈伸张皇权，受到康熙的重视；后者则于三藩之乱时，从福建间关北上，密呈蜡丸献平藩之策，而得到康熙青睐。熊后来居官不慎，声名有玷；而李则慎终如始，一直为康熙所信任，被誉为理学名臣。康熙于理学多所涉猎，其意图孟森先生曾指出，乃与汉族士大夫争教主，以驾驭驱使臣工。康熙于理学，以行重于知，故其称誉李光地，以其道德学问并盛也。然李之为人果如此耶？观其行事，充其量不过公孙之流，惜无汲黯，李于是得享虚名。但有一事使李无法洗刷者，则陈梦雷与之绝交也。

陈、李同籍福建，李安溪人，陈侯官人，同举康熙九年进士，同选庶吉士，散馆同授翰林编修，情同志合，最称莫逆，后相继同归里省亲。逾年，同罹耿精忠之乱，投耿藩幕府，陈授户曹员外，

陈梦雷文集《闲止书堂集钞》书影

李遁迹安溪深山。二人同系热衷仕宦之人乃以同谋蜡丸密疏，由李送京密陈，因获重赏。三藩平定之后，陈则以投逆遣戍沈阳，于是作《绝交书》洋洋四千余言，示与李割席。《绝交书》当时已单行，后又收入陈文集《闲止书堂集钞》与《松鹤山房文集》中，邓文如师《骨董三记》录其全文，并附以按语。我又拣得洪煨莲师所遗《陈省斋与李安溪绝交书》抄本，乃以四种不同版本互校，注明异同，并以《陈梦雷与李光地绝交书》为题，作文探询二人绝交之真相及有关问题。

  《绝交书》撰于何年，并无明文，后人于此亦含糊其辞。拙文以《绝交书》与陈诗文互证，考定《绝交书》撰写于康熙二十二年秋，即陈抵沈阳尚阳堡之后所作。当时绝交书就引起人们注意，不仅由徐乾学上呈康熙，且分赠师友，转相传诵，"万人叹赏"。

　　李、陈二人当年合谋告变，则应同为有功之臣，李得帝王信任有加，不难为陈申辩，然当陈入狱待罪之时，李"此时身近纶扉，缩颈屏息，噤不出一语"。是知李密呈蜡丸时，根本未提陈一字，否则陈何至于此？是以《绝交书》言李"护己往之尤，忌共事之分功，肆下石以灭口"。诚愤极之词，然非妄测也。

　　我认为，蜡丸密疏确出于陈、李二人之合谋。不但《绝交书》如是说，连李自己也无法辩解，只说："耿逆平，予至福州，陈反责予表上何不挂其名，予唯唯而已。"表面上看，李似"不辨亦不受"，但证之以他文，可以说，这是李的自供。因为蜡丸中关于耿逆的内幕，绝非当时远避福州百里以外深山中的李所能了解的，而李则根本否认陈提供过耿逆的内幕，称"陈言本朝用兵如儿戏，焉能有机可乘"。但李赠陈诗中所云"李陵不负汉，梁公（狄仁杰）亦反周"，是涂改不掉的。况且，二人初密谋三日，决定以陈入福州，李居深山，派人相互往返其间，提供消息，《绝交书》中有具体记载。李欲一口否认是徒劳的，只能暴露李之品质恶劣。

　　《清史列传·李光地传》记康熙十九年清廷议处耿精忠时，有李光地一疏为陈梦雷开脱，疏中所言恳切，与事实基本相符，似乎李曾确实营救过陈，但考之李光地《榕村语录续集》记载上疏一事，则完全不一样。据李自言：陈责其不肯上疏章，李所向康熙面奏的是欺骗之辞；徐乾学曾请李上疏为朋友尽力，李即要徐"代作一稿"，李"一字不移写上"云云，可知李始终没有营救过陈，《列传》所作疏章完全出自乾学之手，并非李之本意。

　　总之，当初蜡丸密疏很可能是李光地一人的手笔，陈梦雷所争的是，蜡丸密疏中的敌情是由他一人提供的，有他一份功劳，他是李的蜡丸密疏合谋者,这也是事实。李自谓一代理学名家,平日高谈阔步,道貌岸然,逢人便讲忠孝诚信礼义廉耻,而与交友,紧要关头,背信弃义,丧尽天良。李之救陈,于己丝毫无损,于人有救命之德,举手之劳,竟而不为! 我为李光地的平日伪善可耻,而为陈梦雷的一生坎坷可惜!

1992 年福建省安溪县召开李光地诞生 350 周年纪念会,我亦承蒙见邀。看到与会者提交的论文题目数十百篇,从命题上看,否定的文章是没有的。对我个人来说,从过去对他的否定,如果要做 180 度的转变而对他加以完全肯定,是很难写出这样一篇违心的文章来的。我也想过要写一篇"李光地与理学"一分为二的文章,重点谈理学,少谈他的政治生活,甚至不谈他的政治生活。后来因我当时有台湾之行,未克参加那次纪念会,文章终未写成,自然也就没有交卷了。

细考李光地的一生,其为人及治学实有可议之处。其为人不外"权术"二字,即如自云:"凡临时利害来,度之于理不可避,再揣之于势,有六七分不可避,那二三分付之天。天下事便好处当。"而他之所以上蜡丸疏不列陈梦雷名,就是从自己一生的利害关系出发,免得落到"事伪不便"的头衔,所以自作主张宁愿"卖友"在前,到头来也免得"欺君"在后了。其权术诡诈,待人接物度情揣势之后,正如其所言"事到头,当自作主张,不可徒听他人说",与曹孟德"宁我负人,毋人负我"之语又何以异? 再说李光地的言行亦殊不一致。如其自云"不曾附明(珠)",曾几何时,康熙十七年终养回闽、往辞明珠时,又与之"促膝密谈"策划于深室之中,难道不是睁着眼睛说瞎话吗?

或谓光地之政治生涯,其权术诡诈有如上述,但其治学及其推崇程朱之为理学家又是一回事。即政治主张与求真务实的治学态度不可同日而语。不错,政治与学问是有区别的,然做学问与搞政治都脱离不了一定的社会环境和时代背景,超越社会时代是不可能的。今请以李光地治学而言,明云:"如今人说话,却要随机应变、因时取给为妙。圣人却安排下一定的个规矩,所谓言前定则不跲,拟之而后言,议之而后动,似乎板滞气闷,到得成其变化。……所以先儒说孔子于人事晓得个透到做官,宽也好,严也好,不怒而威,不言而信。所以格物,明善为要。"人所周知,光地为朱子崇拜者的理学家,但其指斥朱子解经之非者并不一见;而其素轻王阳明,但以王阳明与朱子并提,同时以圣人许王阳明者也赫然在目。他一生著书五十余种,其学术思想前后是一致的,以权术投帝王所好,随机应变,前后应对有异,无非保护自己,讲程朱理学只是他猎取功名的一种手段。如果说他的理学思想有变化的话,就是"事到头,当自作主张,不可徒听他人说"。他心里很明白,理学思想一定要服从政治需要这一点,在他一生的为人治学思想和政治生涯中,是贯彻始终的。

知人论世,对历史上著名人物自不能脱离当时他们所处的时代和社会而妄加訾议。如光地生长于极端专制主义的封建时代晚期,从小就受孔孟儒家忠孝思想意识的熏陶,自然一切听命于封建帝王的旨意而行,为臣子者只有看君父的脸色行事,是不能予以完全否定的;但口讲道学,而平日行为与之背道而驰,也是不能轻易加以肯定的。对光地当然亦不例外。我们不能说光地没有学问,不是理学家,也不能说他在政治生涯中没有做出过贡献。然实事求是地对光地给以合情合理、恰如其分的评价,不但对光地有个深入了解和清楚认识,还他一个本来面目,是历史研究工作者的应尽职责,同时从光地为人处世和做学问生涯中亦能吸取有益的教训和经验,对我们不是完全没有借鉴的地方。

我之所以对李光地生平研究中有关为学与从政是否言行一致的问题,不厌其烦地进行三番五次的探讨,区区之意亦即在此。

## 施琅与洪承畴

洪承畴(1593—1665)的历史功过问题,是中国历史人物中已经"盖棺"三百多年而迄今仍未"论定"的一个较为突出的问题。因顷接福建省石狮市举办洪承畴学术研讨会的邀请,自然不能不提供一点不成熟的个人看法。

洪承畴以明季督师,辽东一役丧师辱国,晚节不保;降清之后,竭力为清廷前驱,惨淡经营,内居辅弼之崇,外膺节钺之重,但与清廷终属异类,生前即遭新主冷落,卒后亦未见荣显。较之三藩封王封侯,不可同日而语者矣。究其缘由,盖因明末清初之

洪承畴像与施琅雕像

际的民族矛盾与阶级矛盾之综合转化所致。

　　与史可法相比，洪承畴背明降清是他一生的最大污点，是不能为他开脱的，即所谓"大节有亏"者。否则，后来清兵入关，扬州之役，史可法兵败自刎，成为举世公认的民族英雄就是不可理解之事了。这在当时对史可法要求做得到的事，同样对洪承畴要求也是可以做得到的。

　　说洪承畴"大节有亏"，并不是一定要否定他的一切。洪氏在降清以后，两次招抚南方，替清统治者进行大规模的民族和阶级镇压战争出谋划策，做出一些让步，减少了东南、西南地区广大各族人民的痛苦和伤亡，而为清统治者从农民起义军推翻明王朝的废墟中夺取胜利果实，进而替清统治者收拾残局，稳定江山，奠定了统一全国的坚实基础，客观上洪承畴在其中也起了一定的进步作用。

　　从历史事实考察，洪承畴第一阶段招抚东南时，采取剿抚两手政策，对镇压抗清的人民起义，特别是对明朝宗室称王之朱姓人，一个不留地斩尽杀绝，决不手软。此所谓"擒贼先擒王"与"斩草除根"，因为明宗室朱姓人具有鼓动性和号召力之故也。而在他第二阶段再出招抚西南时，他采取的策略稍有不同，尽量利用他与过去门生故吏、旧识部将的关系，先礼后兵，信札往还，且又多方以利诱之，这不能不说洪氏运用招抚政策有两种方式，前者主剿即真杀，而被杀者只是极少数明宗室朱姓人耳；后者主剿以招抚为主，一人降即一方人民得保性命，所全者一大片，广大劳动人民免遭流离失所之苦。也可以说洪氏运用招抚政策，实际上是让步政策之妙用，客观上是对全国各民族劳动人民有利的。

　　而比洪承畴晚三十多年的施琅（1621—1696），历来史学界都认为他是清朝前期知名功臣中功大于过,几乎全面给予肯定的一个人物。前些年在福建泉州举行过施琅逝世300周年研究学术讨论会,有人指出郑成功的贡献在于从荷兰人手中收回台湾,使台湾重新回到祖国的怀抱,而施琅几乎可以与民族英雄郑成功相提并论!

迄今屹立于台南市大天后宫内的《施琅纪功碑》,仍然记载着三百多年前施琅奉命统一台湾、归入祖国版图的经过,是迄今遗存的最好的一个历史实物见证。今所欲再加评述者乃施琅与洪承畴二人之历史功过何以不同?又何以大同小异?我虽浅学寡识,自亦不能缄默无一言以就教于海内外之专家学者。

洪承畴生于明万历二十一年(1593),早于施琅(生于明天启元年,1621)28年,而洪氏卒于清康熙四年(1665),又早于施氏(卒于康熙三十六年,1696)35年。一般来说,二人年龄相去近三十年,洪氏自是施氏之前辈,但施氏于顺治三年(1646)降清,十三年(1656)随定远大将军世子济度击败郑成功部众于福州,授同安副将。从顺治二年(1645)洪氏前往南京代替豫亲王多铎总督军务,招抚江南各省地方,至十年(1653)再次奉命为经略湖广、两广、云贵等地,各督军务兼理粮饷之职之时,自不敢妄加揣测施氏与洪氏有趋谒过从,而二氏当有所闻知了解,则可必也。然则二氏生既同时,先后降清相距不过两三年(洪降清在明崇祯十六年,1643),几乎同时,同为降清之明将,只不过一为明方之主帅,一为明将郑氏部下裨将为稍异耳。此则洪、施二氏所处之时代背景全同又将何词以对耶?

不错,洪、施二人所处时代背景既同,则二人所接受的几千年历代封建王朝的伦理道德教育亦无不同,自不能对二人求全责备的道德标准而有所不同。虽然说洪、施二人几乎同时降清,但洪氏很快参与了清统治者对当时全国上升至首位的民族矛盾（当然与外国入侵的民族矛盾有别）的残酷的血腥镇压斗争中；而施氏奉命出征台湾，则在三十多年后清统治者消灭了三藩之乱以后，全国上下人心向往大一统的当时时代潮流之际，是适应历史潮流而动的，与三十年前洪氏所处的民族矛盾上升为主要矛盾的时期是大不相同的。可以说，洪氏在当时是逆潮流而动，而施氏顺潮流而动，则是功大于过，应该给予全面肯定的理由所在。

知人论世，就是评价古人功过的一把尺子。上面述及洪、施二人所处时代背景几乎全同，为什么又有不同的评价呢？我们必须知道，时代背景相同可以延长到五十年或一百年之内，二人所受影响可以相同，或者说没有多少区别。但在不少的历史事件发生的时间相差很短的几年几月之内，造成的结果或影响是大不相同的。即以洪、施二人降清的时间相同而论，但洪、施二人，一主帅一裨将，身份大不一样；所起作用亦大相径庭，一为镇压、瓦解当时兴起的反清复明的农民起义军，一为出师澎湖，使台湾重新回到祖国的怀抱，和郑成功一样，也是一个杰出的爱国主义者。此则洪、施二人所处时代背景虽说几乎全同，但仔细考察，其结果的不同处相差甚大，然则所谓知人论世，固不可粗心大意，轻下断语。只见其形似，而不察其不同的历史实际，所下断语，诚恐差以毫厘，失之千里者也。

这里有一个问题仍必须加以澄清，施琅之降清与进讨郑氏完全出于报仇之私心，这就不但不能与郑成功相提并论，似亦不足以与洪承畴相提并论。

清史有明确记载：施琅初为明总兵郑芝龙部下左冲锋。清顺治三年（1646）清军定福建，施氏随郑芝龙降清，其子（郑）成功窜居海岛,屡诱琅助己剽掠,琅不从。其父大宣、弟显及子一侄一,皆为成功戕害。迨1683年施琅受命征台,施亦明云:"受命之初,窃意借此可雪父弟子侄仇恨。迨审量贼中情形,要当服其心,又不敢因私仇而致多伤生命。幸仗圣主(康熙)威德,克成厥功。"这是施琅本人明确无误地表白了他自己之所以降清和要报私仇之初心,当然是事实。又如当时李光地自谓保施琅,亦云:"余曰:'都难信及,但计量起来,还是施琅,他全家被海上(指郑成功)杀,是世仇,其心可保也。'"(《榕村续语录》)这也证明了施琅要报仇之私心,在当时是人所共知的事实,固不必为施氏隐讳也。

必须提出注意的是,施琅之有报仇的强烈愿望,是在降清全家被害的1646年,而真正受命出师征台已在37年后的1683年。37年固不算长,而人生不过百年中的37年亦不为短。上节已提及的知人论世的一些观点,对施氏的报仇心理有无改变和变化,也是值得我们注意和重视的。最明显的标志是施氏经过37年的反复思考之后,明确表示出征台湾,"要当服其心,又不敢因私仇而致多伤生命"。最清楚不过地表明复仇私心的转变。当然我们也不否认书面表态不等于一个人的实际行动。

证之施氏在登上澎湖时即宣布:"断不报仇,当日杀吾父者已死,与他人不相干。不特台湾人不杀,即郑家肯降,吾亦不杀。今日之事,君事也,吾敢报私怨乎?"及台湾回到祖国以后,同从京师派去的礼部侍郎苏拜等共疏纳土归诚之郑克塽应携族属,刘国轩、冯锡范应携家口,同明裔朱恒等俱令赴京……或入伍,或归农,各听其便。这就充分证明,施琅曾上疏许诺的"要当服其心,又不敢因私仇而致多伤生命"和"断不报仇"的话,是言行一致,说话是算数的。实现了自己的诺言,摈弃私心,服从大业,

"过则勿惮改",改了不就成了好事了嘛!能完成祖国统一大业的人不是做了一件大好事吗?除郑成功是海峡两岸人民所共认的民族英雄外,恐怕就得数施琅,不过施琅不能算民族英雄,但统一台湾的伟大功绩,再没有第二人能比得上他的了。

或者要问:施琅年轻时政治上尚不成熟,在民族矛盾极其尖锐之时两度降清,虽事出有因,毕竟有亏大节。所谓"事出有因",即指施琅"在与郑成功发生矛盾,父、弟被杀后,又再度降清",而"再度降清"亦即"有亏大节"了。我们已经知道施琅降清是在1646年,正逢他25岁,是年轻时,但是不是能说他"政治上尚不成熟"就很难说了。因为有人十七八岁政治上就很成熟,相反,已四五十岁甚至年过花甲,政治上尚不成熟,亦不乏其人。杀父之仇,不共戴天,乃人之常情,不能因年龄大小不同,而用来作为判断其政治上成熟与否的标准。况且施琅本人后来从各族人民要求祖国统一这一全国人心所向时代潮流主流出发,自觉地放弃个人报仇的私心,这就值得我们特别钦佩和尊敬。

## "清宫四大疑案"

所谓"清宫四大疑案"是指"太后下嫁""顺治出家""雍正被刺"和"狸猫换太子"。这里就四大奇案,做一简括的介绍和回答。

(1) 太后下嫁

太后下嫁就是太后下嫁于摄政王。太后是指清太宗皇太极之妃、世祖福临的生母,其卒于康熙二十六年(1687),被谥为孝庄文皇后;摄政王即指摄政睿亲王多尔衮。孝庄文皇后系多尔衮之嫂,弟妻其嫂,按照汉人的封建道德观念来看,是一件太不

博尔济吉特氏孝庄文皇后及多尔衮像

光彩同时也太不文明的事。有清一代,对此讳莫如深,求其明文记载,则无有也。

我国已故著名明清史专家孟心史(森)和郑毅生(天挺)两位先生,先后于20世纪三四十年代,撰写过几篇有关清初摄政王多尔衮是否曾经被尊称为"皇父"的考证文章:孟先生据蒋氏《东华录》顺治五年十一月冬至郊天,奉太祖(努尔哈赤)配,追崇四庙加尊号,覃恩大赦,加"皇叔父摄政王"为"皇父摄政王",凡进呈本章旨意,俱书"皇父摄政王",做出断语:"盖为覃恩事项之首,由报功而来,非由渎恩而来,实符古人尚父、仲父之意。"郑先生更进一步从"皇父摄政王"之一切体制仪注,证实"皇父摄政王"低于"皇上",与"太上皇"亦不相同。另外,郑先生考证多尔衮之称"阿玛王"即父王,疑当日世祖福临在宫中于多尔衮亦必有此称,则世俗所谓"寄父"也者,与孟先生的看法基本趋于一致。

但清末才开始刊行明人张苍水(煌言)所作的《建夷宫词》十首。其中两首有关太后下嫁：

上寿觞为合卺尊,慈宁宫里烂盈门。春官昨进新仪注,大礼躬逢太后婚。披庭犹说册阏氏,妙选孀闺作母仪。椒寝梦回云雨散,错将虾子作龙儿。

诗注作于己丑,即南明桂王永历三年,清世祖顺治六年(1649),正好是在多尔衮于顺治五年十一月改称"皇父摄政王"的第二年,时间适相符合。诗中提到的"太后"和"孀闺作母仪",舍孝庄文皇后莫属；而"错将虾子作龙儿"一句,岂不是正好丑诋清世祖福临尊称多尔衮为皇父之事吗？按《建夷宫词》十首由张煌言本人收入《奇零草》中,《奇零草》于永历十五年(顺治十八年,1661)早已刊刻单行。当时海上为敌国,诗中多参谤毁之成见,自毋庸讳言,然像孟先生所说,"诗之为物,尤可以兴到挥洒,不负传信之责",固然不能说世上没有这一类的诗,但张煌言这两首诗传闻必有所本,不会无中生有,凭空捏造的。

另据《朝鲜李朝实录》仁祖二十七年(清顺治六年,1649)二月壬寅条,它是这样记载的：

上(仁祖李宗)曰："清国咨文中,有'皇父摄政王'之语,此何举措？"(金)自点曰："臣问于来使,则答曰,'今则去叔字,朝贺之事,与皇帝一体'云。"(右议郑政)太和曰："敕中虽无此语,似是已为太上矣。"上曰："然则二帝矣。"

孟先生根据这条记载,认为朝鲜并无太后下嫁之说,(清国)使臣向朝鲜说明皇父字义,亦无太后下嫁之言,得出"是当时无是事也"的结论。我个人认为,《李朝实录》中既提到"清国咨文中有'皇父摄政王'之语",朝鲜人右议政郑太和也说敕中虽无"与皇帝一体"之语,"似是已为太上矣"云云,以此知多尔衮之称"皇父","已为太上",正好与太后相对称,岂不是太后下嫁的一个最有力的旁证吗?

何况多尔衮之改称"皇父",不但明载于《清实录》与蒋良骐《东华录》等书中,即当时流传到今的许多档册和文告中,于抬写皇上处,一并抬写摄政王,而摄政王之上,或冠以"皇叔父",或冠以"皇父"字样。

1990年我写了《释汗依阿玛》,依据大量国内外官私方文书和档案资料,尤其是满文史料和满族历史习俗,肯定多尔衮生前确实被加封过"皇父摄政王",而孝庄皇太后也确实下嫁过多尔衮。

广为众知,多尔衮之被封"叔父摄政王"或"摄政叔父王",是在顺治元年(1644)冬十月;加封"皇叔父摄政王"是在顺治二年五月;而改称为"皇父摄政王",则在顺治五年十一月戊辰(初八日)。多尔衮"皇父"之称像前面孟、郑两先生所指出的,既明见于具有官方史料价值的蒋良骐所著《东华录》和当时身为京官的目击者、工科给事中魏象枢《为圣朝大礼既行亟请更定会典》等事的揭帖中,又有朝鲜《李朝实录》等第三国记载,可以作为佐证。

加封"皇父摄政王"的诏旨,迄今为止,虽然尚未发现,但蒋《录》在多尔衮死了11天之后,于顺治七年十二月己亥(二十日)下的诏旨,仍称"皇父摄政王"。此诏亦不见今本《实录》,只在多尔衮卒后的第四天，壬辰（十三日）记载有云：摄政王多尔衮讣闻，上震悼，诏臣民易服举丧，而略其诏不加采录。我个人藏有此诏转钞本一件，具载"合依帝礼，应行事宜"七项。从中亦可看出，多尔衮卒后十日，不但"皇父摄政王"的称号沿而未改，而且诏申明确宣布"中外丧仪，合依帝礼"来办理丧事，今本《实录》和《清史列传·多尔衮传》将此诏全部删去，只字不载，保有蒋《录》于顺治七年十二月甲辰（二十五日）尚写入"追尊摄政王为懋德修道广业定功安民立政诚敬义皇帝，庙号成宗"一句，《清史稿·多尔衮传》同。我认为《清史稿》纂修者也一定核对过原档，才加以肯定下来的。

顷日本著名清史专家神田信夫教授应邀来京，参加中国第一历史档案馆60周年馆庆，躬携《明清档案存真选辑》一部相贻。适检得其中有顺治八年（1651）正月二十六日追尊皇父摄政王为成宗义皇帝祔享太庙恩诏，原文更增繁若干，而"应行事宜"则有十项。

此外，必须指出的还有三点：第一，上引《恩诏》原文中之"皇帝"低于"皇父摄政王"一格，足证本文前面提及的"皇父摄政王"低于"皇上"与"太上皇亦不相同"之说不能成立；相反，适足证成"皇父摄政王"高于"皇上"，与"太上皇"正相同，以及下引朝鲜国郑太和所提多尔衮"已为太上"的说法为不误。第二，《恩诏》申明说于顺治七年十二月二十五日追尊多尔衮为义皇帝，庙号成宗，与上引蒋《录》所载于七年十二月甲辰，即二十五日正合，足证蒋《录》采录引用的红本原档是可靠的。第三，这一《追尊恩诏》是在顺治八年正月二十五日颁布的，晚于多尔衮之死（顺治七年十二月初九日）45天，足足有一个半月，晚于顺治七年十二月二十日下诏臣民易服举丧，有34天，亦过了一个月,是目前所能见到的称有"皇父摄政王"最晚遗存的一份珍贵档案史料实物见证。这一《恩诏》可以补蒋《录》所引红本档案之不足,同时又订正了蒋《录》以追尊摄政王为成宗义皇帝,妃为义皇后,同祔于太庙载于同年同月十九日丁卯之误。

综上所述,我们可以得出这样一个结论:多尔衮生前确实曾经被加封过"皇父摄政王"的称号,有当时大量的国内外官私方文书和档案资料以资证明,是谁也不能否认的历史事实。问题出在多尔衮的"皇父"之称与太后下嫁有没有关系?自来国内外史学界是有不同看法的。

在谈多尔衮"皇父"之称与太后下嫁有没有关系以前,首先必须弄清楚"皇父摄政王"这个称号的满、汉文翻译问题。

汉文"皇父摄政王",只能分成"皇父"与"摄政王"两个词组,满文也只能是分成"Han i ama"与"Doro be aliha wang"两个词组。汉文"皇父"与满文"Han i ama",汉文"摄政王"与满文"Doro be aliha wang",是分别由两个或更多的词组合而成的。我所见到的清代官书和私著中,汉文有把"叔父摄政王"写成"摄政叔父王"的,这"摄政叔父王"很有可能是从满文"Doro be aliha ecike wang"直接翻译过来的;但我从未见到过有把满文"Doro be aliha Han i ama wang"翻译成汉文而为"摄政皇父王"的,因此,满文"Doro be aliha Han i ama wang"只能译成"皇父摄政王",这个词是约定俗成的,反之就与汉文语法不合,不成其为一个汉语词了。

这里还有一个问题,在清初耶稣会士的书信和著作中,时常见有 Amavan 或 Amawang 一名,国内译著或译成"阿玛王"。阿玛王可以译为"父王",如果按照上述满、汉文语法的分析,父王之称,疑非满文"Doro be aliha Han i ama wang"原文的简称,或系当时耶稣会士不谙清制王爵的误称。如意大利人 Martino Martini（汉名卫匡国）于 1654 年（顺治十一年）写成出版的 *Bellum Tartaricum*（《鞑靼战纪》）一书中提到"Amavangus"，今汉译作"阿玛王"，有十二三次之多，明显是把满文"Doro be aliha Han i ama wang"分成两部分：前者"Doro be aliha Han"译成了"Emperour's Tutor"或"Tutor to the Emperour"，今汉译均作"摄政"；后者"Ama Wang"二字被错误地连成一词"Amavangus"，今汉字音译成了"阿玛王"。这样的二分法是不合满文语法的，因而在汉译中省掉了"Han"或"Emperour"不译，只好汉译为"摄政"了。

　　满文"Han i ama"的汉字音译是"汗依阿玛"，汉译则是"皇父"。满文的汗（han）就是汉文"皇帝"，阿玛（ama）就是汉文的"父"。阿玛在满文《清文鉴》释作"Beye bebanjihangga be ama sembi"，汉译则为"生我者之谓父"。多尔衮之被尊称为"皇父摄政王"，既明见于诏旨中，满、汉文武百官凡进呈本章旨意，又俱书"皇父摄政王"，自不能比之于古代"尚父""仲父"的尊称。可以推断顺治在宫中对多尔衮，必以阿玛相称，不但不当面叫多尔衮作阿玛王，也不会当面叫作汗依阿玛的。因为，如果是在顺治五年十一月多尔衮未封皇父以前，顺治对多尔衮，只能当面叫他"额切克"（ecike，叔父）——御史赵开心就曾明说"叔父为皇上之叔父，惟皇上得而称之"；同样，顺治五年十一月，多尔衮既封皇父以后，顺治对多尔衮也只能当面叫他"阿玛"，岂不也可以说"父为皇上之父，惟皇上得而称之"吗？叔父或父之上加一"皇"字，行之一切满、汉文武百官的本章旨意中，君臣上下的体制尊严如此。如果顺治的生母孝庄文皇后没有下嫁给他的叔父多尔衮的话，多尔衮是不会由"皇叔父摄政王"改称"皇父摄政王"的。

当然,最重要的是看当时有没有关于太后下嫁多尔衮诏书的确凿证据。据刘文兴(江苏宝应刘岳云之孙,启瑞之子)于1946年10月所撰《清初皇父摄政王多尔衮起居注跋》所载:"清季宣统初元,内阁库垣圮。时家君(刘启瑞)方任阁读,奉朝命检库藏。既得顺治时太后下嫁皇父摄政王诏;摄政王致史可法、唐通、马可书稿等,遂以闻于朝。……时又于起居注档上,见有《皇父摄政王起居注》一册,黄绫装背,面钤有弘文院印。"(参见熊克:《清初〈皇父摄政王起居注〉原本题记》,载《四川师范学院学报》,1981年第1期)这等"与《满文老档》同一可贵"之档册,刘氏持归,曾经一度失而复得,家藏逾三十载,后卒以易米。知《起居注》出售他人,在1946年以后不久,越十余年,1958年,四川师范学院图书馆复从广州古籍书店购得。

据了解,1932年故宫博物院排印的《多尔衮摄政日记》,即据刘氏录《起居注》副本印行,故今故宫博物院图书馆与一史馆均无原档。当时孟心史先生认为康熙十年(1671)始有起居注官,则前此即不应有《起居注》,故为易今名。而罗振玉氏审视原本后,不同意孟先生之说,确认其为《起居注》。今《起居注》完好无缺,尚保存于川师图书馆,惜《太后下嫁皇父摄政王诏》散佚多年,迄今不知下落。孟先生既疑太后下嫁并无其事,理所当然地认为必无太后下嫁之诏了,有之亦系伪造无疑。

我认为熊克《起居注原本题记》所说是很有说服力的。我们必须承认,太后下嫁诏书这一第一手档案资料已经遗失是一大遗憾,从而使得国内外史学界对这一问题持不同观点的人,谁也说服不了谁,档案资料的重要性有如此者。但根据现有史料来看,我个人仍然认为:一则摄政王多尔衮年近不惑而无子嗣,孝庄文皇后盛年孀闱独处,又素具权谋,能交欢于多尔衮,无疑地可以巩固其嫡子幼帝的大位,从当时政治背景等情况考察,不难推断,多尔衮受封皇父之日,即是太后下嫁摄政王之时;二则从上引仅存的顺治八年正月二十六日追尊多尔衮为义皇帝庙号成宗的那份《恩诏》中,提到"并追义皇帝元妃为敬孝忠恭静简慈惠助德佐道义皇后,同祔庙享",既然多尔衮生前被封为皇父摄政王,其必有"皇后",亦当在情理之中,然则"皇后"其人谁何,舍世祖福临之生母孝庄文皇后而外,又孰足以当之?此则只提死者,生者自无追尊谥号之理。但由于多尔衮未四十而早殒,诸王多相攻讦,加之入关后,满洲宗室不能不深受汉人封建伦理观念的深刻影响,故对太后下嫁之事,讳莫如深。这一当时追尊义皇帝、义皇后的诏敕,完好遗存到今,虽吉光片羽,亦弥足珍贵者矣;三则《皇父摄政王起居注》原本被保存下来,既有其书而非伪造;那么,太后下嫁皇父摄政王诏,亦必有其诏,或有再被发现之一日;即使它永远失落,不可复得,我则宁信其有不信其无。

我们也不要忘了另一个事实:满洲入关以前的社会性质虽已由奴隶制迅速向封建制过渡,但很早很早以前女真人的落后习俗,如弟妻兄嫂、妻姑侄媳,子妻庶母等群婚制残余依然存在。而这类习俗不但北方兄弟民族像满族、蒙古族有,南方兄弟民族像彝族、藏族等也有。皇太极虽然三番五次地重申禁止"同族嫁娶",但入关之初,群婚制残余这类传统习俗在相当时间内延续是不足为怪的,不是简单地说成"凌伦而来"或"转辗腾谤"所能解释得了的,那么,太后下嫁这件事是可以相信确有其事的。

(2) 顺治出家

史载顺治十七年(1660)八月十九日,皇贵妃董鄂氏薨。世祖福临哀悼殊甚,为之辍朝者五日,旋即下谕追封为皇后。董鄂氏仅仅是个贵妃,为什么要这样滥加谥号,并晋封她为皇后呢?

有的人于是以讹传讹,说这个妃子是明末人冒辟疆的爱姬董小宛,当清军入关之初,被掠至京师,后入宫,赐姓董鄂氏,跟着又册立为贵妃。冒辟疆怕惹祸,只好脱言她已经死了。并举出当时大诗人吴梅村诗中所谓"墓门深更阻侯门"为证。谁知董氏入宫之后,竟以不寿卒。然世祖之于董贵妃,宠冠六宫,莫与伦比,乃红颜薄命,惹得世祖终日闷闷不乐,不数月,遂弃皇帝不为,遁入山西五台山,削发披缁,皈依净土。于是又举出吴梅村清凉山赞佛诗,"王母携双成,绿盖云中来","可怜千里草,萎落无颜色",屡点董字,来证实其事。也有人说圣祖玄烨四幸五台,前三次皆为省觐其父而去的,而且每至,必屏侍从独造高峰叩谒;圣祖最后一次去五台山,世祖已死。所以圣祖第四次幸清凉山有诗云:"又到清凉境,峰岩卷复垂。劳心愧自省,瘦骨久鸣

顺治帝福临及所书"敬佛"二字

悲。膏雨随芳节,寒霜惜大时。文殊色相在,惟愿鬼神知。"语极哀悼。上述这段故事就是顺治出家的由来及结局,历来故老相传如此,是否真有其事呢?

首先我们应该承认清世祖福临好佛,宫中延有木陈、玉琳二禅师,尊礼备至。世祖钤章有"尘隐道人""懒翁""痴道人"等称号,谕旨对木陈有"愿老和尚勿以天子视朕,当如门弟子旅庵相待"云云。世祖信佛是事实,谁也否认不了的。

其次要说,世祖死去前几个月,适值孝献皇后董鄂氏之丧,世祖哀痛过情,为世所叹异。因而就有人认为世祖是由悼亡而厌世,终于脱离尘网,遁入空门,从此传为"万古钟情天子"的一段佳话。这是与历史事实不符合的。

不错,由于世祖好佛,他死前确实有过要求祝发为僧的念头。但事实上在他死去的前几天,只是叫他最宠任的内监吴良辅去愍忠寺(今北京市广安门内法源寺)替他削发,他本人也曾亲自前往愍忠寺观看过。这里还说明当时世祖身体康健,并无大病。那么,世祖是怎样死的呢?据当事人王熙《王文靖集·自撰年谱》载:"奉召入养心殿,谕:朕患痘,势将不起。"张宸《青琱集》亦称:"传谕民间毋炒豆,毋燃灯,毋泼水,始知上疾为出痘。"两人所记世祖患病情形完全相合,可以互相印证。这就很清楚地告诉我们,世祖既死于出痘,那么,遁入五台山祝发为僧的说法,就并不可信了。

末了,再提一句,皇贵妃董鄂氏,内大臣鄂硕女,是旗人之女,见于明文记载,与冒辟疆侍姬汉人之女董小宛全不相干。殊不知董鄂一字,是地名,系满语的音译,为满洲八大姓之一,故与姓董的汉人风马牛不相及。而自来文人雅士附会其事,流为谬说,传播海内外,不可不为之辨明如此。

（3）雍正被刺

世传清世宗胤禛暴崩的原因,说法不一,有说是被刺而死的,振振有词。这一说法究竟可信吗？

说来话长,它起因于雍正七年(1729)曾静、张熙一案。曾静慕明末人吕留良的为人,以排满复明为职志,因遣其徒张熙诡名投书川陕总督岳钟琪,劝他为祖先(岳飞)举义,不成,狱兴,牵连吕留良。世宗严加惩治,戮留良尸,留良子葆中,时为编修,亦论斩。当时汉人大为不平,激起为父兄复仇的热潮。有甘凤池其人,日日从事暗杀活动,清廷虽极力搜捕,也无法禁止。传说吕留良有一个幸存的孙女,名叫吕四娘,她的剑术之精,冠绝侪辈,立志要为父祖报仇。后来她潜入宫内,终于刺死了世宗,并把世宗的脑袋割下,提着逃走了。

好事的人说是根据鄂尔泰传记的记载,说世宗暴崩的那一天,上午还"视朝如恒,并无所苦",就在那天下午,忽召鄂尔泰入宫,而外间喧传世宗暴崩的消息已满城风雨了。鄂立刻"入朝,马不及被鞍,亟跨骡马行,髀骨被磨损,流血不止。既入宫,留宿三日夜,始出,尚未及一餐也"。人们认为,当时天下承平,长君继统(清高宗弘历25岁登位),没有什么大不了的事情要搞得这般惊慌失措的。这就只能说明世宗被刺的说法并非没有道理。

这里需要将真人真事与野史传闻区别开来。曾静、张熙一案牵连的吕留良等人都是真人真事,甘凤池也确有其人,从事抗清活动或有迹可循;但提到吕留良的一个孙女,是传说,不是历史事实。世宗死的年月日是事实,但说他是暴崩,并不见明文记载,也只是传说,目前尚不能证实其事,此其一。

上述鄂尔泰传记所描述的鄂仓皇上朝一段情节,写得惟妙惟肖,好像真有其事似的,但至少在正史记载里,如《清实录》《清史列传》《清史稿》等书并没有这类的记载。当然,没有文字记载,不等于没有这件事,而且直到今天仍无法得到证实,也就不可能确认有这件事。即使鄂尔泰的仓皇上朝是事实,也不能证明世宗一定就是被刺,因为二者并没有必然的内在联系,此其二。

世宗本人好佛好道,"所交多剑客力士",传说"结兄弟十三人"。皇帝与人结为兄弟之事,未必可信;但既好佛好道,多交剑客侠士,则炼丹求长生之术,容或有之。求长生吞丹药,以致暴崩,也有可能。秦皇、汉武之事,早有先例在,此其三。

有人建议发掘清西陵的泰陵(清世宗胤禛的陵墓),看看世宗到底有无头颅,以证实被刺与否。后因发掘工作过忙,未果。当然,清世宗死于1735年,尸骨早寒,一旦发掘,果能得其一二遗骸,固可定案,但要付出的代价未免太大,也只好等待将来再说了。

(4) 狸猫换太子

这里指的是清世宗胤禛与海宁陈氏换子的传说。浙江海宁

雍正"太上老君驱邪宝"木质道教法器钮

陈氏,从明末起,累世簪缨。数传到陈之遴,清初降于清,位至极品。稍后,陈氏一家,如陈说、陈世倌、陈元龙等父子叔侄,都是高官厚禄,尊宠备至。康熙年间,世宗时为皇子,与陈世倌尤相亲善。恰巧碰着两家各生一子,年、月、日、时辰无一不同。世宗听说,十分高兴,命抱子入宫,过了许久,才送回去。陈氏发现,送还的已经不是自己的男孩,而且易男为女了。陈家万分震怖,但又不敢出来剖白,只得隐秘其事。过后,世宗即位,大封陈氏数人,特擢陈世倌至显位。等到乾隆时,其优礼陈氏者尤厚。高宗尝南巡至海宁,当天即去陈家,升堂垂询家世甚详。将出,至中门,命即封闭,并告以后不是皇帝临幸,此门不得再开。所以此后陈氏家中永远关闭其门,从未再开过一次。

也有人说,清高宗弘历对自己的身世怀有疑团,所以南巡到陈家,想亲自打听清楚。又有人说,高宗既知非满人,所以在宫中经常穿汉装。有一次,高宗穿好汉人古装冕旒补褂之后,问亲近大臣:像不像汉人?一位老臣跪奏:皇上不像满人,实在太像汉人了。

上述这些传说,盛行于前清朝末年。当时革命排满之风最盛,对清代诸帝极事丑诋。传闻异辞,其中真伪夹杂,有必要为之剖辨。

海宁陈氏一家,如陈说、陈世倌、陈元龙父子叔侄,位极人臣,皆是事实。就是清高宗南巡去过陈家,也是事实。按清制,皇帝到过的人家,经过的大门是必须封闭,禁止再开的。但不能由于有这些历史事实,就说清世宗与陈世倌有了以女换子之事。再说清高宗喜穿汉装,也是事实。须知清朝一代,不但清高宗喜穿汉装,其他皇帝和后妃喜欢穿汉装的亦复不少。迄今故宫博物院还保存着他(她)们穿过的汉人服装和他(她)们穿着汉装

浙江海宁陈家隅园(后称安澜园)图版

画的许多画像。这当然不能由此得出满人有汉人血统的结论来。

清代旗人生子一定要报都统衙门,宗室生子一定要报宗人府,定制十分缜密。何况紫禁城内,门禁森严,怎么能随便抱子出入宫内?显而易见,这些都是清末汉人排满的革命浪潮中,无中生有地编造出来的。以往,前朝的末代皇帝也有类似的传说,如元末的元顺帝,说他是宋徽宗投胎的;又如明末的崇祯皇帝,说他是元顺帝的再世;甚至还有说明成祖朱棣就是元顺帝的化身。诸如此类,牵强附会,不一而足,都是不足为据的。

对于一个历史人物和事件本身的疑案问题,历史研究工作者都很清楚,绝没有也不可能有完整而明确无误的史料遗存下来,让人们来判定是非。如果真的有完好无缺的史料保留下来的话,就用不着历史研究工作者来再做考据工作了。因此,历史研究工作者的任务就是要在残缺零散有时甚至互相抵牾、扑朔迷离的史料中找出可信的部分史料,得出基本上正确的结论,还历史的本来面目。考据当然是必备的手段和功夫,但更重要的是指导考据的正确思路。这种思路就是将零星散乱的材料纳入历史事物发展的逻辑中联系起来加以全盘考虑的方法。这种考据实际上已不同于传统的对某一制度或某一人物与地理方位的孤立考证,而是从孤立、矛盾的记载中发掘演绎出历史人物或事件的发展规律,并以此来解释各种表面现象所以发生的真正原因和结果。

# 顺康之际的几个历史问题

## 多尔衮的独裁与专政

多尔衮摄政时期(1643—1650),正值中国封建社会剧烈动荡之际。明社方圮,世局巨变,清主殂落,政出多门之秋,多尔衮以方逾而立之年,挥师南下。不期年而扑灭张、李,剪除南明福王小朝廷,扶幼帝入关,君临中原,用人行政,多沿明制,为清朝将近三百年的全国统治,打下了坚实基础。初与济尔哈朗同受命摄政,不过八和硕亲王之一,共襄王事。乃不旋踵,以功高自傲,罢去济尔哈朗,一人独揽大权,由皇叔父摄政王改号皇父摄政王,跻位太上皇之列,威权之尊,殆无以复加矣。曾几何时,内作色荒,年未不惑,遽而溘逝,罪以谋逆,削爵革除,众叛亲离,身败名裂。昔日之号为股肱者,群起揭举评告之;骨肉相为敌国者,复乘危下石焉;欲加之罪,何患无辞? 乃身遭不白之冤,长达一百二十余年之久,直至乾隆四十年间,始获昭雪,复爵归宗,仍不失为有清一代八大家铁帽子王之一。而多尔衮作为一个人物评价问题,近十年来,清史学界论著日多,见仁见智,迄无定论。学术讨论不厌其详,百家争鸣,各抒己见,亦自是他山攻错之古谊所许耶?

我以为300年前满族以一个文化比较落后的少数民族,正处在封建主义的上升时期,一旦进入到一个较高阶段的封建制国度中,可以明显看出,其生产、生活方式,工作作风,思想意识诸方面,是有很大不同的,故不可只从汉人一方的眼光来品评,轻下断语。即就多尔衮而言,势必要首先考虑到他所处的时代背景、家庭环境、生活教育、人情习俗与政治条件各种因素和影响,然后方可据事直书,不虚美,不掩恶,爬梳阐释,力求还历史以本来面目。试举数事以说明之:一、蓄奴。满人之蓄奴以视汉人,是有区别的。明代蓄奴之风虽盛,可以买卖而不可任意诛杀;清初赏赐则奴仆与田舍、牲畜同样看待,从而犯人充边,给披甲人为奴者,尤屡见不鲜,逮至康、雍两朝鞭笞打杀逃亡奴仆之事,仍史不绝书。然则一为奴隶制之奴隶,一为封建制家奴之残余,两者的性质迥乎有别,何可混为一谈?二、立嫡。汉人依宗法立长而满人立少,满人子弟及年则析产别居,故有分家子与不分家子之别,而汉人无之,每以四世、五世同堂为荣。清初太宗皇太极、世祖福临、世宗胤禛之继立问题,成为史学界长期争论不休的焦点课题,其实立嫡立少是满汉两种社会内截然不同的继承法,又岂可以一种封建宗法社会之伦理观念绳之哉?三、婚嫁。满族先世女真人,父死子妻庶母,兄终弟娶其嫂,乃其早期族内不同辈婚制之遗俗,不可苛以汉人同姓不婚的礼法。然则努尔哈赤第五子莽古尔泰死,其妻分给从子豪格及岳托,第十子德格类死,其妻给其弟阿济格;皇太极天聪时,明令禁止婚娶继母、伯母、婶母、嫂、弟妇,知未禁前不同辈婚娶是合法的;顺治初,豪格死,多尔衮又与阿济格各纳其福晋各一人,知有令未行而禁亦未止也。然则多尔衮之妻其侄世祖福临的生母太宗孝庄文皇后,弟妻兄嫂,当属实事,不为渎伦。多尔衮既妻帝母,改称皇父摄政王,亦理所当然,身后追尊为义皇帝,敛以明黄龙衮之服,尤为顺理成章之事,乌可谓其潜用为觊觎帝位之实物见证?众所周知,上述三事乃为有清300年间满汉两民族的经济文化生活与社会习俗不同之显而可见者。余亦可类推，不复赘述。

自顺治元年（1644）由多尔衮亲自统率的铁骑旗兵迅速入关逐鹿中原，不及三年，全国大部分均已归入清朝版图，其形势之急转直下为中国前朝历史所未见。然尔后完成全国统一（包括台湾、新疆、西藏、川黔少数民族地区）过程之漫长艰难，亦为前朝历史所未见。前后反差之所以如此强烈，自然是由于清朝初年之客观形势所使然，也是当时满汉两个民族社会发展阶段的客观差异使之而然也。而满、汉两个民族双方社会性质的差异所以导致的清初的民族矛盾的空前激化，又不仅仅取决于多尔衮一人的主观意志及其对客观形势的错误判断，更是与满族统治集团历代承传的传统政治取向密切相关。这是当时的客观事实，是首先不能忽视的一点。

一方面，由于当时（清军入关前后）历史环境和社会经济基础的突然改变，清初皇权与崇德时期满族皇权的实质有所不同，并具有本质的区别，从而决定了满洲贵族统治集团内部斗争具有与满族入关以前完全不同的性质和前途。这也是不容忽视的一点。但另一方面，我们也知道，要想较为准确而不存偏见地理解多尔衮摄政时期在清初挥师入关的历史进程中的重要作用，固然可以就某些具体问题做进一步的探讨和订正，但更重要的，恐怕还是要根据满族入关前后的社会性质和国家形态的变化，以及对清初政治的继承性和变异性等等，进一步进行认真而细密地综合考察和研讨。

就在清军入关的前一年，崇德八年（1643）八月，清太宗皇太极突然逝世，满洲贵族统治集团内部围绕着皇位继承问题展开了一场激烈的苦战和争斗。结果，皇太极的第九子——年仅六岁的福临(即清世祖)践位,而郑亲王济尔哈朗、睿亲王多尔衮二人辅政。皇太极自崇德元年(1636)采用君主制以后,在位八年中,君臣之间沿承满族立少立爱的传统旧习,从未见有奏请立储的建议而从汉俗立长立嫡的奏章。直至七年(1642)十月,皇太极在病重时才指定济尔哈朗、多尔衮、豪格、阿济格四王共理朝政,所有朝政均由四王会议而行。这表明四王会议实质上仍是承袭清太祖努尔哈赤所制定的八王共治制,同时又辅以四大贝勒(即四王)值月听政的方式。豪格虽为太宗皇太极的长子,其位次却在郑、睿二王之后。豪格本人所掌握的正蓝旗,与诸王的镶蓝、两白、两红五旗并列,清代史书中称之为"内六旗",不过以表示与外藩蒙古各旗有所区别而已,而与太宗皇太极所掌握之两黄旗,又有内外之别。在太宗皇太极生前并无要立豪格继位之迹象,其余诸子在崇德年间也没有一人得有封爵。早在崇德三年(1638),太宗皇太极就确定了诸王、贝勒等爵位的升降传袭,却偏偏对皇位继承这一件大事长期没有提及。凡此种种,似乎都暗示崇德年间沿汉族传统与继皇权的脆弱性。综观清朝满族开国以来的历史,其最高统治集团内部的一些重大斗争事件无不对满族皇权与八旗制度的关系产生深刻影响。满族最高统治集团入关之前,满族国家形态经过几次变动:第一次是在清太祖努尔哈赤与同胞兄弟舒尔哈赤之间,两雄不并立,才有四旗之设立,这是第一次变化;清太祖努尔哈赤与其长子褚英之间的父子互相残杀,实为一次封建制与奴隶制的斗争,乃由四旗增加到八旗而努尔哈赤称汗(即国王之意),是又一次变化;后来清太宗皇太极与三大贝勒(多尔衮、济尔哈朗、多铎)四人同坐听政之争,攘夺正黄、正蓝二旗而君临诸王之上,这是第三次变化。但在清太祖努尔哈赤之后,又有八王(四王之外又加上宁完我、李率泰、范文程、鳌拜）。清太宗皇太极骤然去世，又有宗王（主要为多尔衮）摄政。每一次从开始到终了，封建皇权亦随之忽兴忽衰。满族皇权的循环往复，都是由于满洲八旗制国家的本质所决定的。只有在满族入关以后，唯独到了多尔衮摄政之局面终了之时才出现上三旗（镶黄旗、正黄旗、正蓝旗）与下五旗（镶蓝旗、正白旗、镶白旗、正红旗、镶红旗）之分，一变而成为一代定制，终清一代未之或改。满族封建皇权从此树立起绝对权威，追究其原因，主要是因为在清军入关之后，满族皇权的基础已发生了根本改变。

多尔衮与世祖福临叔侄之间的斗争，或者可以说是清朝皇权二元化的冲突。虽然头绪纷繁一时很难整理清楚，但就其实质而言，不过是满洲八旗制国家固有矛盾的继续。八旗制本身并不具有什么新的历史价值，只是由于借助新的历史条件和社会经济基础，才有可能使满族皇权取得积极的成果。同样，满族封建皇权的进一步巩固和发展，主要也不取决于满族皇权与八旗各旗主的斗争，而是取决于与新的社会基础（当然是以汉族为主要的社会基础）相结合。这才是清初历史发展的焦点所在。但以多尔衮为首的满族最高统治者一手推行的民族征服和压迫政策，给这种结合带来了严重的困难和阻碍。多尔衮后来虽然自己也意识到这一点，然而为时已迟，悔之晚矣！全国范围内的大规模的汉族对抗形势已经初步形成，历史注定满洲贵族最高统治集团要走上极其艰难曲折的道路。尽管统一多民族国家是中国历史发展的客观规律，但如果最高统治者"奋其私智而不师古"，"欲以力征经营天下"，就必然要付出惨痛的代价，并还要背上沉重的历史负担和包袱。这就是多尔衮摄政与专权时期不吸收前人经验所暗示后人的历史含义和教训。

## 康熙生平大事略

康熙(清圣祖,名玄烨,号体元主人,1654—1722),顺治(清世祖福临,1638—1661)第三子,在位61年(1661—1722),是清朝入关后的第二个皇帝。母孝康章皇后(佟图赖之女)于康熙继位的第二年死去。康熙儿时因出天花,就养于外(左长安街福佑寺)。八岁丧父而即帝位,政出辅政四大臣(索尼、遏必隆、苏克萨哈、鳌拜)之门,以鳌拜的权势为最。十四岁首逮鳌拜置之狱,权归于己。自后五十余年间,知人善用,展其宏图,重在实践,始终不渝。兹就其武功文治而分论之。

论其武功,略可分为三个时期:初期(1670—1683),平定三藩,统一台湾,完成了长期以来人心所向的祖国统一大业;中期(1684—1707),遣兵驱逐了沙俄武装殖民者于黑龙江流域之外,三征准噶尔汗噶尔丹,捍卫了从大东北横跨北部中国的辽阔边疆;末期(1708—1722),分军进驻青海、新疆,改立六世达赖喇嘛

席力图召平定噶尔丹记功碑亭

于拉萨。不难看出,上述诸役,对巩固东南海隅和北部边疆,维护祖国统一,具有巨大的历史意义。

论其文治,举其荦荦大者,莫过于开"博学鸿儒"科,修明史,以及治河治运等。康熙东游长白,北过龙沙,两幸秦陇,六巡江南,亲访民瘼,奖励垦殖,大大发展了生产,繁荣了经济,国库充盈,万民丰足,从而进一步沟通了南北水陆交通。众所周知,康熙从五岁起,即知诵书,八岁即位后,仍不废讲读。中年而后,并从西洋传教士学习数学、物理、天文、历法和科技,兼通满、汉、蒙、藏以至拉丁等语文。在他亲自主持下编纂的《数理精蕴》《历象考成》《音韵阐微》和《皇舆全览图》等书,均具有较高的科学价值。

康熙在其60年统治期间,对吏治民生,十分重视。凡一切臣工奏折,莫不细加体察,一一亲批。迄今遗存的影印原件,为数亦复不少。正如他自己所说:"自幼读书,于古今道理粗能通晓;又年力盛时,能弯十五力弓,发十三把箭,用兵临戎之事,皆所优为。"又说:"当日临御至二十年,不敢逆料至三十年;三十年时,不敢逆料至四十年;今已六十一年矣。"可以说,康熙皇帝是踌躇满志的了!可是晚年由于皇太子的再立再废,对于皇位继承人的处理不善,终于导致诸皇子交恶,形同敌国,康熙忧愤成疾,过伤心神,不得终其天年而死。

综观康熙一生,除暮年不论外,康熙帝之所以成为中国历代封建王朝中的杰出君主,奠定了有清一代近三百年的一统江山,一个重要因素即在于他能合理吸收满、汉两个民族中的"天无二日,人无二主"的封建纲常观点,故他的见识卓越,远远超出于满族统治集团中一些人的狭隘民族意识之上。而康熙之所以能做到这一点,又是当时满汉两个民族矛盾日趋缓和,满、汉两民族广大人民之间已由对抗开始转向互相携手结合这一历史背景所决定的,故他能顺应当时社会发展的趋势,客观上符合了全国各族人民的共同愿望取得成功。

康熙帝的父亲顺治(福临)早亡,故他于八岁时即位。而康熙初年的中央政府大权操于四位辅政大臣之手,其中尤以鳌拜一人专权把持政柄,其余三人索尼、苏克萨哈、遏必隆唯鳌拜之命俯首是从。这是因为鳌拜一介武夫,早在入关以前,对扫平关外三省对抗武装势力做出了突出贡献;加之对弱冠的幼主康熙,鳌拜不把其看在眼里,所以康熙初年的中央政府的大小事件,几乎由鳌拜一人说了算。康熙八年(1669),鳌拜"贪聚贿赂,奸党日甚,上违君父重托,下则残害生民,种种罪恶,难以枚举。其严拿勘审"。我们知道鳌拜原本一介武夫,气力甚伟,绝非一纸文书即能令其俯首就戮。据清人记载,康熙虽年幼,而其祖母孝庄文皇后(博尔济吉特氏科尔沁贝勒塞聚之女)足智多谋,令康熙与善扑少年多人,日习扑打,甚至于朝堂之上,亦朝夕不废摔跤。鳌拜每日上朝议政,目睹此举,亦不复在意。忽一日鳌拜上朝,

老、中、青年清圣祖康熙玄烨图

众摔跤少年群起扑倒鳌拜于地,即绳之以法。自此康熙亲自御政,雄才大略经邦运筹,长达60年之久,成为有清一代康乾盛世之冠。

还可补充一点,这一时期内康熙与理学文化思想的关系,特别是康熙大力提倡理学的历史时代背景,有必要予以阐述。清朝学者如黄宗羲把明末清初的社会混乱、政治崩溃、人心涣散、士风败坏、上下争权夺利的腐朽不堪的局面,归咎于姚江王阳明(守仁)致良知之说。陆陇其亦以王氏"荡轶礼法,蔑视伦常"。直以明之亡,亡于王氏之理学也。从而康熙即采纳儒臣熊赐履的建议,"学校极其废弛,而文教因之日衰也……士子惟揣摩举业(即八股文),为弋取科名,掇富贵之具,不知读书讲学求圣贤理道之归,高明者或泛滥于百家,沉沦于二氏(即释、道),斯道沦晦,未有甚于此时(指明末清初之际)者也。乞责成学院、学道,统率士子,讲明正学(指孔孟之道),将简儒臣使司成均(成均为古之大学,自后成为官设学校之泛称),则道术以明,教化大行,人才日出矣"。熊氏这些意见和主张,很快得到康熙的重视和嘉许。

康熙幼承庭训,特别是奉皇祖母皇太后孝庄文皇后的教诲,十分关注程(程颢、程颐)朱(朱熹)理学之讲习,首先命儒臣翻译刊刻大学士傅达礼所进《大学衍义》一书,更令颁赐诸臣每人一部。康熙自己也承认:"朕(康熙自称)自五龄即知读书,八龄践祚(即位),辄以学(《大学》)、庸(《中庸》)训诂询之左右,求得大意而后愉快。"又说:"朕听政之暇即于宫中批阅典籍,殊觉义理无穷,乐此不疲。"

为了纠正明末王学之空谈误国,康熙崇儒重道,经筵讲论,孜孜以提倡程朱理学为事,且自己身体力行,上行下效,蔚然成为风气。

康熙时的理学大家,首推汤斌、李光地两人。汤斌(1621—1687)居官以正风俗为先,授礼部尚书。康熙曾云,"汉人学问胜满洲百倍","精通道学自古为难。朕闻汤斌曾与河南之人(指孙奇逢)相与讲明,如此尚于道学相近"。对汤斌之以理学名者给予了充分的肯定。

李光地(1642—1718)力学好古,早年以不受三藩之一耿精忠伪官而出迎清军有功,置身显宦而兼以理学名。他奉命编修《朱子全书》《周易折中》《性理精义》等书。康熙说过:"朕幼喜读《性理》(即《性理大全》),《性理》一书,千言万语,不外一'敬'字。"李光地既卒,康熙又说:"李光地久任讲幄……且学问渊博……知之(指李光地)最真无有如朕者;知朕亦无有过于李光地者。"可见康熙与李光地君臣之间,两人相知之深,不同一般。

但事实是,康熙对其平日所亲加赞许之同时,亦不无微词,认为汤、李两人平日尝以理学自居,而言行并不一致。虽未明言斥之为假道学或假理学,其不以真道学或真理学许之,是完全可以肯定的。同样,对熊赐履、张伯行辈,康熙也有不同看法,或不以理学相许可,或不啻以假理学视之,是知康熙不啻以真理学或真道学自居,以视清初诸理学名家,不下数百人,依其标准而能成为名实相符的真理学或真道学,若说只有康熙本人一人,恐其虽不说不受,断也不会拒绝。

## 清政府对台湾郑氏关系之始末

明清之际,中国历史上出现了许多可歌可泣的民族英雄。

郑成功在顺治一朝与清廷抗争18年之久,顺治十一年(1654)北伐迄未成功,转而于顺治十八年一举收复了台湾,驱逐盘踞台湾近四十年之久的荷兰殖民者,维护了中国领土的完整和祖国神圣主权的不可侵犯,这位民族英雄的丰功伟绩将永远彪炳史册,为海峡两岸各族人民所崇敬。

在讨论清政府对台湾郑氏关系之先,首先要注意郑成功一家去台湾以前之事。即使在其父郑芝龙降清以后,清政府多次劝降,郑成功始终不渝地拥戴南明唐王朱聿键,礼遇鲁王朱以海,保持与桂王朱由榔的联系,并没有放弃抗清斗争到底的决心。顺治18年间,清政府全力以赴地在全国范围内对农民起义军进行武装镇压,但对在东南沿海坚持抗清的郑成功,初无扑灭之意,亦无其力。顺治十六年(1659),郑成功发动的最后一次夺取南京的大进军,只是由于水陆调度失宜,与桂王方面李定国军配合不及时,竟以全军覆败、退回海岛告一结束。可以说,18年间,清政府与郑氏以兵戎相见,进行生死搏斗,则在后期。

清政府对台湾郑氏的关系可分作三个阶段:从康熙元年到八年(1662—1669)为第一阶段,从康熙九年到十九年(1670—1680)为第二阶段,从康熙二十年到二十二年(1681—1683)为第三阶段。第一阶段的第一年,即康熙元年,郑成功病逝;清圣祖玄烨八龄登位,大权实操于辅臣鳌拜一人之手,而清政府对台湾郑氏主张用兵的政策,无改于顺治末期。施琅被提升为福建水师提督,并增设福建水师左右两路总兵官,同时以台湾郑氏之事专责素谙海务的施琅殚竭心力,以奏肤功,随又加施琅等六人为右都督。其重视台湾郑氏问题,主张用武力收复台湾,与前并无二致。

在对待台湾郑氏(郑成功之子郑经)政权的问题上,清廷中央内部始终存在着两种不同意见：一为以武力统一台湾；二为以武力得之易而守之难，倒不如禁海迁界以困之，待其困疲自动请求归降。而康熙在平定三藩（云南平西王吴三桂、广西平南王尚可喜、福建靖南王耿精忠，加上广西定南王孔有德亦称四藩）之后，善于听取满汉臣僚中之正确意见，终于完成收复台湾，设三县一厅，有利于加强台湾与祖国大陆的联系，有利于巩固祖国的东南海防，防止欧美列强的入侵。台湾一役终以水师提督施琅在海洋险远、风涛莫测的情况下，长驱直入制胜，一战而收复澎湖列岛，于是台湾郑克塽登岸剃发，俯首称臣。施琅得居首功，同时亦自是康熙锐意进取，运筹决策于庙堂之上有以促成之也。

如果说当初清圣祖年幼无知，未遑远图，则主持朝政者鳌拜固主用兵，并重用施琅，有当时所下"务期殄灭逆孽（指台湾郑氏）"的敕旨可以为证；不能以清圣祖一人的年龄关系，更不能说没有解决鳌拜问题，而把台湾郑氏问题搁置下来了。颇成为问题的是在第二阶段里。鳌拜问题在康熙八年（1669）已经解决，清圣祖本人已年满16岁，按清制也已成年；况且又在吴三桂发动"三藩之乱"的前四年，何以清圣祖竟在同年拿问鳌拜之后，对施琅只把右都督改为精奇尼哈番加伯衔，而对台湾郑氏却按兵不动呢？

根据目前所掌握的史料，在第一阶段时间里，主张对台湾郑氏用兵的固然是鳌拜，但主张撤兵的也是鳌拜。因为在康熙五年（1666）福建总督李率泰死后，所上《遗疏》里明说："闽海余氛，远窜台湾。奉旨撤兵，与民休息，洵为至计。"撤兵是在康熙五年（1666）以前，正当鳌拜主政之时。再则，康熙六年（1667）施琅所上《边患宜靖疏》请求"不如乘便进取（台湾），以杜后患"时，所得到的答复却是："着提督施琅作速来京，面行奏明所见，以便定夺。"(《靖海纪事》)当时人曾炳说:"当事将为息边之计,持抚议,疏寝不行。"林麟焻也说:"又有从而阻之者矣。"两人提到的持抚议的当事人,"从而阻之者",舍鳌拜其人莫属。因知鳌拜由原本主张用兵,到这时改而主张对台湾郑氏采取招抚,很可能就在康熙五年到八年(1666—1669)这几年间。不然的话,施琅上疏不会"疏寝不行"的。又施琅被召入京,授为内大臣,编入内务府镶黄旗汉军。意者或出于清圣祖对施琅本人加以保护、留有待用之意。由此不难看出,施琅上疏请求对台湾郑氏发动一次大的军事进攻,正在第一阶段末鳌拜主持撤兵、第二阶段初吴三桂尚未煽动叛乱之际。清圣祖之所以垂拱含默、迟疑不前者,或亦在此。

这里,史学研究工作者提出另一个问题:清之开国,势强于宋,尤其在顺治十八年(1661)武装镇压农民起义军与南明三个政权联合抗清的斗争之后,兵强马壮,锐不可当,然而亦不能即图台湾郑氏者,其故安在?上述第一阶段末第二阶段初的历史事实正好回答了这一问题。理由很简单,由于辅臣鳌拜对郑氏的政策前后不一致,先主用兵而后主招抚,招抚而撤兵,下令禁海而片板不许入海。身受其害者是东南沿海四五省广大人民,而不是台湾郑氏。这就必然得出结论,不去掉鳌拜而夺其权,是无法改变和挽回当时的危险局面的。鳌拜问题解决了,而清圣祖仍四年按兵不动,则在着手发动一次大的军事进攻,事先必须有充分的准备,整兵制械,选拔将弁,筹饷储粮,需人需财需时。吴三桂"三藩之叛",起于一旦,措手不及,故无暇分心分力于郑氏;而郑氏起而应之,牵动数省,师出有名,过于三藩而又与三藩同时作战。如果郑、耿作战正确,又与友军配合得当,当时局面是否将因而改观,殊难预卜。这就是清政府之所以在三藩叛乱期间已在与福建耿氏和郑氏同时作战,并在三藩战争尚未结束之际,对台湾郑氏迅速而果断地采取大规模军事行动者,其中曲折是不难理解的。

问题又来了:第一阶段末,施琅于康熙七年(1668)首次出师失败,已降调多年矣,败将何以于第三阶段初的康熙二十年(1681)又得起用,"专界进剿海逆之责"?此无他,施琅本降将,又兵败,调留京师,众疑殊难自信,势必坚决主战,借以表明心迹。而清圣祖对之优礼有加,更使入旗,无非多方笼络羁縻,示之以不疑,使之勿遽逸归而为乱海疆耳;并于异日有攻台之机,亦非施琅莫统水师。何况施琅出师失败降调尚在鳌拜掌权之时,起用则在击败三藩、清圣祖主政之后。时间前后不同,主政之人有别,事情经过显而易晓,不用多说了。

众所熟知,清政府于康熙二十一年至二十二年(1682—1683)发动进攻台湾郑氏一役,冲锋陷阵、首建元功者施琅,统筹接济、谋划方略者姚启圣,而居中遥控、发号指挥者清圣祖玄烨本人。台湾既定,清政府独赏施琅而不及姚启圣。前人如全祖望《鲒埼亭集》有为当时闽督姚启圣而作的《神道碑》一文,为姚大叫其屈。姚固浙人,然全祖望乃史学名家,下笔素谨严,自矜甚,必不至无所据而阿姚。近人朱希祖撰《记台湾郑氏亡事·叙》甚且谓"施琅之贪功揽权,侥天之幸,因人之功,以济其欲,以及清廷赏罚之不公",与夫"此种官书(指《记台湾郑氏亡事》,即《钦定平定海寇方略》),大都不足征信,几乎无足为史料者"。其为姚启圣叫屈,可见一斑。

近来国内史学界很多同志把收复台湾之功全归于施琅而不及姚启圣。商鸿逵同志所著《施琅与姚启圣》一文,持论适与全《碑》、朱《叙》相反。而戴逸同志主编的《简明清史》中,则以收复台湾一役,姚、施相提并论,似无抑扬其间者矣。平心论之,台湾一役,施、姚之功过,见仁见智,古今评价原不必强同;但当时史实之有无与真伪,不可不辨,两者必居其一。苟明乎此,则问题的讨论,是比较容易取得一致的。

顺治一朝,对在东南沿海坚持抗清的郑成功,即有主张割地迁界以避之者。到了康熙初年,当时目睹者陈迁鹤谈到禁海迁界之事,提到的不指名"议主坐困"的"当事"人,证以清圣祖在康熙十八年(1679)亲自对当时统率全军在福建前线作战的大将军和硕康亲王杰书所语:"王等曾言今岁(康熙十八年,1679)贺兰(即荷兰)国船只若到,于八月内进攻海寇(指台湾郑氏),倘贺兰国船只愆期,当内徙边海人民,坚壁清野,以待其困。"(《靖海纪事·家传》)毫无疑问,康亲王杰书应即是上述"议主坐困"的"当事"人之一。当时福建前线上的满、汉将领,如宁海将军喇哈达以为台湾"断不能取",福建水师提督万正色也说"台湾断不可取",都是当时"当事"的一些代表人物。

福建前线的清军统帅和满、汉将领既如此,则朝中主之者,必大有人在。清圣祖于康熙二十二年(1683)曾明确指出:"惟海外一隅,尚梗王化。爰以进剿方略,咨询廷议,咸谓海洋险远,风涛莫测,长驱制胜,难计万全。"参加"廷议"之人虽不知为谁何,但既云"咸谓",则反对用武力进取台湾郑氏者,人数必不在少。

现在的问题是施琅之再起,朝中亦必有主之者,主之者究为谁何?自来为姚启圣叫屈者,每以施琅之再起,由于"福建总督姚启圣上疏请攻台湾,力荐内大臣施琅可任水师提督",于是"朝命召见施琅,仍以靖海将军充水师提督"。其实,最早荐施琅于朝者为福建总督李率泰,时在顺治十年(1653);稍后,康熙二年(1663),兵部侍郎党古里亲至福建前线视察,复代奏其密陈金、厦诸岛可取状。这些都是康熙八年(1669)以前之事。然而施琅"侍直禁庭十余年"之所以能再起,朝中主之者至少有两人:一为李光地,一为李霨。

李光地之荐施琅,明见于《施琅传》。李霨之荐施琅,不见明文记载。但从既克台湾以后,李霨等奏曰:"据提督施琅奏云,台湾有地数千里,人民十万。弃之必为外国所踞,奸宄之徒窜匿其中亦未可料,臣以为守之便。"可以看出一些端倪。李霨从康熙九年(1670)起到康熙二十三年(1684)的15年间,一直为保和殿大学士,兼户部尚书事,自是首辅之一。既赞成施琅主守台湾,不难推断李霨亦为赞成施琅进取台湾之人;如果说李霨不一定是推为施琅再起之人,他最低限度也是赞助施琅再起之人吧。

当然,在当时高度中央集权的独裁统治的封建王朝,对军国大事,皇帝清圣祖玄烨是拥有最大决定权的。当施琅再起时,朝中剿、抚两议意见分歧,赞成用兵进取台湾郑氏的最强有力之人,自然是清圣祖玄烨一人。亦犹之三藩之役,廷议未决,而清圣祖听明珠、米思翰、莫洛等人之议后,遂以"撤亦反,不撤亦反"一言遂定。何况清圣祖玄烨彼时年方弱冠,此时年届而立,不但年富力强,奋发有为,而且历经磨炼,已成老谋深算之人了。

这是不是说姚启圣是反对进取台湾郑氏之人了呢?当然不是的。须知当时进取台湾郑氏之时,朝中亦必有主张急办与缓办的不同;施琅系主急办之人,姚乃主缓办之人耳。姚主抚为缓办而难成,施则力陈急办而可成,朝中所争者,只有急办、缓办之不同,史实已不少概见。斯役也,急办而克奏肤功,是则施琅之居首功,固已早定于庙堂之上,而不在乎波涛之前也。至于施、姚之奏报,一由海道迅速,一由陆路迟缓,尤无关宏旨,兹不复赘。

总起来看,当康熙前期,倘三藩割据,旷日持久,则岂能灭郑?又若清政府府库空虚,民生凋敝,则岂能兴师动众,以图一隅?设如郑氏有后,上下一致,则庙堂之算,亦岂能遽定?居今稽昔,将校计索情,明其因果关系,穷其消息盈虚,意殆有裨于知人论世。

## 清朝前期的党争问题

清朝前期反映出来的众多问题,可以概括为皇权与八旗分权之争,满、汉党祸之深,南北党人之争,朱、王理学之争及中宫党争之烈。

众所周知,清兵入关前夕,顺治皇帝之得立为帝,是经过一场激烈的斗争而方达成妥协的。最后,两红旗中立,两黄旗舍长(豪格)立幼,两白旗做出让步,顺治才以六龄继位,而由其亲叔多尔衮与堂兄弟济尔哈朗共同辅政,军政大权仍操于八旗旗主诸王之手。

时值农民军首领李自成首破北京,明朝已亡。明将吴三桂把守山海关以拒李自成而开关迎清军,多尔衮首先统率铁骑长驱入关,分遣诸将追击李自成,抚定华北疆陲,一切开国创制规模,皆前明降将范文程一手所擘画,百姓安堵如故。多尔衮功最大,被加封为皇叔父摄政王,旋又晋为皇父摄政王,是不啻为拥有皇权之太上皇。而同为摄政之济尔哈朗仅加封为辅政叔王,亦莫如之何。多尔衮死,虽遭济尔哈朗全盘翻案——直到乾隆三十二年(1767)才得昭雪——但顺治一朝,全依多尔衮沿用"参金酌汉"实行过的前明大政方针,而无大变革。当时运筹帷幄之臣,如范文程、宁完我、洪承畴、冯铨、金之俊辈,直言敢谏之臣,如魏裔介、魏象枢、杨雍建辈,皆多尔衮手下任用过之大臣。

顺治逾弱冠之年卒。遗诏以十四罪自责,主要大意是说自己渐习汉俗,与明朝无异。而对本民族祖先努尔哈赤、皇太极的子孙以及满洲大小诸臣未加重用优遇,深自痛悔(按顺治遗诏出自汉大臣王熙之手笔而全据四大辅臣之一鳌拜的意旨写成)。于是由八岁的康熙皇帝继承皇位,而特命内大臣索尼(正黄旗)、苏克萨哈(正白旗)、遏必隆(镶黄旗)、鳌拜(镶黄旗)共同辅政。辅政四大臣中,以鳌拜最为专恣,藐视皇帝年幼。索尼先死,鳌拜以拨换镶黄、正白两旗旗地为由,攘诛苏克萨哈,遏必隆俯首听命,康熙拱默于一时,几乎成了孤家寡人。

康熙少年英俊,赖皇亲国舅索额图打倒了鳌拜(一说康熙用相扑手智擒鳌拜下狱),并穷治党羽,把他们一网打尽。自后权归皇帝,八旗旗主分权之旧传统日衰,皇权一尊的封建专制政体逐步得到巩固和加强。

满汉由于民族立场互异,对峙相抗,冲突不断。汉人或以结社结盟,图谋恢复亡明,或于朝中与满官相倾,成为风气。

从民族矛盾反映出来的诸多问题,兹不妨举出几例:顺治八年(1651)汉御史匡兰兆奏请依汉制朝祭,宜复用衮冕(汉族历代帝王所用服式),得旨认为:"一代自有一代制度……何必再用衮冕?"十年时,汉少詹事李呈祥更进一步条议各部院衙门应裁去满官,专门任用汉人。顺治对汉大学士洪承畴说:"李呈祥此奏大不合理!夙昔满臣赞理庶政……大业得成。彼时岂资尔汉臣为之耶?""想尔等多系明季之臣,故有此妄言耳。"承畴不能答。最后呈祥发盛京(今沈阳旧城)居住。

然满汉相倾,成为风气,迄未中断。康熙初期,从表面上看,满大学士凡有没有明说建议或批评的话,汉大学士们唯唯诺诺,不敢不服。到了乾隆、嘉庆中后期,汉官始敢公开表示与满官不同意或不合作的态度。例如康熙四十四年,康熙就曾训斥过满汉大臣,说道:"今看两议之事,满洲大臣一议,汉大臣一议……如果两议,亦应满汉相间,岂可截为两议?"又说:"看来近日或有人欲专权用事,此辈在朕前则不可。凡事俱宜满汉合一,折衷力事,自可用乎?"并严加指责汉大臣说:"汉人好寻仇雠,或本人不得报复,其门生故旧辗转相报,历数十年尔不已。昔年山东、直隶、江南人俱以报复为事,朕犹记忆。即如宋儒之洛党、蜀党(尚有闽党、濂党),朱子亦深以为非。"从政治上满汉大臣们的政见分歧可以看出,满汉两民族间的民族矛盾在有清一代是长期存在的。

顺康之际,以徐乾学为首的南人党与以冯铨、刘正宗为首的北人党相倾轧,双方并各依满人以自固,复通中贵,以结主知。《杨青藜答刘正宗书》:"如龚芝麓(龚鼎孳)之镌十三级,则以蜀、洛分党也;赵韫退之坎坷终身,则以避马未远;周栎园之拟立斩,则以报复睚眦也;陈百史之无辜伏法,则以争权竞近也。"

康熙初年,江南民人沈天甫撰逆诗诬告人,诛之。被诬者皆不论,御史田六善言奸民告讦,于南人不曰"通海",则曰"逆书";北人不曰"王七党",则曰"逃人",请鞫诬反坐。南人党陈名夏初为多尔衮所赏识,后倚谭泰。谭泰诛,名夏屡为冯铨所厄,赖顺治护持得免。不一年,北人党宁完我揭发陈名夏提出留发、复汉式衣冠立致太平的主张,廷鞫时,冯铨、刘正宗均为作证。名夏赐死,致株连南士41人不问。

南人党魁徐乾学,康熙二十四年召试翰詹,乾学得首列,入直南书房。明年,乾学由内阁学士擢升礼部侍郎,以至左都御史,力倡风闻言事。这是因为康熙深知乾学颇得士心,所以重用乾学来作为打击权臣之用。二十七年,乾学为会试主考官,晋升刑部尚书。王鸿绪(江苏娄县人)于徐乾学为门生,于高士奇为姻戚,于是三人奉密旨,合谋嗾使御史郭琇劾罢权贵满大学士明珠及余国柱。不久,乾学亦牵涉张汧案解任,留京修书,而弟元文仍得正揆席。旋又遭左都御史许三礼严劾。明珠已先令其甥傅拉塔总督两江,为督过乾学预做准备。傅拉塔遂劾乾学及其弟大学士元文诸不法事,元文解任,乾学后亦革职。自后数年间,日有告讦徐氏者,时明珠已复职多日矣。三十三年,元文已前卒,康熙有诏取乾学、鸿绪、士奇三人回京修书,而乾学不知其来召之意,只知有使者来,疑有叵测之祸,遂惊悸死。然则康熙一朝,明珠既斥,康熙始得尽揽八旗兵权于皇帝一人之手。

徐乾学不过是康熙的一条听人指使的走狗,既驱使他咬伤明珠和余国柱,复恶乾学反复,必欲稍抑之。然则暗中一手操纵南北党局的生死大权的就是康熙本人。据先师邓文如(之诚)教授有云:"自顺治中禁社盟,士流无敢言文社者。然士流必有所主,而弘奖风流者尚焉,乾学尤能交通声气,士趋之如水之赴壑。同时宋德宜、叶方霭不能及也。余国柱独与之争,遂成怨府,李光地但欲抑之使不得速化而已,本附明珠、高士奇以进。二十四年召试翰詹,乾学首列,入南书房。翌年,由内阁学士擢礼部侍郎以至左都御史,力倡风闻言事。盖圣祖知其得士,欲倚之为搏击之用。清初政归八旗巨室,顺治一朝,政情杌陧,所由来也。康熙初元,四辅臣专政,赖索额图以覆之。索额图专横,乃以明珠分其权。明珠富可敌国,与余国柱表里为奸,故授意乾学、元文,嗾郭琇劾罢之。二十七年,乾学主会试,晋刑部尚书,复令琇劾士奇及王鸿绪,未几乾学亦牵涉张汧解任,留京修书。

旋遭许三礼严劾,乃听回籍,犹赐'光芒万丈'匾,以宠其行。明珠既斥,天子始得尽揽八旗兵权,恶乾学反复,必欲痛抑之。先已令傅拉塔总督两江为督捕地,傅拉塔遂劾乾学及其弟大学士元文诸不法事,元文解任,乾学夺职。自后数年间,日有告讦徐氏者,明珠则已复职矣。三十三年,元文已前卒,有诏取乾学、鸿绪、士奇回京修书,乾学知有使者来,而未测祸福,遂卒,盖悸死也。"只有王鸿绪兄弟保持富贵,而不知鸿绪实充康熙耳目侦伺之役,有《宫中档康熙朝奏折》后附有王鸿绪奏折档可证。

康熙晚年,因皇太子再立再废,诸皇子各自立党,殆成敌国之势。康熙为此大伤脑筋,最后20年间寝食不安,身体心力为之折磨消耗殆尽。康熙五十六年,老臣王掞(江苏太仓人)眼见皇储久空,皇上忧伤,遂与御史陈嘉猷等八人上书,共同请求早立太子,王掞等几得重罪。四年后,即康熙逝世前一年,王掞揣想康熙之意,又同御史朱天保、柴谦等13人力请复立废太子胤礽为皇太子,康熙大怒,责其沽名树党,祸几不测,王掞以年老免充军,仍命其子詹事奕清与十三御史同赴西台效力。至此,南北党局稍解。

康熙时期,由于帝王大力提倡,理学名家辈出,然因门户之见,形成朱王理学之争,并与南北党争相呼应、牵连。

康熙初年,鳌拜既除,康熙亲政。有鉴于明季清初政治纷乱,社会败坏,学风陵替,一般士子不读书,人心涣散的不稳定局面,康熙遂大力提倡朱子学说。我们知道,清初学者一般都认为,从汉唐以降儒家用大力气于经学,经学是立身致用、治国平天下之本;到了北宋,周敦颐、程颐诸大儒倡明绝学,而南宋朱熹继之以集大成,实为理学之正宗。康熙认为读书明理,贵在致用;理学必是能躬行心得之人,才算得上真理学。然当时世人,口讲理学,却多半是追逐名利之辈,投入著名理学家门下,成为党争的工具。例如徐用锡(江苏宿迁人)一生依恃李光地,不离北人党局;又如彭定求(江苏长洲人)少受庭训,师事汤斌,以陆(象山)、王(阳明)为宗。于同时孙奇逢、李颙尊之为真儒。唯陆陇其力阐阳明,乃申论伐毛洗髓,非致良知不可,亦未尝以峻语相加。汤右曾(浙江仁和人)、吴璟(江苏太仓人)都是徐乾学的会试门人,为南党。是知朱、王理学之争,与当时南人党与北人党大有牵连。且在康熙看来,即便平日最倍加肯定的第一流理学家中,如汤斌、李光地、徐乾学辈,他们的言行也并不一致,而且他们互相攻评。汤斌为江宁巡抚时所出"救民有心,拯民无术"的告示,就是由徐乾学向康熙上报揭发的。又如熊赐履、张伯行辈,康熙说熊死后即有人议其后。所谓有人不知其人姓名谁何,但其人为党局中人进行报复,似可断言无疑。

康熙有子35人,除早夭的11人外,存活的尚有24人。康熙十四年仿照汉制立嫡传统,册立嫡皇二子胤礽为皇太子,时皇太子才两岁,从幼学书识字,莫不由康熙亲自教之诲之,诗文骑射,均有可观。在皇太子未废前的三十多年间,康熙外出远征期间,让皇太子试之以政者再,太子按章办事,均无差错。三十多年间,康熙对太子的眷宠未尝一日减少,仪制亦未尝一日少损,而太子的声望亦未尝一日少衰。稽之当时群臣之于太子,如宋荦之颂扬,高士奇之陛辞以及李炳石之觐见,莫不拜谒皇太子,均可作证。康熙四十七年与五十一年,皇太子一废再废之后,再敢提及皇太子者固不乏其人,然而挺身而出请复立东宫而得罪者亦大有人在。如前已提及的老臣王掞与御史陈嘉猷、朱天保等均可为证。

为争夺继承权,康熙诸皇子与朝臣互结党援,相互构陷,祸害甚烈。皇太子胤礽党自以舅舅索额图为首,此外,尚有皇长子胤禔(庶出)党、皇三子胤祉党、皇八子胤禩党和皇四子胤禛党,康熙其余诸子年幼无知者不计外,大都引用邸下人及名士墨客,纵横捭阖,各为其主。而见利思迁、倒戈相向、朝秦暮楚者亦屡见不鲜。康熙诸子中,皇八子胤禩希冀为皇太子,早在胤礽未废之前,即与皇九子胤禟、皇十四子胤禵结为死党,企图加害太子,即所谓"张明德谋刺太子"案,系由皇长子胤禔告发之。其实,长子胤禔又何尝没有希冀皇储之意?所以当拘禁皇太子时,胤禔竟对康熙说出"欲诛胤礽,不必出自皇父之手"的话来,则胤禔意在取胤礽皇太子而代之,不问可知。

皇八子胤禩与皇九子胤禟、皇十四子胤禵结党,胤禟与揆叙各拥有数百万家资,要结阿灵阿等同为党援,财大气粗,最为横暴。其党羽之众、声势之大,其他皇子诸党莫能与之抗衡。而胤禩图谋大位之所以终告失败者,在一次康熙当面询问群臣谁可立储时,满汉大臣均推胤禩,故而康熙大怒,不但不立胤禩为太子,而且认为胤禩结党,对国家大为不利,于是大治胤禩之党。也正因此,马齐自禩党倒入皇四子胤禛党中了。

当时一口否认曾经结过党的为皇四子胤禛。胤禛目睹皇储位虚,诸邸公开角逐,又岂甘落人之后?但胤禛为人阴险,貌似淡然,与世无争,而雍邸中人有年羹尧、傅鼐、博尔多、诺岷、戴铎、沈廷正、沈竹、金昆、黄国材、黄炳、魏经国、常赉、官达辈。但其中关键性人物为舅舅隆科多和马齐两人。其声势党羽,何亚于其他诸邸各党?

雍正夺嫡成功后,诸邸宾客谋士多获重遣,并大兴隆科多、年羹尧、阿其那(皇八子胤禩)、塞思黑(皇九子胤禟)诸狱。首禁隆而后诛年者,所以灭祸口也;次诛阿、塞而禁胞弟皇十四子胤禛于高墙者,防反侧耳。雍正四年(1726)以钱名世赠年羹尧诗,将其逐回原籍,并赐榜书"名教罪人"四字悬其中堂以辱之,为处置党人的一种别开生面的新方式。此外,皇太子党曹寅父子与李煦之败,自然是由于曹氏父子党废于太子胤礽,特借逋赋为题,祸至不测。

雍正初,曾静及其徒张熙之狱,表面上看,纯似为消除当时满汉民族矛盾而发,实则为惩皇子诸党外谪各省之诸王邸下人散布流言蜚语而发。乾隆皇帝一继位,立诛静、熙,尽毁《大义觉迷录》书版,禁止流行,是不啻乾隆为乃父翻中宫之案。

纵观清前期的党争事实,可以得出这样的结论:从入关一开始,由满汉之间反映出来的民族矛盾,到康熙初皇权与八旗诸王分权之争,康熙尽揽全部八旗兵权,使封建中央集权得到进一步的巩固和加强,矛盾得到基本解决。经过南北党局之祸和中宫党争之烈,最后雍正夺嫡成功和军机处的设立,标志着中国历史上中央集权达到了最高峰。乾隆六年(1741)有左都御史疏言:"大学士张廷玉历事三朝,遭逢盛世,然而晚节当慎,责备恒多。臣窃闻舆论动云桐城张、姚两姓占却半部缙绅。今张氏登仕版者有张廷璐等十九人,姚氏与张氏世姻仕宦者有姚孔铸者十人。"鄂文端、张文和素不相得,时谓鄂党多君子。乾隆在康、雍两朝中央集权的统治基础上,进一步发扬光大之,成为中国历史上封建王朝罕见的太平盛世。

# 关于雍正篡位问题的研究

## 清圣祖遗诏考辨

雍正即位是篡位、夺嫡,还是具有合法性的继位之君,关键在于康熙之死与是否确有遗诏传位于雍正。康熙之死虽疑窦重重,断非善终,然是否确系因吃了"一碗参汤,不知何故,圣祖皇帝就崩了驾",终无旁证确认。即使属实,主使者是谁,恐更难查证,因此有人又从康熙年高,患有多种慢性疾病,不能排斥愤怒惊恐之中病情突发来立说。总之,要获得康熙暴死的真实原因,看来是极少有可能性的了。

但康熙传位于雍正的遗诏,在康熙驾崩之日是由隆科多口传宣布的,后载入《上谕内阁》及《世宗实录》,这里面有很大疑点。拙文《清世宗夺嫡考实》中曾指出:"至十六日(康熙死后的第三日)宣读遗诏,并未宣布汉文,而以'宣读清字(满文)诏书……即与宣读汉字诏书无异'为谕,良足以骇天下人之听闻。"这一点曾当即引起汉人官员杨保的参奏。我曾托友人孙子书同志查访故宫《康熙起居注》,得知中华人民共和国成立前夕,故宫档案大量南运,而未有收获。20 世纪 80 年代初,北京第一历史档案馆朱金甫同志在编辑整理《康熙起居注》时,发现了康熙《遗诏》的满汉文对照原件三份,以缩印照片各一份贻我,使我得以重新探讨四十多年前遗留下来的问题。

《遗诏》原件的满文部分残缺不全，仅保存后半部分，从篇幅上看不及汉字部分的一半，似乎更为原始；但从满文的行文措辞看，却又似从汉文译出。因而使我对这份《遗诏》的真实性产生了怀疑。

从满族开国的历史来看，入关之前，王（皇）位相传，皆由八旗旗主共推，这是由满族社会发展的阶段和它的原始传统所决定的。故皇太极、顺治继位，在八旗内部都经历了一番激烈斗争，这是人所悉知的。入关后，圣祖于康熙十四年（1675）确立太子，当然是受到汉族立嫡立长制度的影响，应该说是满族历史的进步。但是康熙初年以降，又以皇子出居各旗，使原来已削弱的八旗势力又在某种程度上得以恢复和保留下来。故一旦康熙废除太子，各皇子围绕皇位的斗争又同时表现为八旗势力对皇权的对抗。于是人们对康熙去世之际皇位相传是否有法统可言产生了怀疑，将雍正继位解释为因利乘便，以为这样并不违背满族历史传统，因而产生对《遗诏》的重要性认识不足。

我想提醒大家不要忘记一个重要事实，那就是在顺治辞世之际，就曾以遗诏形式传位于康熙。顺治一朝亦未立太子，顺治死于天花，病情比康熙所患之疾要紧急得多。从顺治十八年（1661）正月初二日发病，初七日即驾崩，前后不过五天。在这种紧迫情况下，顺治仍于病危时召见满洲学士麻勒吉和汉学士王熙来病榻前承写遗诏。虽然《实录》所载遗诏内容是顺治辞世后由太后等人所增删改写的，但事实告诉我们，在康熙之前是有过遗诏传位惯例的，而且遗诏的形式是满、汉两式，由满、汉大臣同时记录。顺治在位不过18年，满族传统旧习无疑比康熙朝浓厚得多，但满族一旦定鼎中原，必然受到汉族先进文化的影响，不可能完全退回到入关前的状态中去。顺治朝翰林院庶吉士一律学习满文，记录顺治遗诏的王熙，就是因满文学习优异受到顺治赏识的。顺治以遗诏确定嗣君，可以说是满族汉化过程的结果。有鉴于此，那么，在经过康熙一朝60年的发展之后，对于君临天下的皇位承继，连一份合法的遗诏都不能制定，我们很难相信这是一种正常的情况。这就是我之所以重视康熙《遗诏》文本的真伪性问题，并要考辨清楚的理由。

康熙《遗诏》的汉文部分长达1400余字，其中涂改补填之处甚多。冯尔康教授在其《雍正传》一书中指出："这个诏书是胤禛（世宗）搞的，不是康熙的亲笔，也不是他在世时完成的，不能作为他指定胤禛嗣位的可靠依据。"冯教授的结论是对的。我觉得这还不是要紧之处，因为遗诏并不需要快要驾崩的帝王亲笔书写，真正可疑的地方在《遗诏》处处于雍正之名避讳。雍正名胤禛，若《遗诏》出自康熙本人之意，在康熙驾崩之前，怎么能为雍正避讳？然《遗诏》中凡逢"禛"处皆改作"真"，如"雍亲王皇四子胤真"即未书雍正本名。据此《遗诏》作于雍正继位之后无疑。尤可怪者，《遗诏》连乾隆的名字弘曆亦为之避讳，竟改"曆"作"歷"。

第一历史档案馆还藏有另一份《遗诏》原件，只有汉文而无满文，拿来与满汉文俱全的《遗诏》相对勘，明显不同的地方是这份只有汉文的《遗诏》没有签署年月日。从文句的修饰来看，汉文本写作在前，而满汉文本的《遗诏》则修订在后，如果这一推测能成立的话，没有签署年月日的汉文本写作较早，等到译出满文的满、汉文本《遗诏》时，才加上"康熙六十一年十一月十三日"的签署，亦是很自然的。

《遗诏》的满文部分残缺不全仅有后半部，所署日期与汉文部分一致，但缺少"雍亲王皇四子胤禛人品贵重"这最重要的一句。从满文部分所存叙述汉高祖、隋文帝、梁武帝及明太祖等故事来看,行文措辞,均似满文从汉文直接译出。总之,无论《遗诏》的汉文原本或满、汉文对照原本,都不是按康熙的本意写成的,而是雍正继位之后再按雍正的意愿制造出来的。

如果将《遗诏》与其他官书仔细比勘,或许能发现更多的疑点。

《遗诏》所署日期为康熙六十一年(1722)十一月十三日,即康熙驾崩之日。其实,我们知道《遗诏》的颁布则在康熙驾崩三天之后的十六日,对此各书记载均无异词。但《上谕内阁》中记载礼部宣读大行皇帝遗诏时,有御史杨保参奏鸿胪官未宣读汉文,是知当天只宣读了满文遗诏,汉文遗诏并未写成。尽管雍正为此辩解,说什么这是康熙"在天之灵使满、汉人员翕然如一家之意",但这是很难令人信服的。既然现存满、汉文《遗诏》原本皆签署同日期(十三日),为什么康熙卒后三天所宣读的只有满文而无汉文?——如前所述,现在《遗诏》却是汉文本在前而满文本在后。所有这些,都使人不能不怀疑《遗诏》原件的真实性。

检阅《上谕》还发现另一问题,康熙死后20天,雍正为生母上尊号,皇太后懿旨有曰:"予自幼入宫,蒙大行皇帝深恩,备为妃列,几五十年,虽夙夜小心,勤修内职,未能图报万一。钦命予子(即雍正)缵承大统,实非梦想所期。"可是到了纂修《世宗实录》时,"实非梦想所期"就变成"实深悚惕"。前者那一句是意料之外,后者那一句则语意含混,不过官场套话。就表达对康熙传位的感激而言,前者自然贴切,完全没有必要修改,若非心中有鬼,何须在此动手脚,却未曾料到这样反而欲盖弥彰了。

我的结论是,《上谕内阁》中提到的仅宣读满文遗诏,不能怀疑确有其事,因为《上谕》中还有三处提到宣读《遗诏》,即十八日、二十一日、二十二日,但所宣读的遗诏肯定很简单,不过寥寥数语而已,恐怕很可能就是"深肖朕躬,克承大统,著继朕位"以及"即遵典制,持服二十七日释服"这最重要的几句话。而现存的《遗诏》原本是后来伪造的,并且是由汉文本再翻译成满文的。

再检稽《圣祖实录》,我发现《遗诏》原件汉文部分与康熙五十六年(1717)十一月的一道《面谕》中的文字几乎完全相同。所不同者有以下几点:一、《面谕》详而《遗诏》略;二、叙事的层次安排,前后略有不同,《面谕》层次多,显然杂乱无章,而《遗诏》经过重新安排,层次井然;三、《遗诏》行文显得典雅,有所修饰润色,其他因时间不同,亦有相应变动。因而可以推断,《遗诏》之汉文系从《面谕》转抄、修饰、增改而成,但《面谕》和《遗诏》均未载于《康熙起居注》,其原因何在?我个人认为合理的推测是,康熙去世之后,雍正为了寻找撰写《遗诏》的依据,即将《面谕》从起居注馆调了出来,等到既被增删、修改、润饰成为正式《遗诏》之后,《面谕》也就没有再送回起居注馆了。至于《面谕》仍保存在《圣祖实录》之中,这是因为按清制,《面谕》除起居注馆保存一份外,内阁大库还应保存一份,这在《起居注》中有明文规定。

据此,知当时《面谕》存档被提取去作为撰写《遗诏》的依据,而疏忽了到内阁调取另一份同样的《面谕》存档。到后来纂修《圣祖实录》时,又未及细检查勘,不但《遗诏》被载入《实录》,而且长达三千余字的《面谕》存档或许被认为与《遗诏》无关,也被收入《实录》中保存至今。如果《面谕》无存,雍正一手遮天篡改的康熙《遗诏》,可谓天衣无缝,几可以假乱真了。幸而今天

雍正帝及宫中道士祈雨处之大光明殿

有《面谕》的发现,终于弄清了康熙《遗诏》是伪造的,并找出了伪造的《遗诏》依据之所从出,亦足以为雍正篡位增添一个历史文献见证。

当然,说雍正篡位是一回事,而雍正一朝13年间(1723—1735)的用人行政,励精图治,又是另一回事。不能因为雍正得位不正,就一定要否定雍正13年间的所作所为。雍正继康熙而起,孜孜汲汲,夙夜不遑,刷新政治,日理万机,为巩固和加强清王朝的封建主义中央集权起了重要作用,这是史学界公认的事实,是谁也不能轻易予以否定的。

## 《清世宗夺嫡考实》

为什么要选择这样一个课题?也就是说,清世宗雍正篡位问题的真正意义在哪里呢?这就需要从清朝封建统治的具体情况与清史这一历史学科的目前发展情况说起。

我们大家都知道,清朝是继元朝之后又一个由少数民族建立起来的统一全中国的封建王朝,然而元朝祚短,不到百年北返而亡。清则不然,正处于中国历代封建王朝末期,却产生了远逾唐开元、天宝的康乾盛世。大家都看得很清楚,清朝前期的文治武功,非独汉唐莫敢望及,即较之铁骑远跨中亚的元帝国,亦略胜一筹。康熙乾隆祖孙各在位60年(太上皇乾隆四年尚未计算在内),几占清朝统治时期的一半。而雍正在位13年,处于康乾之间,为盛世之名所掩。其实,康熙末年纲纪废弛,弊端丛生,若无继起之雍正为之大力整饬,使政治转上正轨,很难设想会产生乾隆一朝统治鼎盛时期。所以雍正一朝在清朝统治300年中承上启下,其重要地位自然不能为治史者所忽视,此其一。

再说清朝入关,说是清承明制,一扫明末积弊,但满族这个民族又是一个比较落后的少数民族,它本身长期承传下来的原始陋习亦复不少。清朝满族统治者在接受汉文化的同时,也逐渐克服了满族自身的弱点,并且大大丰富了汉族文化的内容,从而创立了许多新的规章制度。所谓清沿明制,但又有为明制所无而为清朝所独创者,如内务府、理藩院(清末又改名为理藩部)等即是。加之,满族传统习俗多立爱立少,与以汉族为主的历代王朝最高统治者之立长立嫡的继承关系不同。康熙企图改从汉制,立太子,后来再立再废,父子兄弟之间视同敌国,夺嫡之争尤烈,关系爱新觉罗一家之衰替兴亡者甚大。这一点,不能不增加我们对雍正继位一事的关注,此其二。

大家都知道,清朝皇位继承问题,本为最高统治者一家一姓之私事,但雍正继位又引起清朝一代政局的极大变化,雍正一朝的用人行政,莫不与之有关。若不揭明雍正继位的真相,则对当时最高统治集团的内部纷争、皇权与八旗势力的兴衰消长,都不容易理清脉络。不仅如此,满洲贵族统治集团入主中原,在清朝初年强迫实行严厉的民族歧视和镇压政策,曾激起广大汉族人民的激烈反抗,直到康熙中叶以降,民族矛盾才趋于缓和,但满汉两民族之间的隔阂与对立依然存在。雍正即位以后迫害宗室诸兄弟以及众多朝臣,使人们对其皇位的合法性更增加怀疑,于是有曾静借此策划反清复明活动。曾静被捕后,雍正想利用他作反面教员,亲撰《大义觉迷录》一书,对不利于己的种种谣传丑闻逐条予以辩驳,并在全国上下广为宣谕,于是本为宫闱隐秘鲜为人知之事,从此大白于天下。而《大义觉迷录》一书所说与《实录》《上谕》等官方记载相违之处甚多,理应使后世之人对其疑窦丛生,所以,雍正非但没有达到自己的预期目的,反而不利于稳固统治。因此,雍正继位问题又与清代的民族矛盾发生联系,雍乾两朝民族统治政策的变化也与之相关,治清史者不可不察,此其三。

以上三点是就雍正继位问题与清王朝统治的关系而言的,但从我国清史研究的发展来说,在中华人民共和国成立之前,专家学者虽人人喜谈清故旧闻,但专门从事清史研究的工作者并不太多,更不用说形成一支专门研究清史和满族史的队伍了。20世纪二三十年代仍然是孟森、萧一山两位先生独享大名。孟心史(孟森)专长传统的考据之学,萧一山私撰的《清代通史》一书则自为体系,成一家言。但清朝300年间可以研究的领域甚多,如政治、经济、军事、社会生活、宗教信仰、农民起义、民间习俗、妇女婚姻等方面,均有许多无人过问的空白。如果要想改变这种状况,需要进行两方面的系统工程:一方面是有计划地和有系统地对清史数据进行一次搜集和整理;另一方面是要以马列主义毛泽东思想和邓小平理论作为指导思想,才能使清史研究的面貌发生新的变化。我自己几十年来深受传统史学的影响,偏好考据,但经过诸位大师如洪煨莲、邓之诚、顾颉刚、陈寅恪、张尔田诸师,短则十数年、长则数十年的教诲和启迪,加上自己的些许摸索探讨,也体会到把握历史发展大势的重要性。以满洲贵族最高统治集团为主而不同于以往中国封建历史上出现的汉族最高统治集团的雍正(清世宗胤禛)夺嫡一案,自然成为我专攻的一个主要目标。

在我之前,孟森先生已就清初三大疑案(《清初三大疑案考实》)发表过专文,曾经风靡一时,为学者士子所传诵,视为高不可攀的权威之作,长期以来尚无人敢有异议。孟老的文章我在读大学时已拜读过不止一次,佩服之余,却不敢全然苟同。后来长期在日本讲学的清雍正帝研究专家杨启樵教授在《清世宗入承大统考实》一书中说道:"孟文(指孟老《清世宗入承大统考实》)一文间有剪裁失当之处,如上谕、传记整篇照抄,以致散漫芜杂,眉目不清。"我当时也有一些同感,但这只是文风问题,无关宏旨。我对孟老文章不满的地方,一在于孟老在史料的收集上尚未详尽,对于记载雍正一朝13年间发生的重大事件的《永宪录》一书,孟老就没有好好利用。《永宪录》的著者肖奭龄(一作肖奭),为雍正年间的同时代人,据其所见所闻以及朝报邸抄,记录下了不少有关雍正13年间的好多次大案,可以说是当时人记当时事,无疑是有很大和很重要的参考价值的。缪荃孙前辈在他所编的《古学汇刊》中曾收入《永宪录》一卷,很不全,后又补录几卷,亦非全璧。我后来依据的《永宪录》是邓文如师所藏抄本,据师相告,也是从缪荃孙先生家传抄本抄录过来的,凡四卷,二十余万字,内容非常丰富。雍正一朝所办的几件大案,均有详细记载,所根据的材料,均是当时公布的内廷报刊和《宫门抄》等最原始记载的第一手资料。中国社会科学院历史研究所李世愉研究员告诉我:清末藏书家李盛铎也藏有一部最完善的抄本《永宪录》,现在仍保存在北京国家图书馆善本库。惜我迄今尚未寓目。

还有一点使我不能满意的是孟老的立论方式亦不无可资商榷之处。孟老在他的文章中开宗明义地说:"世称康熙诸子夺嫡为清代一大案,因将世宗之嗣位与雍正年间之诛戮诸弟、张扬年羹尧及隆科多罪案,其事并为一事,遂坠五里雾中,莫能了其状。"按孟老之意,嫡之为嫡,乃是指曾立为太子的二阿哥胤礽。康熙晚年,胤礽既废,则无所谓嫡与不嫡,而胤礽之所以废,出自康熙之意,并非以诸皇子相争之影响。故而雍正之嗣位与夺嫡无涉,若要说有夺嫡者,乃八阿哥胤禩也。雍正嗣位后,屠戮诸弟,又是因皇位受到威胁,而诸弟不甘心于雍正继位,各人心存觊觎,并非为嫡之被夺,故为太子胤礽复仇云云。孟老认为以上这些案件在本质上是不相关联的,因此,与夺嫡无关,应当分别立论为是。

我觉得孟老的这一看法似是而非,不足为据。大家都知道康熙皇帝最初立胤礽为太子是在康熙十四年(1675),三十多年之后,在康熙四十七年又把太子废了。因为从满族历代承传下来的立爱立少的家法,不像历代汉族传嫡传长的家法,是要立长子或兄终弟及。而康熙皇帝最初立胤礽为太子是模仿汉人的家法,但后来把太子废了,又回到了满族立少立爱的传统上来了。这一点,我们必须搞清楚,才能理解康熙皇帝一而再再而三的立废做法,是有满族传统家法为依据,而不是仅凭皇帝个人一时喜怒而做的。这是我们今天学习清史与满族史必须要注意的地方。

　　从康熙五十一年(1712)十一月初三日再废太子胤礽后,终康熙一朝,未曾再立过太子,不是康熙皇帝不想另立太子,是康熙皇帝临死之前仓促间来不及立太子罢了。由于太子胤礽两度的再立再废,人们可以想象,像康熙皇帝生了多达三十多个儿子,自然免不了要引起诸皇子(特别是年龄大的十几位皇子)都有的觊觎皇位的野心,而当时朝臣也莫不依附能得继承皇位的某一皇子,攀龙附凤,希望日后取得荣华富贵,彼此倾轧,如同敌国,不可终日。康熙皇帝看在眼里,记在心里。所以为了杜绝一切臣子请立太子之建议,并于五十六年(1717)向群臣颁发了一份长达 3000 字的"面谕",申明不由群臣说三道四,而应由我(康熙皇帝)自己一人来最后决定由谁来继承皇位。很显然,康熙皇帝这一做法非但不能平息诸皇子之间的明争暗夺,反而使他们之间的同室操戈更趋激烈。同时又有种种迹象表明,康熙皇帝将未来嗣位的位置属意于最年轻的皇十四子胤祯(失败后改名允禵),授命他为抚远大将军,统兵十万(蒙古军十万在外),进军西陲,迎击准噶尔入犯新疆之兵。但到底没有见到有明令宣布立胤祯为太子的敕命。康熙皇帝对立谁为太子一事,似乎成竹在胸,确有一定把握似的,表面上看并不显得十分在意。但到最后一刻的六十一年(1722)十一月底,康熙皇帝突然去世,当时就由朝夕随侍其身旁的理藩院尚书、九门提督步军统领隆科多口宣康熙皇帝遗命,由雍亲王胤禛继承皇位。这一遗诏大大超出在京诸位皇子的意料,于是雍正皇帝继位在当时即成为一个大疑案。

　　孟老认为康熙皇帝既然没有明诏宣布皇统属于哪一个人,所以雍正皇帝继位无论合法与否,都不能把雍正继位称为夺嫡,故而孟老写的文章称之为"入承大统",就是这个道理。我觉得,若果能揭穿雍正皇帝继位不是康熙皇帝本人的意思亦即不是嫡嗣,加上康熙皇帝的死实在非常出乎意料,如果真的出自雍正皇帝的阴谋,那么不是雍正篡位又是什么?这一问题的本质在于雍正继位是否通过合法的途径,不必拘泥于康熙皇帝本人是否颁布有另立他人的明诏。

由于雍正皇帝不出自嫡嗣,那么,与皇八子胤禩、皇九子胤禟等辈没有什么区别。因此,皇八子胤禩自然也可以将雍正继位视为非法,不予承认。而雍正皇帝就非铲除他们不可,不铲除他们不足以解除对自己坐上皇位的威胁。所以,雍正皇帝登上皇位之初,对诸弟的打击迫害不遗余力,既非像孟老说的那样与争夺皇位无关,也不像杨启樵教授所见,纯为诸位皇子争夺皇位的斗争之继续。若康熙皇帝对嗣君全无考虑,或者是康熙皇帝自然死亡造成的皇位自然断绝,尚可看作单纯的皇位之争。"成者为王,败者为贼",倒也无可厚非。但是事情既然不是这样,结论也就有所不同。因此,问题固然复杂,牵涉到方方面面,但其中的关键,就在于康熙皇帝之死及隆科多口宣遗诏这一点能否得到辨明,其他问题也就可以迎刃而解了。

我之所以将阿其那(胤禩)、塞思黑(胤禟)、胤禵、隆科多、年羹尧诸案放在一起作为雍正皇帝夺嫡这一整体的各个组成部分,或者说是其前因后果,是从问题发展的必然联系来考虑的。失掉了问题的重要线索,孤立地从各种偶然性巧合上进行推测,自会各执一词,不相统一,异说纷纭,各持己见,永无终止地争论下去。对于这种事关封建王朝最高统治者本人的宫廷疑案,从事历史研究者都很清楚,绝没有也不可能有完整无缺明确无误的原始史料档案完整地保存遗留下来,使人们得以判断其真伪和是非。唯一的可能只有从事历史研究工作者在残缺零散、看似互无关联或彼此抵触的史料中，得出确有疑似或基本正确的结论来，还其历史的本来面目，考据当然是必备的手段和功夫；但更重要的是指导考据的正确思路，固然不能把错误的猜想当作正确的东西，更不能凭疑似的看法，轻下断语。指导考据的正确思路，就是能将看似不相关联、各不相谋的零乱材料，哪怕是零星半爪，放在事物发展的逻辑中联系起来加以考虑。这种考据实际上已不同于过去传统的对某个名物制度的孤立考证，像钱大昕的《廿二史考异》和王鸣盛的《十七史商榷》，他们都是从孤立、矛盾的记载中演绎出事物的发展规律，并以此来解释各种表面现象。

**关于康熙朝立嗣（嫡位）之争**　康熙四十七年（1708），初废太子胤礽，理由是太子广树党羽，"窥伺朕躬"，密谋"胁帝让位于太子"。故有"朕若不先发，尔（指太子胤礽）必先之"语。而半年之后，太子之所以废而复立者，乃因当时太子党外，尚有皇子诸党，彼此钩心斗角，互相倾轧，无有已时。不有太子，无以阻诸阿哥之野心。储贰之位未正，诸子党争尤烈，圣祖未逾年而立太子，即所以弹压诸子之党争，反而加深太子之党，图谋不轨，日甚一日。不但使群臣在康熙与太子之间不能兼容，形势的发展已不能按康熙的意志为转移，终于下定决心于五十一年（1712）再次废太子，不复再立。康熙这位雄才大略的盖世英雄，于此则束手无策矣。

太子胤礽再废后，活动争取立为太子最为积极露骨者，乃皇八子胤禩也。原来本属于太子胤礽的部分党羽也向胤禩身边靠拢集结，故康熙说胤禩"此人之险，实百倍于二阿哥（胤礽，太子也）"。康熙不愿重蹈覆辙，则八阿哥胤禩之不得立与太子之再废,实属同一命运。

康熙五十一年之后,康熙绝口不谈再立太子,亦不许群臣以此为请。王掞、朱天保等请立东宫(即指太子)之得罪,徐倬《道贵堂类稿》"应皇太子(胤礽)教"诗及朱彝尊《曝书亭集》中青宫再建诗之削去,即其明证。然康熙已年近七十,对于嗣君一事岂真能回避、忘怀不管呢?种种迹象表明,康熙是在进一步考察诸皇子,并寻找一种合适的方式,在条件成熟的情况下再宣布决定。应该说,圣祖是自信有能力解决这一最具敏感性的难题的,他在康熙五十六年的长篇口谕以及六十一年正月千叟宴的谕词中已反映这一点。圣祖所物色的接班人选,我认为就是皇十四子胤祯,姑且不说满族本民族传统的立爱立少的继承法,次年授命胤祯为抚远大将军王(即西征统帅)而不选他人,原因就在于此。

我认为雍正并非康熙心中属意之人选,对其平日之为人,康熙早有定评,说他"喜怒不定",并曾警告他一定要"戒急用忍"。

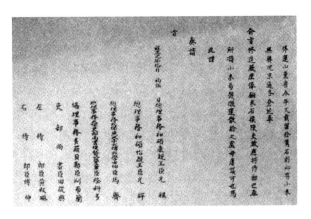

胤禵奏折

雍正天性险诈，似远出诸阿哥之上。当时种种文献材料表明，雍正之结党邀名，与诸阿哥如出一辙，且有过之而无不及。雍邸之腹心，自以鄂尔泰、田文镜、李卫三人为最。倚赖之深、信任之专，始终如一，人莫能与之抗。雍亲王既结党邀名，亦不可谓不僭越，潜谋希冀，预谋攘夺，绝非一朝一夕之故。其能于圣祖晏驾之日，安然绍承大统，隆科多一人之力为多。盖隆时为步军统领，身操警卫京师之兵权，榻前受命，口衔天宪，谁敢不从？观其临事之周密，即事前之深谋可知。

关于康熙死于非常，以及隆科多口宣遗诏之疑问，孟老（森）的文章已有详考。我同意他的结论，故未加赘述。

**关于雍正即位后胤禩、胤禵及年羹尧、隆科多之狱**　世宗即位之初，以保全骨肉相号召，尤对才力相当、党羽甚众的胤禩加封廉亲王，列名总理事务四大臣之一。但这无非借以义安反侧，牢笼天下人心，姑且容忍于一时。实际上对胤禩防范之严，甚于往时。之所以不遽然之死者，不外离散其党羽，且隐示禩之在握，得免与否，全视其徒党敛迹与否为断。以允禟、允䄉为禩死党，又皆数百万之富，其权谋术数，足以要结人心，煽惑众听。故即位不满百日，先迫胤禵远徙西宁（青海），旋即拘禁胤禟于汤泉（今北京市北小汤山南），两人皆胤禩之党也。而胤禩明知终不免于诛戮，然犹委蛇柔驯，正欲使其兄（雍正）负屠杀兄弟之名，蒙天下后世之不韪。这亦为胤禩唯一可用以抗争的方式。两人智术相等，不过一成一败。圣祖一生弄术，而诸子若此，知其后半生之苦恼不少。

世宗篡位另有一虑，即真正合谋者年（羹尧）、隆（科多）两人，年、隆不去，终是隐患。只有先解决年、隆，才无所顾忌，放肆剪除诸弟。世宗于诸弟，过急则不过毁誉；而于年、隆，过缓则恐泄漏天机。是以知诸弟可缓,而年、隆决不可缓。

世宗之立,年、隆两人最为有功,年以四川总督为胤禵副贰,可以掣肘胤禵。雍正即位,檄召胤禵回京,胤禵束手无策,年之力也。而隆则于康熙暴卒之际,榻前受命,口衔天宪,世宗所谓"仓促之间,一言而定大计",其得膺大宝,则隆之功又在年之上。

两人有此奇功,君臣之间,无不得意忘形。今考隆之罪状,有云:"妄拟诸葛亮奏称,白帝城受命之日,即是死期已至之时。"不啻李斯临死上书之以罪为功,触犯世宗忌讳,安能免于永远禁锢?年之无状更甚于隆,其为川抚时即曾云:"今日之不负皇上(指康熙),即他日之不负王父(指雍正即位之前)。"世宗即位后斥之为"无法无天",即此等密谋,只能存之于心,不能宣之于口。此等言语只有放在合谋夺嫡中才能得到合理解释。故窃意不以年、隆之狱起于世宗即位后之君臣冲突,若深察世宗之为人,则年、隆之戮辱,诚为不可避免之事。盖年、隆皆反复无常之人,非得其力不足以成大事,而对于其人则早有戒心,用毕即杀之除之,早已预有成算。即使两人恭顺自矢,亦绝难能免祸。即使后来有好些学者对年、隆之死提出不同意见,但我至今仍坚持自己50年前的这一看法。

总之,世宗篡立,确凿有据。即年羹尧为川抚时所言"他日不负王父",及雍正元年两折,不啻自书供招,足为世宗图谋大位逾二十年作一铁证。再证以世宗继位后,四五年间,皆为清除敌党,苏努、七十之追论,鄂伦岱、阿尔松阿辈之正法,以及允禩、允禟之死,苟非数十年以死相搏之仇恨,何必一一置之死地而后快意?即年、隆之不可容,卒致或诛或禁,固有种种衅端,而非虑当初密谋,留为他日话柄,又何必过为已甚?凡此皆可作篡立之最好证据也。篡位是全部事情的核心,康熙立储贰不果为起因,剪除同党异己为余波。夺嫡一案必合而考之,其事始明,其迹自显。

此文发表于1949年出版的《燕京学报》第48期,产生的影响出乎我的意料。业师洪煨莲教授不久即从美国哈佛大学致信,略言:"读《清世宗夺嫡考实》为之拍案叫好,本拟即作书致贺示意,冗务纠缠,迟延竟至今也。聂君(崇岐)书云:吾弟办公(编引得)为学(写文章),均有进步,深慰远念。想新家(指予与涂荫松女士结婚之初)内助之美,可俾吾弟专心学术事也。七月二日(1952年)。"与此同时,国内宿儒名流叶恭绰(玉虎)先生亦云:"近王君锺翰所撰《清史杂考》,对此事(按指《清世宗夺嫡考实》)多所研寻,且博考群书,对此书(按指《永宪录》,下同)之误,亦加纠正。惟此书明言一切皆根据邸抄,而宫中邸抄必系原始资料,其与康雍《实录》不同之处,亦即雍正、乾隆窜改之处,亦经王君一一指出。《实录》既可窜改,则《起居注》《玉牒》等等亦何不可窜改?总之,雍正夺位之迹无论如何不可掩盖。"(见其《遐庵谈艺录》第26页下)亦认为几可定案。这些当然都是鼓励奖掖之辞,我不敢自诩如是。但文章的影响确实存在,后来一些青年清史学者对我说,他们之所以对清史产生兴趣,就是由于我这篇文章的影响。当然抛砖引玉的一点微劳,对自己也是莫大的欣慰。1957年,我将这篇文章及其姊妹篇《胤祯西征纪实》一同收入《清史杂考》出版,因而台湾、香港一些大学历史系曾以此作为清史一课的教材参考。杨启樵先生对我的文章驳议甚多,但在其专著《雍正帝及其密折制度研究》中亦承认我这篇文章"似较孟(森)文影响更深"。我之所以擅长考证博得一点虚名,大概就是从这篇文章开始的。

# 《胤禎西征纪实》与相关问题

与雍正夺嫡密切相关的还有胤禎西征之事。当时燕京大学图书馆藏有《抚远大将军奏议》一书的节抄本,记录康熙五十七年(1718)至六十一年(1722)间胤禎即允禵所题奏议共26份。我结合其他书籍,专就胤禎西征一事进行了考述,不特与前撰《清世宗夺嫡考实》互相印证,而且兼欲将《实录》、清代官书所埋没之这一段西征史实予以表彰。

胤禎西征的背景是康熙五十六年(1717)新疆北部准噶尔贵族酋长策妄阿喇布坦率兵攻占西藏,企图使西藏脱离清朝中央政府管辖。清军初战失利,康熙乃命皇十四子胤禎为抚远大将军王统兵西征,驻扎西宁,一切军事包括蒙古军队在内,皆受其节制。

胤禎受命之时,其爵仅为贝子(第四等爵),远不及皇三子胤祉、皇四子胤禛(世宗)之为亲王,亦不及胤禩之为贝勒,然其授命仪式之隆、规模之高,远出常规,其所用正黄旗之纛,即遵亲王之例。其随员自诚亲王胤祉(实未随行)而下至贝子、公等凡16员。起程之前,康熙亲诣堂子行礼,后于太和殿颁授大将军敕印。行礼毕,随敕印出午门,乘骑出天安门,由德胜门前往。诸王、贝勒、贝子、公等并二品以上大员,俱往送行,其庄严隆重若此,清初以来所未有也。

关于胤禎的权力,五十八年(1719)康熙曾有特旨,许其"军事当相机调遣",不必请旨,并云"大将军是我皇子,确系良将,带领大军,深知有带兵才能,故令掌生杀重任",不但清朝军队,即青海蒙古王公有关军务及巨细事务,"均应遵大将军王指示。

如能诚意奋勉,即与我当面训示无异"(《圣祖实录》)。圣祖畀胤禵以专征重寄,生杀予夺之权集于一人之身,又为清代绝无仅有之事。所有这些,足证后来世宗反谓胤禵所行为僭妄非制,及圣祖所为置之远地,实蔑弃事实,欲为图谋夺位掩饰。

大将军一职,废太子胤礽曾力求而不可得,康熙情何独钟于胤禵,予以如此高度信任?时人已有"试用允禵,将定储位"(《上谕内阁》)的说法。世宗即位后,拘禁胤禵,并对之加以驳斥,恰恰反证此说之为可信。康熙曾对诸大臣云"朕万年后,必择一坚固可托之人,为尔等作主,必令尔等倾心悦服"(同上)。那么,我们知道,康熙既许胤禵为良将,复深知其有带兵才能,砥砺之以兵事,俾其邀誉于西陲,然则圣祖心目中所指望之人,舍胤禵而谁属?况西征一事,有关乎大清疆域的重要性,当时已人尽皆知,其意义与康熙本人三征噶尔丹相类,皆与清廷"为万年之计"同等。苟明于此,则胤禵此行的重要意义就更加一目了然了。

胤禵不辱使命,于康熙五十九年(1720)将准部驱逐出藏,恢复清廷对西藏的统治。按理说,胤禵应乘声势鼎盛、凯旋京师才是上策,然其弃此不取,反从西宁移镇甘州(今甘肃张掖),以致康熙驾崩之时,远在数千里之外,失去承继大统之机。待雍正即位,一纸诏书,束手就范,毫无反抗余地。若此,对圣祖欲传位胤禵之说不能无疑。

但细考之,当中别有文章。胤禵于康熙六十年(1721)一度回京,翌年四月方复返甘州任所,其间康熙接待胤禵甚殷,且面授"来年进兵"大计,而临行对胤禵复种种嘱托。揆康熙之意,尚有待于西藏之役后,重新集结兵力,等待时机成熟之时,进剿准噶尔部,一举解除漠西蒙古后顾之忧。胤禵再赴西北,实欲令

《抚远大将军西征图卷·强渡拉萨河》

其再建奇功。不仅如此,尚有可能圣祖鉴于诸皇子之党争尚未彻底消弭,不欲胤祯在京卷入其中;令其远出,正如诸葛亮为刘琦谋,所谓"申生在内而危,重耳在外而安"。胤祯既兵权在握,何事不可有为?而不料世宗运用一年羹尧即足以摧其本根,胤祯终于徒拥虚号,竟成一束手之辈。

胤祯受制于年羹尧,孟老(森)在其《清世宗入承大统考实》一文中已经点出,惜未加说明。我个人以为,年之所以能牵制胤祯者有三:年长期于西陲任职,熟悉西边情形信息,一也;年为川陕总督,坐镇西安,内扼冲塞,且能阻截河东粮运于甘凉,二也;藏内差使及川陕两省缺出,均以军前效力人员题补,三也。胤祯

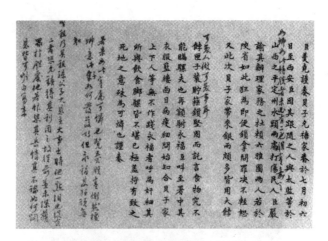

年羹尧奏允禟至西安折

之所以失败于年手者亦有三：局处甘凉，兵马减十之六七，一也；人才不为所用，二也；亲信叛离，三也。宜其为年所制也。

以上只是简要探讨，不可能完全概括胤禵之所以失败的全部原因。雍正继位问题是一个十分复杂的问题，它不仅涉及有清一代皇位的传承，而且还引起清廷政局的变化以及大政方针的调整。对于这样的问题，旧式的局部考证显然是无能为力的，它需要将各种因素联系起来，予以综合辩证，方能得出合乎逻辑的结论。虽然我上述两文的风格依然是传统式的考据，但读者不难发现，其思想方式多少已突破了旧式考据的藩篱。在这方面，孟老的清史研究已有开启之功，我不过在孟老的基础上做了些新的探讨。文章产生的影响如何，对我来说并不重要。可以自慰的是，通过对雍正继位问题的研究，我觉得中国的传统考据之学并未失去其存在价值，如果在一种新的思想方式引导下，加以好好运用，同样能获得积极的成果。自 1948 年秋从美国回校

(燕京大学),我内心一直郁郁不乐,有一种"思垂空文"的欲望,来证明自己的能力,我的清史研究并不一定要按照西方学者规定的框架进行,我应该有信心走自己的路,信心才是最重要的。

上述有关雍正夺嫡两文发表后,由于工作和人事的变动,我的清史研究实际上中断了。1951—1952年全国各大学进行院系调整,当时中央民族学院刚好成立,我就被调到民院研究部任研究员(即教授),充实新成立的民院教学科研力量。中华人民共和国成立初期,大家都抱着服从国家需要的一片热情,听从组织上的安排,先后来到民院工作的历史工作者有翦伯赞(兼)、翁独健(兼)、傅乐焕、张锡彤、徐宗元、贾敬颜、苏晋仁、李文瑾和我等人(民族志的人员如费孝通、潘光旦、吴文藻、林耀华、柳陞祺、陈永龄、宋蜀华等尚未包括在内),特别像冰心女士(谢婉莹)亦挂名在民院,可谓人才济济,会聚一堂。当时民院教学科研以民族问题为基本内容,我因探研清史,故被分配搞满族史。

虽然满族史与清史关系密切,但毕竟各有不同的内容和特点。20世纪50年代中期,我所发表的一些文章虽与清史不无关系,然而终究不能算正宗的清史。那时我还没有考虑到清史和满族史之间互相渗透的问题,直到后来很长的时间里,我才发现两者在许多领域、许多重大问题上都是彼此关联,甚至是密不可分的。清史上的问题可以从满族史的角度来解释,而满族史上的问题,放在整个清史的层面上看,其内涵和意义或许更丰富。

清史学科的特点之一,就是这一学科新史料的不断发现,使过去研究的问题重新受到检验,原来的结论有的被否定,有的得到证实,获得新的发展。清史研究就是在这种不断自我扬弃、自我充实的过程中向前迈进的。这一特点使我们每一个清史研究者都必须慎重地对待自己的结论,随时准备接受一次新的检验。

当年我撰写《胤禛西征纪实》文时,所利用的胤禛奏档稿仅27份。到20世纪80年代末,北京大学图书馆所藏两部《胤禛奏稿》的全本开始面世了,立即引起海内外学人的注意,就此发表了不少水平高和质量高的论文。两部奏稿中其一为满文,书名《王抚远大将军奏档》,又作《王抚远大将军书》。如按满文直译,则应为《抚远大将军王奏档》为妥。此为康熙末年内务府底档之写本,亦为各奏稿所从出之祖本;奏稿的另一部为汉译本,题为《抚远大将军奏疏》,疑为民国初年的译本。北大图书馆另有《抚远大将军奏议》一册,实为《奏疏》之节本。老同事吴丰培先生又据汉译本《奏疏》整理修订出版,名为《抚远大将军胤禛奏稿》,成为与旧貌全非的新译本。1990年,我在访问日本期间,承东京明治大学清史专家神田信夫教授介绍,得以借阅东洋文库珍藏的《抚远大将军奏折档》两函11册。所有这些版本,比我当年所见的《奏稿》分量多出十倍以上。此后数年间我对各种版本进行校对、比勘,不断加深了对胤禛西征一事的认识。

如关于胤禛贝子称王的问题。雍正即位后,拘禁胤禛,对其竭力诬蔑贬斥,认为胤禛自称"抚远大将军王"为僭威作福,说什么"从来宗室、公与诸王、阿哥并无此例也"。雍正立论是根据有清一代定制,贝子为亲王、郡王、贝勒之下的第四等爵,安得僭滥妄称为第一等爵的王?但是《抚远大将军王奏档》中所载康熙五十七年(1718)十月二十八日胤禛所奏档子,抬头的满文署衔确为Goroki be dahambure amba jiyanggiyun wang,译成汉文就是"抚远大将军王"。不仅胤禛自称为王,连其父康熙给胤禛亲笔书写的敕书中也以"抚远大将军王胤禛"相称。像这样的官方正式奏折和敕书,出自当事人之口,行之君臣父子之间,不能不说是名正言顺。可见贝子称王确为合法合理且为大家公认的事实,这又如何解释呢? 我由是作《满族贝子称王考》一文,结合满族文化传统对这一矛盾现象试做诠释。

从历史上看,满族入关前贝勒(beile)、贝子(beisc)皆得以称王,这是有明文可稽的。其实贝子在满文语法里就是贝勒的复数,就像满族先世金代女真人"勃堇"为"勃极烈"之复数一样,皆为贝勒。汉文译作王、大王、小王均无不可,而且可以交替使用。即使到了康熙、雍正、乾隆时,满族的正式爵位制度已颁行多年,但旧的习俗仍然照常流行。不但民间如此,即使在满汉官方文书档册中也沿用不替。

规章制度,往往有明文规定,而执行的实际情况又每每有所不同,此乃事之常情,与时势之必然也。若细究之,习称贝子为王,又并非全然与制度相悖。满族以八旗为根本,八旗即八家,八家虽同处于皇权之下,但在某种程度上,又与皇帝一样分享各种特权。入关之后,统治者要笼络八旗贵族,凝聚根本,这一传统继续保持下来,具体体现就是一个"入八分"和"不入八分"之别。前者就是在享有特权的范围之内,而贝子与公就是这两者的分界线。作为贝子,是无条件"入八分"的,而公则不然,要有特许,所以公又有"入八分公"和"不入八分公"之别。历来未见有称公为王,原因也就在此。贝子称王,即视其为最高等级之贵族,与汉制之王、公卿、大夫相似,不足为怪。雍正为打击异己,下令将当时称颂胤祯功绩所立的三块碑文中写有的"抚远大将军王"字样磨去。但是,嘉庆年间刊本引用三块原有的碑文却一字未改,说明满族世代相传的历史文化传统之旧俗,由来已久,非一朝一夕之故,即使屈于当朝淫威之下,不得不暂为隐讳,而时过境迁,旧俗犹存,往事重提,人情怀旧,又谁能再为之厉禁者哉！

　　从此不难得到一个新的认识，即一个民族的历史与文化传统习俗，既非一朝一夕所能形成和发展起来的，自然也就不是一朝一夕所能磨灭和消失掉的。如果想要抛弃它或改变它，就必须下大力气而且不是在短期内所能奏效的，这是天下一切事物的自然规律，我们必须尊重它，善于因势利导才是。

　　前面提到胤禛受命为抚远大将军出师西征时，其随员有诚亲王胤祉。后经何龄修同志指出，查阅《圣祖实录》，在胤禛出征后十几日内，不但胤祉面谒过康熙，康熙也驾临过胤祉府邸，说明胤祉并未作为胤禛的随员西行。这一问题之所以出现错误，是由于我错读了《康熙敕谕抚远大将军王胤禛档》的满文文本，明白了其中的满文"三阿哥"一词原意系指三个阿哥而非第三阿哥胤祉，才解决了这个疑难问题，是应该感谢何龄修同志指出我的这个错误的。这说明清史上的许多问题固然需要有新材料，同时也需要有耐心、细心与师友的互相质难，才能发现和解决问题。

　　关于六世达赖喇嘛的真伪问题，新发现的《奏档》也提供了更为翔实的证据。早在《胤禛西征纪实》一文中，我已表彰胤禛西征之目的，是为灭准噶尔及振兴黄教，且以为收复藏地，以兴黄教之事，故与康熙三次亲征噶尔丹相提并论，皆旨关清朝万年之计，唯其如此，方能使胤禛具备储贰之条件。因该文宗旨在于阐明康熙末年立储君与雍正夺嫡之关系，故于胤禛平定西藏未及详论。而胤禛命延信护送六世达赖入藏一事，点到即止，亦以受材料所限，不足以另撰专文，详论其事。40年后，《抚远大将军王奏档》《奏议》《奏折》《奏稿》陆续面世，拙作《胤禛与抚远大将军王奏档》一文，原来的论点又获得了新印证。

胤祯之受命西征,目的在完成"驱准保藏"的军事任务,更在于贯彻康熙为推广黄教,撤销准噶尔所立之达赖喇嘛坐床,而以大兵之力护送达赖喇嘛的宗教使命,亦即康熙所谓"以平靖教务为要事,以军旅为小事"者也。

　　达赖为藏族、蒙古之宗教领袖,故为蒙、藏各派势力争夺的目标,不愿其与清廷建立直接关系。五世达赖圆寂后,西藏地方首领第巴桑结即指定仓央嘉措为转世灵童,成为六世达赖喇嘛。第巴以反叛罪被清廷处死,青海地区的蒙古族首领拉藏汗乘机于康熙四十六年(1707)另立巴噶增巴伊喜嘉措为六世达赖,而以第巴所立仓央嘉措为伪,非达赖喇嘛灵童,清廷命执献京师。第巴余党逃至新疆,求助于准部策妄阿拉布坦。康熙五十六年,准部入藏,杀拉藏汗,禁锢拉藏汗所立六世达赖。故达赖之真伪实为准部入藏之口实,清廷要想解决西藏问题,必然就要解决达赖问题。

　　拉藏汗所立之第二位六世达赖,不为西藏僧俗承认,而第巴所立第一位六世达赖,已成为准部控制之傀儡。在这种情况下,康熙为了尊重藏、蒙两族对达赖的深情信奉,决定另立一个新的小呼毕勒罕,即早年住在西宁塔尔寺的年轻活佛噶桑嘉措,实际上是第三个六世达赖喇嘛。在胤祯的《奏档》中,反映清廷的这一举措是正确的,合乎藏蒙僧俗人等的意愿:"天朝圣主将新呼毕勒罕安置在达赖喇嘛禅榻上,广施法教,实与众人相望之意允协。""无论圣主如何颁布,无不遵行。"胤祯贯彻康熙的意图,完成了"定黄教之道,以安唐古特(藏族)、蒙古等之心"的宗教使命。

　　胤祯命延信护送六世达赖喇嘛入藏之经过,《奏档》也有详细记载:康熙五十九年(1720)四月二十二日从西宁起行,同年九月十五日至拉萨布达拉宫坐床。一个月之后,即十月十八日,五世班禅大师入藏,按康熙之意,六世达赖奉其为师。六世达赖噶桑嘉措圆寂后,因原第巴所立第一位六世达赖仓央嘉措始终为藏、蒙僧俗认可,故清廷默认噶桑嘉措为七世达赖。历史上有关真假六世达赖喇嘛的公案的详细过程,就是如此。

胤祯因雍正即位后被征回京遭拘禁,未能彻底实现康熙对西北边陲的规划,是他个人的不幸。而雍正得位虽不正,却能继续康熙之既定方针,用兵青藏,收其全功,又岂可因其得位不正而一笔抹杀?我个人认为,雍正初年对西北各民族的政策,乃出自清代中央政府统治集团的深思远虑,而为最高统治者雍正一手所定,具体执行者即年羹尧。1989年,我访问台湾,得见台北故宫博物院所刊印《年羹尧奏折》上、中、下三册(承日本友人中见立夫教授购以相贻),又获得一些新的认识,因而作《年羹尧西征问题——兼论雍正西北民族政策》一文。

长期以来,国内外史学界每以年羹尧奉命西征时,曾尽毁喇嘛庙,多杀喇嘛僧人,斥其为摧残藏传佛教(即喇嘛教)的罪魁祸首;加之年羹尧自恃拥立雍正有功,妄自骄横,又不避嫌远疑,卒遭杀身灭门之祸,成为历史上一大罪人。我个人认为其中有两点值得提出来讨论:一是年羹尧镇守川陕与雍正夺嫡有关;二是要辨明年羹尧西征青海时妄杀无辜之真相。前者申述旧作之结论,后者则对年之功过加以如实辩释。

史料表明,年羹尧与雍正之主奴关系早已存在于数十年之前,康熙晚年诸皇子分党相攻,储位之争愈演愈烈,年为雍亲王(雍正即位前之封爵)属下私人,又为死党。年出任四川巡抚,升至川陕总督,年在外与隆科多在内同为雍正篡位谋划,表里合一。表面上,年全力为康熙及胤祯效命,实则为其主子雍正出谋划策,以军事上和用人行政上,多方牵制胤禎,使之不能大有作为。康熙一死,雍正获登皇位,如愿以偿。年为雍正扼制胤禎的军事行动起了决定性作用,雍正承认自己得位年"一人更功居其大半"。被其控制之胤禎亦感慨地说:"若欲令我任事,总理事务,须将隆科多、年羹尧二人摈弃。"则年与雍正篡位关系密切再明白不过了。

至于年之西征妄杀,则涉及清廷民族宗教政策,更非辨明不可。

清廷完成"驱准保藏",加强中央政府对西藏的统治,其布置区划,断绝了青海和硕特蒙古恢复控制西藏的妄想。故其首领罗卜藏丹津乃于雍正元年(1723)挟众叛乱,侵入青海诸部。雍正于是授年羹尧为抚远大将军,以岳锺琪为参赞。史载岳于南川口尽歼郭密、呈库、活尔贾诸部;次年,西宁东北郭隆寺喇嘛响应叛乱,又传年羹尧命岳锺琪等袭斩六千余众,并毁其寺。

然而实情并非如此。当时寺内喇嘛总共一千一百余名,仅杀其为首者六人,"其余除仍做喇嘛三百余名外,俱令回家还俗"。这是当事人监察御史许容的奏报。其他剿叛中的妄杀,也皆无具体数字,传闻之辞而已。我个人觉得,年羹尧在平叛过程中确实存在滥施暴力,毁寺杀僧亦是事实,不容为其开脱,但也不能轻信传闻,夸大其词,这才是历史研究工作者正确的态度。

《年羹尧奏折》中反映的内容,也使我们对清廷在西北地区的民族宗教政策有了更为具体的认识。

自清康熙末年"驱准保藏"胜利之后,将西藏地区纳于其中央政府统治之下,同时将青海地区的蒙古族、回部(今新疆天山南麓维吾尔族等)和藏族先后编成佐领、旗,纳入清朝统治之内。其原则是使青海各部"不相统属"。雍正初年,踵而行之,一切限制、隔离规定更趋完善,青海蒙古族各部首领三年来京朝觐一次,亦须由边外行走,不许边内行走,大大限制了西北青海蒙古族、藏族等各民族人民的行动自由。为了保证清王朝的长治久安,他们不惜在西北各民族和内地汉族之间筑起一道万里高墙使之互相隔离。这种民族隔离政策显然是反动的,是不能为各民族人民所接受的。

世人评论每以雍正在军事上的成就,比起政治上的成就来要逊色多了。这当然是事实,但雍正在其初年采取的"驱准保藏"的民族宗教政策是成功的,一方面完成其父康熙的未竟之业,另一方面又为其子乾隆对前后藏政教合一的直接统治奠定了坚实基础。雍正及其党羽年羹尧等在其夺嫡中的阴谋是不光彩的,但我们要揭明真相,也不必站在封建正统的立场上对其多加非议,更不能因此而否定其历史地位和功绩。

## 三释"阿其那"与"塞思黑"

康熙诸子中八子胤禩和九子胤禟之改名阿其那(Acina)与塞思黑(Seshe),自来世俗相传,认为就是满语狗和猪之义。而史学界争论已久,疑窦颇多。

阿其那(Acina),其满文语根为 Acimbi,汉义为驮,名动词,负荷之义;或作驮,动词;一作去驮,满文 Acinambi 一字省去语尾 mbi 之简写,并谓雍正(清世宗,康熙第四子)胤禛命其弟胤禩为阿其那,义为去驮着他的罪行吧。另有一说,认为阿其那系口语,在赶狗的意思。这里将允禩比作"讨厌的狗,轰出门去"(《清史满语辞典》)。塞思黑(Seshe),满语,名词,汉义为褥,或褥子,文白有别,其义一也。又满语塞思黑之汉字音译作"西斯精",则义同音稍异耳。

胤禩与胤禟之改名为阿其那与塞思黑,历来学术界都认为是出于雍正之命,几乎成为定案。

《清实录》载雍正四年三月丙申,宗人府奏:"允禩、允禟……既已削去宗籍,应将伊等本身及其子孙俱撤去黄带,更改旧名,归并各该旗各佐领。……奉旨:允行。至是,正蓝旗都统音德等将允禩、允禟等更名编入佐领事,定议奏闻。得旨:'尔等乘便行文楚宗,将允禩之名并伊子孙之名,著伊自身书写,告知楚宗,令楚宗报于尔旗。允禟之名及允禟之子之名,亦著允禟自身书写,编入佐领。'"同年同月甲辰云:"诸王大臣等遵旨将允禩改名之处询问允禩,允禩自改名为阿其那,改伊子弘旺名为菩萨保。奏人,报闻。"据此,知胤禩之改名阿其那,系其本人自改。而胤禟之改名塞思黑则有所不同。

雍正四年五月乙巳载:"诸大臣等参允禟改名,所拟字样,存心奸巧,殊属不法,应发令拟改。得旨:'……允禟改名之事,诸王大臣议令发令自改;著发令自改,伊必至又多奸诈。著交与诚亲王(胤祉)、恒亲王(胤祺)酌改具奏。'寻议:允禟应改为塞思黑。从之。"是知胤禟自身所改之满名为何,已不得而详,塞思黑乃由雍正命其弟胤祉、胤祺辈所改,为他改,显然与胤禩之自改不同。

昔年陈寅恪先生曾谓:"胤禩、胤禟之改名阿其那、塞思黑,世俗以为满洲语猪、狗之义,其说至为不根。无论阿其那、塞思黑非满文猪、狗之音译,且世宗亦绝无以猪、狗名其同父之人之理。"(姚薇元《北朝胡姓考·序》)确为不易之论。证之稍后的雍正上谕有云:"雍正四年五月二十七日上谕:皇上(清世宗雍正)令其(阿其那)设誓,阿其那含刀发誓云:'我若再与塞思黑往来,一家俱死!'"一家"二字是何等语？皇上(雍正)以"一家"二字推之,可涉及圣躬(雍正)。随经降旨戒饬。"(《上谕八旗》)从而不难推知,"一家"二字既涉及父子兄弟,那么"猪狗"二字岂不同样包括父子兄弟在内吗？父子之恩既不可乱用,兄弟之亲亦自不可轻易涉及,这岂非一目了然之事吗？

稽诸满族文化的传统习俗,早在女真人建立金朝(1115—1234)期间,女真人就有用"狗"和"猪"字眼的骂人语,人们并不认为这就涉及父子兄弟的血亲关系,兹举《金史·乌春传》中的一段话为例:"世祖(劾里钵,女真人)使(乌春,亦女真人)与(跋黑,胡里改人)约婚。乌春不欲,笑曰:'狗彘之子同处,岂能生育？'胡里改与女真岂可为亲也？"这里将胡里改比作"狗彘之子",很显然含有蔑视、污辱之意,又牵涉到自己"同处"在内,似乎一定是当时惯用的骂人话而并不以为怪的了。

其实,在汉族文化的传统习俗中,亦有同样情况。在中国统一的民族大家庭中,经济、文化相互交流、学习、吸收,谁先谁后,谁影响谁,是很难搞得清楚的。从历史文献资料看,《史记·司马相如传》就有"其亲名之曰犬子","犬子"是司马相如的小字(乳名),而且是父母给他取的。以后历代相传,人均谦称自己的儿子为"犬子"或"小犬",一般平民百姓亦有父母替子取名"狗儿"或"狗仔"的。又如《北史·张元传》亦有"村陌有狗子为人所弃者"。按"狗子"与"狗儿"同,这里的"狗子",是骂人话耳。

古人亦有以猪与狗同作骂人语者,如《三国志·吴主传》二注引《吴历》有云:"曹公(操)……喟然叹曰:'生子当如孙仲谋(权),刘景升(表)诸子若豚犬耳!'"同样,历代汉人父母亦有以豚儿与犬子给儿子取名的。《通俗编·伦常》亦有"豚儿犬子"

一条云"轻贱之辞也"。《资治通鉴》后梁太祖开平二年(908)有云:"至如吾儿,豚犬耳!"显然,这是父母自称其子之谦辞,自然也一点没有包含涉及自己血缘的亲属关系之意。

综上所述,不难看出,满族同汉族一样,在一般情况下,父母叫自己的儿子为豚犬或狗彘是谦辞,不是骂人语;甚至男儿小时候的小名叫犬子或豚儿的,则是父母希望自己的儿子卑贱如犬豕,取便于教养成人之意。至于胤禩与胤禟之改名为阿其那与塞思黑虽一出自改,一出他改,有所不同,不管怎样,与满语狗和猪的译音虽无任何联系,但改名都是轻贱之意,则是可以肯定的。

陈寅恪先生又云:"尝闻光绪朝盛伯熙祭酒昱语文芸阁廷式以塞思黑之义为'提桶柄',然'提桶柄'亦难索解。寅恪偶检《清文鉴·器具门》见有满洲语'腰子筐'一词,若缀以系属语尾'衣'字(原注:如包衣之衣,满洲语'包'为'家','衣'为'的'),则适与塞思黑之音符合。证以《东华录》所载世宗斥塞思黑'痴肥臃肿,弟兄辈戏笑轻贱'之语(原注:见《东华录》雍正四年五月十七日戊申条),岂其改名本取象于形状之陋劣,而'提桶柄'之说乃祭酒(文廷式)之语,传者记忆有所未确耶?"我们已经知道塞思黑之改名非出自改,乃为胤祉、胤祺辈所改,或者祉、祺辈本于雍正斥胤禟之语来改,亦未可知。如果把胤禟体形"痴肥臃肿"解释为"肥胖的东西",再引申一下,当然就是"猪"了!

据满语专家玉麟先生(锡伯族)的考查,认为阿其那与塞思黑"这两个词来源于满族的群众口语,是满族在过去农牧游猎生活时习用的词,以后由于生产方式的改变,逐渐不那么使用了,但是使用满语的一些老年人,有时还使用这个词,'阿其那'

满文 Aqina……词根是'阿其',又说'爱其',去、走的意思,加尾音'那'。阿其那就含有对对象讨厌和轻视的去吧、走吧的意思,如果对谁加重语气地说'阿其那',就含有把他像狗似的赶走的意思。所以雍正帝把胤禩改名为'阿其那'就是把他比作狗,像厌恶狗似的赶其出去的意思"。玉麟先生又说:"'塞思黑'满文 Seche 是从满语词根 Sechcmi 猪刺伤人的意思变来的……后来演化到民间的语言中,就把一个人用恶语伤人比作野公猪用其长牙伤人,说他是'苏达塞思黑'总是刺伤人。"(《红楼梦学刊》1981 年第 1 期)

从玉麟先生对阿其那与塞思黑两字的词根及其引申之义而得出两字为狗、猪的意思,是很有语言学根据的,也很有说服力。但从历史事实来考虑的话,阿其那与塞思黑两名均非出自雍正之口,阿其那是胤禩自改,塞思黑为祉、祺辈所改,而均为雍正所认可,要真含有狗、猪之义,像前面所提到的,雍正连胤禩所说"一家"两字都不许可,怎么能让禩、禟自比狗、猪,或让其弟祉、祺把他们自己同父的两个弟弟比作狗、猪呢?这又怎么解释呢?

近阅第一历史档案馆沈原女士撰写的《阿其那、塞思黑考释》(《清史研究》1997 年第 1 期)一文,从满文档案文献入手,并结合当时的实际情况与阿其那、塞思黑两词各自所含的寓意,证实了两词的原意所从出,考释有据,入情入理,结论是完全令人信服的。

沈文已指出阿其那的满文并不是 acina,而是 akina。在清代满文档案、文献中 akina 之名屡见不鲜。如雍正四年五月十七日上谕文武群臣内云:utala aniya akina sa han ama be gasabuha… neneme akina. seshe se hoki duwali acafi…(意为阿其那等历年伤皇考之心……从前阿其那、塞思黑等共为党羽。)在这道上谕里,

akina 之名出现 28 次之多。迄今为止,凡见于清代档案、文献并指称允禩的阿其那之满文形式都是 akina,尚未发现 acina 这样的书写形式,acina 完全是另一回事。按 akina 作人名很可能源于 akiyan,意为夹冰鱼,胤禩以鱼为名,自喻为俎上之鱼。寓意既深,用心亦苦,他承认自己在储位之争中失败,成为一条死鱼,俎上之鱼,任凭乃兄世宗处置罢了。

再说塞思黑满文书写形式为 seshe 而不是 seche,据乾隆《五体清文鉴》解释为讨厌之意,《清文总汇》释之为迂俗可厌之人,也正切合雍正勒令更名以示侮辱之本意。在雍正、乾隆时期的满文档案及满文《实录》中,塞思黑之名并不鲜见。例如前所举雍正四年五月十七日上谕里,seshe 之名出现了十次。迄今为止,凡见于清代档案、文献并指称允禟的塞思黑之满文形式都是 seshe,尚未见与之不同的书写形式。可见塞思黑的满文为 seshe 无可争议。在乃兄眼里胤禟就是一个"令人讨厌之人",亦即一个"卑污无耻之人",比较符合塞思黑"痴肥臃肿、矫柔妄作、粗率狂谬"的相貌和他当时在夺嫡斗争中失败后被勒令改名为塞思黑而为雍正讨厌的政敌身份。

总之,阿其那、塞思黑的满语原文形式是 akina 和 seshe,可以成为不刊之说。今据辽宁省档案馆历史部所藏黑图档卷二四二所载雍正四年五月十四日诚亲王胤祉与恒亲王胤祺奉旨"将允禟之名改写为塞思黑(seshe,讨厌的),次子写为佛楚珲(fucuhun,行丑事的),三子写为乌比雅达(ubiyada,讨厌的),四子写为额依默得(eimede,讨人嫌的),五子写为海拉坎(hairakan,很可惜的),六子写为董奇(dungki,愚钝的),七子写为杜希贤(dusihiyen,浑浊的),八子写为额依浑(eihun,愚昧的)"云云,从而可以看出,胤禟及八子之改名,无不是一些讨厌的人、讨厌的家伙、下贱的东西、浑蛋、蠢货、贱货、淫乱的人等等被人骂、被人轻视的群众口语，且八子改名与胤禟改名几乎是在同时，完全可以证明塞思黑一词与猪毫不相干，只能是令人讨厌之人才合乎胤禟当时的身份以及被乃兄认可的合理性。

又顷接友人一函，提及"雍正疑案"，并承不耻下问，敢不略承鄙见，以答高瞻远瞩之雅命。兹依所提之数事，按顺序解答如次。

其一：贵友人金君系清室近支，据目睹传位之诏书为"传位于四子"，四子上有无"皇"字，因不悉此中讲究，故未询及。"于"字明显为"十"字添改，用"于"非用"於"。因一向印象清宫疑案较深，偶然遇到相关事即难忘记。金君名启星，逝于丙午（光绪三十二年，1906）之难，据云为乾隆长子裔孙。

答：昔者北京第一历史档案馆（简称一史馆）编辑部朱金甫同志曾复印康熙《遗诏》一份，现今仅存的康熙《遗诏》满汉文对照原件缩印照片（汉文部分字迹尚清晰可辨；满文部分残缺模糊，不可辨识）。所谓"皇十四子"之"十"字，来示云"于字明显为十字所改"。其实《遗诏》满文文本中之"十"字怎能改成"于"字呢？

其二：宣统溥仪《我的前半生》一书中有一处提到在宫中到处搜寻翻看，偶尔在佛龛中找出一卷密封件，外题后代子孙不得拆看（大意），似封件面即此诏，不能检示。

答：原件既云溥仪在其所著《我的前半生》一书中提到"不得拆看此诏"，"故亦不能检示"云云，今亦不复加以评说。

其三：《实录》正史经雍、乾历代修饰，大不可信，以今例古，雍正不会自留话柄；乾隆更不会自己抹黑。即雍正自撰之《大义觉迷录》亦多欲盖弥彰讳饰之词，读之颇觉汗颜。再如《三国志·魏书》多有掩耳盗铃、一叶障目之语被注家揭出。后代修史任意妆饰,《明史》亦有此弊。倒是野史能露出一些人和一些事的幕后真实情况。

答:所论大致不失公正持平之论。不管正史也好,实录也罢,均为易代子孙所修,其不为祖先歌功颂德者几希。当于字里行间探索其信息于无言无声之中;须知正史与实录中偶亦能得其一二真实消息。与此相反,野史稗记中亦每以私仇恩怨,恣意中伤,逞其个人恩仇,攻讦不计其余哉。平心论之,读书须平心静气,三省吾身,不以其攻讦之词严义正而大动肝火,报之以斧钺;亦不以其奖许之过谀而自我陶醉,沉迷忘返,不听人言,妄自尊大,以贻笑于大方。须知自有一寸之得,不以自傲,则人将报之以尺;自有一尺之长,人将报之以丈。不以自满之人,则永立于不败之地;不自知足之人,将永立于不败之地也;予固谫陋浅学之人,敢不以此自励哉?

以上谈到我个人在20世纪八九十年代围绕40年前关于雍正篡位这一旧课题所写出的几篇文章,与40年前相比,有个明显的变化是文章中的议论多了。这些文章虽收在我的《清史新考》《清史续考》两部结集中,但已不是严格的考据式文章。其所以如此,是因为文章的内容已发生变化,线索虽然仍是雍正篡位,但涉及的问题之广已远非止于此。诸如清代政治的承继性、边疆的民族宗教政策、雍正的历史地位等等,这些问题都不是旧式考据所能解决的。社会在前进,同时对历史研究工作者的要求也在逐步提高,我自己在这种变化中也自觉不自觉地跟着它变化,其中得失不是由我自己所能决定的。我个人只觉得,考据仍是我所偏爱的。但考据需要潜心静气的心态,要有长期坐冷板凳的硬功夫,而这数十年的学术环境和趋向,与纯考据并不相符。所以,比较我前后两个时期同样问题的文章,在考据方面,就局部问题的细微之处,偶亦有所新得,但就整体而言,显然有今不如昔之慨。但我个人自觉眼界比原来更开阔了,每写一个问题,心中所涌出的主题往往非止一个,而是有许多相关的问题同时萌发,下笔写来,心中虽可融会贯通、左右逢源,然而年龄不饶人,精力所限,已无法逐一进行考证、详加辩解了。这也算是我在继续前进中的不无遗憾之处吧。

盛世的光芒和黑暗

## 乾隆生平大事略

分说

乾隆是清王朝入关后的第四代皇帝,即位时已年届25岁。这时的清政府在历经顺、康、雍三朝百年(实为97年)的统治之后,已经完成由乱而治的转变,全中国五十多个民族的封建社会迅速地进入最后的一个盛世。

乾隆弘历则是雍正胤禛的第四子,25岁(1736)登基,是清王朝第六代的皇位继承人。他在位60年,又当过太上皇三年,享年88岁,为中国历代封建王朝皇帝在位最久、年龄最长的一人,他的文治武功是中国历代封建王朝最伟大的。在位60年内,曾对周边各兄弟民族以及友好邻邦发动过武装进攻,其中有正义的和非正义的,一共有十次,所以自称为"十全老人"。这十次战争为平定准噶尔的战役两次,平定回部(新疆南部维吾尔等族)一次,扫平四川、贵州连境的大小金川两次,平定台湾岛屿一次,降服缅甸、安南(今越南国)各一次,同时接受廓尔喀的来降,加土尔扈特举部内附,合为十次。

乾隆弘历自幼身体健康,几乎没有生过大病。以少即受孝庄文皇后(皇太极的皇后,清世祖福临的亲母后,康熙玄烨的亲祖母)的海迪管教颇严。乾隆弘历是中国封建王朝中寿命最长的皇帝,他实际统治清代中央皇朝政府的时间也最长。虽然他的祖父康熙在位六十有一年,但前八年康熙才十几岁,朝廷大政都是由四大臣辅政,特别由其中鳌拜一人专政。而乾隆25岁即位时,已是一个成年人,完全能够掌握住朝政大局了。

从清王朝进关入主中原掌握中央朝政算起,乾隆弘历是清代的第四位皇帝,但如果从清太祖努尔哈赤在辽沈地区开基建国和清太宗皇太极经营关外辽东三省地区的两代算起,乾隆弘历则是清王朝近三百年间的第六代皇帝继承人。

在乾隆弘历即位满60年(1795)举行归政大典时,把皇帝的宝座让给他的第十五皇子永琰成为太上皇,而实权仍操在他太上皇手里长达三年,不啻在位有63年之久,直至驾崩而止,成为封建历代皇帝在位最久之一人。

中国历史自从三代的夏禹传位于子启即父传子,还加上殷商兄终弟及的家天下以后,帝王的终身制和世袭制,就成为支撑中国历代封建王朝体系相继承传延续的两个核心环节。一般地说,一代帝王不到山穷水尽的地步,是不会自动退出历史舞台的。乾隆皇帝的退居太上皇,却同中国历史上各色各样的被迫退位的皇帝截然不同。因为乾隆"即位之初,曾焚香默祷上苍:若蒙眷佑,不敢上同皇祖康熙纪元六十一载之数,俾得在位六十年,即当传位嗣子"。当时乾隆弘历默祷上苍说此话时已经年逾弱冠,25岁了,就连他自己当时恐怕也没有料到能活到88岁,在他的列祖列宗中,最为长寿的康熙玄烨也只活了69岁。25岁即位的乾隆弘历,若要执掌朝政一周甲子60年,则已是85岁高龄的人,乾隆皇帝本人对此自不敢抱太大的奢望,仅仅默祷上苍、略表心意而已。谁又料到乾隆皇帝竟活到近九十岁呢?据史载,乾隆皇帝66岁的时候尚能兴致盎然地服侍85岁高龄的既健康又长寿的母亲一道登上泰山,并步上避暑山庄的舍利塔

*清高宗乾隆帝弘历图像*

顶,有诗为证:

八旬五母仍康步,六十六儿微白头,
上瑞古今真此罕,后言是否听其浮?

迨至18世纪50年代(乾隆二十年间)清朝中央政府所辖西北新疆地区,原属古代西域,以天山为界,分为南北二路:北路为准噶尔部所占,南路为回部(即今维吾尔族)所据。康熙年间,北路噶尔丹部汗崛起,与沙俄建立起密切关系,向沙俄求借援兵,并购置大量沙俄军火,因之准噶尔部的声势日盛,屡次侵犯喀尔喀部,窥伺青海,遣兵潜入西藏。康熙皇帝御驾亲征,虽屡败准噶尔部之兵,但迄未能直捣巢穴。准噶尔部酋长噶尔丹汗虽兵败病殁,而准噶尔部的势力依然存在。迨至清世宗胤禛雍正继位,筹备多年,命将遣师,悉力进剿,而有和通泊之役。自此以后,清朝中央政府只能吸取"来勿纵,去勿追"的经验教训,再也不轻议用兵。直到乾隆年间(1736—1795),由于准噶尔部内乱,互相篡夺权柄,此起彼伏,部从离散,只得向清朝叩关内附,接踵而至,天时人事,机会难得,乾隆弘历为了继承列祖列宗未竟之志,乃力排众议,乾纲独断,趁机大张挞伐。于乾隆二十年(1755)二月,清军分两路并进,长驱直入,曾未数旬,即奏捷音。荡平准噶尔部之后,直捣伊里,并改伊里为伊犁,虽一字之改,借以表示"犁庭扫穴功成神速"之意。只因准噶尔部首领阿睦尔撒纳降而复叛,煽惑诸部,因此"准噶尔部得而复失,遁逃未获,揆之事机,势难终止"。乾隆皇帝为了永靖边圉,不得已再兴师旅。大和卓木名叫布拉呢敦,小和卓木名叫霍集占,兄弟两人先被准噶尔部汗分别拘囚于阿巴噶斯与哈丹鄂托克两地,直至清军平定伊犁时,才被释放出来。乾隆皇帝认为大小和卓木都是回部(维吾尔族)的首领,因此叫他们仍归故土,安集回众,使他们仍为酋长。但大小和卓木并没有"感戴生成",竟趁准噶尔部变乱之际,占据回部(今新疆维吾尔自治区),宣布独立,并起兵抗拒清军。当清朝中央政府的幸臣副都统阿敏道等前往回城(即维吾尔族的城子)招抚时,大小和卓木等竟敢戕害阿敏道及其随从人员共约一百人,并自僭称巴图尔汗。乾隆皇帝认为大小和卓木两人负恩反噬,不可不予以大加讨伐。于是不惜劳费,应机决策,不惑于浮论,毅然兴师问罪而申天讨,当阿睦尔撒纳本人兵败走死之后,准噶尔军事暂时告一段落。

就在这一期间内,清廷中央政府的军队立即转移进讨回部(维吾尔部,前面已提及),真所谓"天戈西指",直捣叶尔羌(即今新疆维吾尔自治区莎车县)等城,深入葱岭,大小和卓木等人望风远逃,巴达克山部部长素尔坦沙奉清政府之檄文效命,尸布拉呢敦,而函霍集占首,即献出布拉呢敦的尸首和霍集占的头骨。这次回部的战役,是准噶尔之战役的延长。办理回部之事既已成功,从而平定准噶尔部全局之事,也因此大定。五年之间,清朝军队两次平定准噶尔部,一次平定回部,开拓疆土两万余里。再者哈萨克等部相继来清朝称臣纳贡,清高宗弘历终能继承其祖父圣祖(康熙玄烨)皇帝与父世宗(雍正胤禛)皇帝两朝没有完成的事业,"收自古以来未收之地,臣自古以来未臣之民",确立了嗣后中国疆域的轮廓,奠定了中国多民族统一国家的基础。

但是,有一点不能不指出的是,乾隆作为清前期一个崇文尚武、好大喜功的皇帝,他熟谙传统儒学,深知"礼乐之兴,必借崇儒重道,以会其条贯。儒与道,匪文莫阐"(乾隆《御制文二集——文渊阁记》卷一三);在乾隆看来,访书校书不啻为弘扬文治的一种最有效手段,因此,在即位之初即颁谕全国征书。其出发点首先是继承"稽古右文""崇儒立道""聿资治理""垂范方来"的传统,以所征之书充实内府皮藏;其次是为了扩大明永乐年间编纂的《永乐大典》这部包罗群书、洋洋大观的文库。作为盛世之君的乾隆,当然不会忘记在辑佚《永乐大典》之余,而为自己另创一部兼容并蓄、囊括古今的鸿篇巨制。观其三十八年(1773)谕旨所云:"择其醇备者付梓流传,余亦录存汇辑,与各省所采及武英殿所有官刻诸书,统按经、史、子、集编定目录,命名为《四库全书》,俾古今图集荟萃无遗,永昭艺林盛轨"云云(《办理四库全书档

《四库全书》及楠木匣

案》乾隆三十八年三月二十八日谕)。则知《永乐大典》辑佚告竣之际,即是《四库全书》开馆之日。

编辑《四库全书》,这不单是对中国历代文化典籍的整理和总结,也是一场全国范围的思想文化普查运动,所体现的编纂意图及价值取向都很复杂,但社会效果和对后世的影响确实是深刻和持久的。

征书措施严密,声势浩大,使各省地方官备加重视,征集总数达一万三千余种。随着征书时间的延长,面临的政治矛盾日益加剧,而乾隆深知各种著作的情况,他积累的统治经验更加丰富,出于对文人学士的满腔怨愤和当时社会上反清势力仍然潜在的考虑,不得不剪除异己,辟斥邪说,来加强清王朝的统治地位,这成为乾隆的坚定信念。故趁征书之机,采取"寓禁于征"的手段,对那些所谓违碍悖逆之书,实行严厉的查禁措施,凡收藏禁书者严惩不贷。结果大规模的征书演变成大规模的禁书。虽然乾隆的查禁措施,表面上标榜为"杜遏邪言,以正人心而厚风俗",然其最显而易见的目的是清除一切牵连到清人关前满汉关系以及清初史籍中对清统治者不满或不利的内容,以遏制汉族人民的反清思想。

大量禁书活动始于乾隆三十九年至五十八年(1774—1793)方告结束,20年中高潮持续八年(1775—1782)之久。较之征书,禁书费时更长,涉及地区更广,范围亦更为扩大。查禁书籍的年代从宋、元、明直至清近八百年内的有关著作均被包括其中。查禁的内容五花八门,无所不有,涉及宋、元以降的思想、政治、经济、军事、文化、民族、宗教和一切风俗人情等方方面面;其种类之多有文集杂记、野史稗乘、奏书表册、碑铭石刻、曲本剧本以至天文占验等,地方志亦被殃及,就连颁行全国家喻户晓的雍正《大义觉迷录》亦被列入禁书之内,开中国禁书史上子禁父书的先河。迄今人们所知,四库禁毁书目三千余种,数量几与选录目录相埒,今天所能整理补救出版者仅一千五百余种,只及当初禁毁的一半。我们不敢说每一种被禁毁的图书都有很高的史料价值,但大量优秀的学术著作、有充沛民族气节精神的史学文学作品均遭禁毁或抽毁,却是事实。

禁书的同时伴随着大规模的文字狱,乾隆六年至乾隆二十年仅14年间,每一狱之谕折,少者三五件,多者或至数十百件不等。此仅就《清代文字狱档》第一辑约略统计而言,全书共八辑,合并计算,其数量盈千上万,不问可知。清代的文字狱有别于以前其他朝代,它是伴随着政权稳定,统治者对思想文化领域控制的加强而产生的,肇始于顺治,发展于雍正,到乾隆达到顶峰。乾隆文字狱定罪的范围,大大超过以前诸朝,许多名人志士因此罹难。其中,吕留良、屈大均、王锡侯、金堡、戴名世等都是文字狱的最大受害者,他们有的不仅被斩首,而且子孙亦被株连,甚至家族同遭祸殃,有的甚至追究已故的作者,掘墓戮尸,惩办后人。这不能不令人对这场文化浩劫心有余悸。诚然,撇开禁毁书,不足以窥清代前期文化典籍之全貌;同样,不搜集不研究禁毁书,亦不足以察照透视这场思想文化普查运动的底蕴。至于清代文网究竟具体延伸到何种范围,满族最高统治者的神经究竟敏感脆弱到何种地步,以及四库馆臣们的心理被震慑到何种紧张程度,凡此种种不仅关系到对禁毁书的评价,也关系到对《四库全书》的重新认识,只有在对全部禁毁书做出较为细致深入的分析研究之后,才有可能得出较为平允合理的结论来,这又非一朝一夕之功所能奏效。我之忝列《四库禁毁书丛刊》主编之名,其微意在此。

从清代历史发展过程看,顺治皇帝热衷汉文典籍,不过是小儿咿呀学语,酷好诗词;康熙皇帝登堂入室,学富五车,大力提倡贵身体力行的真理学,可谓万机之余,谨慎小心,孜孜不息,天子与学者争儒家教主的意图已经暴露无遗;雍正皇帝刚愎自用,阴险毒辣,自著《大义觉迷录》力辟蛮夷猾夏,颇逞口舌之利,其势咄咄逼人,犹未能令汉人心悦诚服。真正在心理上意识上彻底做到反客为主宰割汉人的,只有乾隆一人。这倒不是他的"圣学"如何纯粹渊深,高于别人,而是因为经过康雍两朝的探索追求,到乾隆时,满族统治者自己已确信站稳了脚跟,找到了驯服汉族士大夫的方法和手段。乾隆统治思想的手段,一曰天命,一曰封建纲常。一切学术文化思想都要由此两者判断是非,决定取舍,甚至得失存亡。清朝取代明朝,是天命,故凡明末臣工诗文歌赋中暴露明廷腐朽者,均可一一著录,但以明臣降清,则是贰臣,因为他们违背了君臣纲常。钱谦益固然被骂得狗血淋头,不齿于人类,即使为清朝平定中原立下汗马功劳的洪承畴也不例外,只是在《贰臣传》中分出甲、乙两编,以示昭彰瘅疟。不仅明清间的历史要由乾隆来安排,连魏晋、两宋间的人事也要按他的准则来衡量。君臣名分在他眼里至关重要,丝毫含糊不得。按他的旨意编纂的《历代职官表》对宋代宰相、明代大学士等职掌的注释,他特别指明不得稍有僭越。

乾隆的禁书政策无疑给中国传统文化造成严重后果,大批古代的优秀典籍,其中不少具有几千年中华民族文化精华,被打入死牢,大量有历史价值的学术著作被摈弃在中国学术经典之外。如明末清初的著名经学家吕留良的《四书讲义》《四书语录》、享有"江南人望"之称并扭转了一代文风的文学家钱谦益的《初学集》《有学集》、被誉为"岭南三大家"之一的诗人屈大均的《翁山诗外》《翁山文集》、著名公安派诗人袁宏道的《潇碧堂集》等,此外还有晁说之的《嵩山文集》、陆游的《老学庵笔记》、洪迈的《容斋随笔》等。上列著作在我国文学史和史学史上都曾留下辉煌的一页。然而在禁书期间,却因指陈时政,或"议论偏谬"或"语句乖戾"而被严重删削、篡改,以致面目全非,甚至被排斥在《四库全书》之外。禁书给学术界带来深远的、不可低估的负面影响。尤其是大量史书被禁,使得当时知识分子"不敢治史,尤不敢言近代事"(鲁迅《且介亭杂文·买小学大全记》),从而使明末清初注重现实社会问题、强调经世致用的学风消失殆尽,史学领域万马齐喑,真本难见;学者们举手触禁,动辄得咎,大多数学者只得埋首故纸堆中沉溺于考据学的研究,南明史和清前史的纂辑难乎为继,几近于断档,给后人研究这段历史带来诸多不便。

近年来对《四库全书》的研究探索,颇不寂寞,或强调其历史文化属性,或突出其总结历代典籍的重要意义,或推崇四库馆臣的反理学倾向(纪昀即其总代表),各从不同角度推进了对

《四库全书》及其编纂的研究。但同时我也想到,不论持何种观点的论述,都或多或少低估了乾隆作为清代皇帝积极干预思想文化领域的影响,由此在不同程度上妨碍了这些研究达到的预期深度。《四库全书》的编辑和禁毁,都是严格按照清朝最高统治者乾隆的意旨进行的,既不是自由的学术活动,也不是文化历史长河自然演进的结果。《四库禁毁书丛刊》的编辑出版,不仅会扩充我们的眼界,也会在最大限度内将乾隆盛世内发生的那场思想文化大清查运动的实质暴露出来。我想,人们在对禁毁书进行充分探讨之后,是会对《四库全书》及其编纂重新做出更为合理和实事求是的估价的,更会从中总结出应有的合乎情理的历史经验和教训。

## 和 珅 其 人

原燕京大学(今北京大学)之北部即淑春园地址,先师洪煨莲(业)教授曾用英文著有《和珅及淑春园》一文,由燕大校长司徒雷登办公室刊印单行本出版。后由燕京大学讲演委员会邀请

和珅及其家中圆亭

洪师用英文讲述和珅及淑春园之故事,因获得洪师所撰《史料札记》一篇,遂为之刊布。和氏于乾隆三十七年(1772)为三等侍卫,不数年而为相。清朝人著作,议论及和珅者甚多,大约皆攻其奸佞忮辨,绝无善称之者。唯英使马戛尔尼及使团秘书斯当东在热河及北京时颇与和氏周旋,彼二人则谓和氏风度蕴藉,识见精到,且竟以"大人物"许之。(见小斯当东所著《斯当东使团记》)

近年来中国人民大学历史系李景屏教授等著有《乾隆与和珅》一书,以清代档案、清历朝实录、《清高宗御制诗文集》前后五六集以及和珅等人的诗文集为依据,勾画出历史上乾隆与和珅、刘墉等人的真实关系,剖析了和珅在政治舞台迅速崛起及长期得宠的原因,对流传甚广的野史、笔记去伪存真,恢复历史的本来面目,并揭示出乾隆年间贪风不止,清代由盛而衰的历史必然性,以及和珅与乾隆在这一历史嬗变过程中各自应承当的责任,从而使历史走出野史的误区。

和珅(1750—1799),字致斋,于乾隆十五年生于一个从龙入关的旗人之家,其父常保,钮祜禄氏,隶满洲正红旗,时任八旗副都统;母亲系河道总督嘉谟之女。在满洲八旗建立之初,正红旗的旗主是努尔哈赤的次子代善(代善之长兄褚英已死)。努尔哈赤晏驾之后,实际居长的代善未能继承汗位,入承大统的皇太极在自将一旗外,又得到努尔哈赤生前所指挥的一个旗,成为正黄旗、镶黄旗的旗主。顺治即位后除承袭两黄旗外,在治罪多尔衮后又把多尔衮的正白旗收归已有,从而形成了天子自将三旗的局面。皇帝自将的三旗,称之为上三旗,未由皇帝直接掌握的正红旗、镶红旗、正蓝旗、镶蓝旗、镶白旗,称之为下五旗。这里的上与下一字之差,便反映出满八旗内部地位的差异,非嫡系的下五旗不可与嫡系的上三旗同日而语。

和珅的先祖并无显赫的门第。他的高祖尼雅哈纳因军功得到三等轻车都尉的世职,世袭罔替。三等轻车都尉的政治待遇相当于正三品,但其所得的俸禄(银160两,米80石),比正二品官员(银155两,米77.5石)还要高。

和珅的家世,虽非钟鸣鼎食,却也是一个享受二品以上经济待遇的旗人之家。他的父亲除袭世职外,还先后担任过八旗副都统(正二品)、都统(从一品),而副都统的俸银每年155两、俸米77.5石、蔬菜烛炭纸张等各项补贴银376两、养廉银600至1000两不等。养廉银的发放始于雍正年间,从归公的耗羡中支给(各地在征收钱粮时为避免储运过程中的损失,总要比额定量多征,称之耗羡),养廉银的多少根据各省的耗羡而定。此外,清政府还要发放35个人的口粮(每人35石)作为家属补贴。而都统的俸银是180两,俸米是90石,各项补贴共540两,养廉银为1500至2000两,支给家属的粮食按40人计算。两项加在一起还是相当可观的。

据《清史稿》记载,和珅的少年是在贫穷中度过的。《郎潜纪闻》载,和珅经常向外祖父嘉谟伸手要钱。一次,和珅派仆人刘全去二千多里以外的嘉谟任所哭穷,嘉谟资助其50两。未几再次遣刘全前往外祖父处借银300两,遭到拒绝。和珅遂私自出京去嘉谟处,嘉谟大怒,欲治以逃人之法(旗人不得私自外出,旗人奴仆亦不得擅自离主)。多亏嘉谟属下郭大昌从中周旋,力劝其"毋薄其贫",嘉谟才助以300两银子,同时郭大昌也助以300两银子。按照当时常保的收入,和珅不该如此拮据,也许与和珅的母亲早逝不无关系。

常保中年丧妻,其妻留下两个儿子,长名和珅,次名和琳。

常保在原配去世后,又续娶吏部尚书伍弥泰之女为妻,在经济上可能对和珅与和琳不像以前那样宽余,以致娇生惯养的两兄弟不得不一而再,再而三地向外祖父伸手了。

当时八旗子弟追逐享乐,终日无所事事,相当多的人提笼架鸟,频繁地出入戏园与酒楼之中,甚至眠花卧柳,热衷赌博,吸食鸦片,很快就把朝廷发放的钱粮挥霍一空,以致寅吃卯粮,债台高筑,违禁典当份地。乾隆(弘历)的父亲雍正(胤禛)在藩邸时就曾派人向内务府员外郎鄂尔泰索取财物,被康熙立为太子的胤礽也经常额外索取。一个亲王每年的俸银是一万两、禄米5000石,此外还有王庄上的收入。即使如此富贵,仍不够天潢贵胄们挥霍,更何况娇生惯养的和珅兄弟了。

和珅在十岁时入咸安宫官学。咸安宫官学建于雍正六年(1728),隶内务府,每年只招收90名学生。八旗子弟中之佼佼者才能有资格进入这所建立在西华门内的官学。凡入学者每年可以得到一份口粮,这一点要比八旗官学优越得多。八旗官学入学者必须十年完成学业,凡到十年仍未能中试者,即被除名,学校不再发放口粮,而咸安宫官学的官学生即使超过十年,也不会被除名。

笔帖式是满族文职官员"巴克什"的意译,负责翻译满汉文奏章及抄写,有七品、八品、九品之分。自笔帖式入仕,对咸安宫的官学生来说,是一条很具诱惑力的发迹之路,乾隆时期位列协办大学士的兆惠(开拓新疆的有功之臣)、两度担任军机大臣的舒赫德以及出任过云南巡抚的恒文等高级大臣,均从笔帖式做起。

进入咸安宫官学,不仅为和珅提供了一条入仕的捷径,也为他系统地学习四书五经等儒家经典提供了有利条件。天性机敏的和珅在经过几年刻苦学习后,成为官学生中的佼佼者。他不仅经书学习优异,精通满、蒙、汉、藏、朝、维六种语言文字,而且也擅长诗画。在他的《嘉乐堂诗集》中,收录了不少入仕前的诗作,诸如《游西山》《宿龙泉庵》《香界寺》《宝珠洞》《游山归以诗谢同人》等等,均是朗朗入口、余韵无穷之作。先师洪煨莲(业)先生还藏有和珅所作山水小横批一帧,绘于棉布之上。和珅不画在绢上,也不画在纸上,唯独画在布上,这布殆即当年英使马戛尔尼所贡之细密洋布,似为创举,可谓好事。

但他参加乡试时却落第了。自清初以降,历次科考"所中大臣子弟居多"。三等轻车都尉的世职,在权贵云聚的帝都实在多如牛毛,或许这正是精通满、蒙、汉、藏、朝、维六种语言文字的和珅竟然名落孙山的原因。落第毕竟使得平日自命不凡的和珅极为不快,以致留下"翻悔归来增怅怏,人间谁复是知音"的诗句。

乾隆三十四年(1769),19岁的和珅得以承袭三等轻车都尉的世职,此后三年又得到三等侍卫的空缺,于乾隆三十七年(1772)正式出任此职。

乾隆所倚重的大学士傅恒也是从侍卫起家。傅恒属镶黄旗满洲,是乾隆皇后富察氏的弟弟,在乾隆五年(1740)充当蓝翎侍卫,乾隆七年(1742)任内务府大臣,三年后(1745)入军机。乾隆十四年(1749)一月,便一跃成为军机处首席大臣、内阁首辅。这是因为乾隆同皇后伉俪之情甚笃,乾隆十三年(1748)三月陪同皇帝、太后东巡的皇后在途中病逝,对此皇帝悲痛万分,一方面重处未能循例奏请赴京叩谒梓宫的地方督抚,怒斥未尽哀礼的皇长子永璜(时年20岁)、皇三子永璋(时年13岁),另外一则委皇后幼弟(傅恒)出任经略,旋即以平定金川之功,破格提拔,使得未及而立之年的傅恒位极人臣,冠绝一世。和珅的家世虽然无法同椒房贵戚相比,但他毕竟得到一个可以接近皇帝的机会,就像他在一首诗中所表白的:"纵马凌云去,弯弓向月看。莫嗟行役苦,时接圣人欢。"

何以和珅把"纵马凌云""弯弓向月"看成苦差事呢?入关进入中原后,上百年的承平,早已把八旗子弟的尚武气概消磨殆尽。尽管咸安宫官学仍然把骑射作为一门必修课,但喜欢文墨的和珅却已缺乏尚武精神,因而在充当侍卫之前,几乎没有一首描写骑射的诗作。从悠闲的文人生活到紧张的侍卫生涯,从诗友唱和到围猎征鞍,的确变化很大,但颇有政治抱负的和珅,强制自己迅速适应这种"虎猎涉山赞山元,秋高紫塞寒""途长频策马,语响乍惊禽"的生活,诚如他自己在一首诗中所描绘的:

扈从木兰幸猎围,征鞍共逐塞云飞。
旌旗色杂岭头树,雾散湿沾身上衣。
策马不虞峰痫另,回营喜赐鹿鲜肥。
漫言弱质未娴射,曾见雕翎带血归。

在经过三年小心翼翼的侍卫生涯后,和珅终于得到了一个在乾隆面前展现自己才能的机会,时为乾隆四十一年(1776),他受命在军机大臣行走,受总管内务府大臣,一二十年间,升御前大臣、议政大臣、领侍卫内大臣、步军统领,同时兼吏、户、兵三部尚书,是集行政权、财权、兵权于一人之身。虽不能说身为皇帝的清高宗弘历已大权旁落,但和珅一手把持其间,实操政柄,则是无疑义的了。与其说清高宗高居九重,日理万机,倒不如说是和珅在日夜操劳,总揽一切,更符合当时历史实际些。自来中外史家莫不公认,清王朝之由兴到衰,由强到弱,由鼎盛走向衰落,乾隆末的 20 年是个转折点,因此,和珅其人系不得辞其责的。

和珅之蠹国肥家,结党营私,贪赃枉法,祸国殃民,固为众所周知,但其何以能受宠于清高宗弘历?又有何才能以施展权术而无所顾忌?顷有冯佐哲同志所著的《贪污之王——和珅秘史》做出回答。我略为补充一点,和珅不但不是一个不学无术的人,而且是个年轻有为的大能人。拿他在狱中所写的两首《悔诗》来看,所谓"一生原是梦,廿载枉劳神"和"对景伤前事,怀才误此身"数语,不啻李斯临死前上书之以罪为功,说和珅无才无能是不符合事实的。

据《乾隆英使觐见记》载,称和珅为"中堂",系当时人对大学士兼军机大臣为真宰相的代称。马戛尔尼目睹和珅,说他英俊有宰相气度,举止潇洒,谈笑风生,樽俎间交接从容,应对自若,事无巨细,一言而办。异邦人记当时人情事,自属可信。然和珅之能得清高宗独宠 20 年如一日,又岂一般满汉大臣所能望其项背?

乾隆五十九年(1794)九月初二日,在公布永琰为皇太子的前一天,为了讨好即将成为嗣皇帝的永琰(一作颙,乾隆帝的第十五子),和珅亲自到十五阿哥永琰的藩邸递上一柄玉如意,以表示对即将成为新皇帝的永琰的孝顺和服从。孰料永琰并不领情,传令王府侍卫,以后和珅再来,一律不得通报。十五阿哥的敌视情绪,很快传入和珅的耳中,使得和珅愈发不安。

就在禅让大典举行之后不久,和珅要周旋于太上皇与嗣皇帝之间,他对太上皇竭忠尽力,势必引起嗣皇帝的不高兴,一旦太上皇驾崩,嗣皇帝大权在握,免不了要被罢斥,而和珅顾不及此。两种选择:一是日后垮台,一是立刻完蛋,而和珅选择了前者。

嘉庆改元才过半年,厄运便向和珅袭来,三年内,他失去了数位亲人。嘉庆元年四月刚过,在和珅扈跸太上皇(乾隆帝弘历)北上避暑山庄的路上,一封幼子病重的家书,使和珅心绪大为不安。颇通岐黄之术的和珅一看药方,即知误投参剂,驰书急止,并另寄良方,谁知晚了一步,一个不到两岁的幼子竟死于庸医之手。和珅老年丧子,寄语老妻,将亡子遗物收藏好,以免我和珅回家见物生悲。自此之后,和珅悟出人生有命,对生死似有新解。他的忆悼亡人诗中有"生儿何喜死何悲,身前身后两不知"。甫逾二年(1798)二月,和珅之结发妻英氏(大学士英廉之孙女)去世。前已提及的和珅幼子夭折对英氏精神上打击很大,英氏终于一病不起,追随幼子于九泉之下。和珅在悼念亡妻英氏的诗中再次提出,"今日我哭伊,他年谁送我","赋诗一写哀,掷笔泪盈眦"。诗中提出"他年谁送我",这充分表明和珅心中明知,88岁高龄的太上皇乾隆帝崩驾后,他能有好日子过吗?

## 安疆铜版画

自从对西北边陲进行军事活动告竣以后,清高宗弘历就下令纂修方略,又命当时在内廷行走当差的西洋画家郎世宁(Giuseppe Castiglione,意大利人)绘制战争挂图,直至乾隆三十年(1765)绘成图样16幅,称之为《得胜图》,《石渠宝笈续编》题为《平定伊犁回部战图》。在16幅《得胜图》中,郎世宁所绘制的有两幅,即《格登鄂拉斫营图》《黑水围解图》;王致诚又名巴德尼(Jean Denis Attiret)所绘的共计三幅,即《和落霍斯之捷图》《阿尔楚尔之战图》《平定准部献俘图》;艾启蒙(Jgnatius Sickeltart)所绘的图一幅,即名为《平定伊犁受降图》;安德义(Jean Damascene)所绘的图缺页,已佚共计七幅,即《拔达山汗纳钦图》《郊劳回部成功诸将士图》等;其余三幅图,即《鄂垒扎拉图之战图》《通古思鲁克之战图》《凯宴成功诸将士图》,其绘制的人均不详。《格登鄂拉斫营图》,清代奏折中及《清高宗实录》俱作《爱玉史诈营图》,爱玉史即阿玉锡;《平定伊犁受降图》清代奏折中及《清高宗实录》俱作《伊犁人民投降图》。

关于上述这些《得胜图》的绘制经过,中外学者颇多讨论。法国汉学家伯希和(P. Pelliot)教授撰写过《乾隆得胜图考》,日

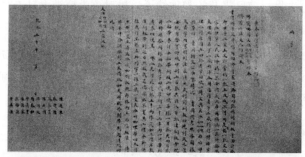

《安疆铜版画》及其制作合同

本学者石田干之助先生撰有《关于巴黎开雕乾隆年间准回两部平定得胜图》，中国学者方豪先生著有《中西交通史》，王耀庭先生撰有《盛清宫廷绘书初探》，聂崇正先生撰有《乾隆平定准部、回部战图和清代的铜版画》等文，均有颇为详细的叙述。今仅就北京故宫博物院所藏的《清代宫中档奏折》《军机处月折包》内两广总督、粤海关监督的奏折录附、咨文、西洋人信函汉译等资料，对《得胜图》的发交法国雕刻经过稍做补充。

《得胜图》不仅是充任清朝内廷差使的西洋教士画家的集体创作，也是中国绘画与西洋绘画在历史上的交相融合。乾隆二十年（1755），清高宗（乾隆皇帝）命郎世宁绘画《阿玉锡持矛荡寇图》，以表彰阿玉锡的战绩。二十四年（1759）又命郎世宁绘画《玛瑺斫阵图》，这两幅图现藏存于北京故宫博物院。清高宗曾经见到过德国画家吕根达斯所绘作的铜版画《战争图》，觉得很有特色，很想将平定伊犁、回部等战役，以铜版画的方式表现出来。乾隆二十七年（1762）清乾隆皇帝命郎世宁等人起草《战争图小稿》16幅。乾隆二十九年（1764）十一月，根据《小稿》绘制《战图》稿样；乾隆三十年（1765）五月，绘成稿样四幅，即郎世宁所绘《爱玉史诈营图》、王致诚所绘《阿尔楚尔之战图》、艾启蒙所绘《伊犁人民投降图》、安德义所绘《呼尔璊大捷图》。乾隆三十年五月二十六日（1765年7月13日），清乾隆皇帝令两广总督李侍尧等将《得胜图》寄送欧洲，以便雕成精美的图版，其谕旨有云："前命供奉京师之西洋绘士郎世宁等人所绘《准噶尔、回部等处得胜图》十六幅，今欲寄往欧罗巴洲，选择良师。《呼尔璊战图》凡四种应先交，首先放洋海舶运往。刻工必须迅速镂成，印一百套，连同铜版寄还。其余十二图寄往欧罗巴洲，每次四图，钦此。"据称李侍尧初拟将《得胜图》稿样寄往英国,因耶稣会驻华会长费伯尔(P. J. Louis Le Febvre)当时寄寓广州,力言法国艺术冠绝欧洲,乃决定将图样寄往法国,由广东十三行与法国印度公司接管承办,双方订立契约。其全文如下:

> 广东洋行潘同文等公约托哳嚰哂(法兰西)大班吁咖哩、喊咖唧等,缘奉督关宪二位大人钧谕:奉旨传办《平定准噶尔、回部等处得胜图》四张,刊刻铜版等由。計发郎世宁画《爱玉史诈营稿》一张、王致诚画《阿尔楚尔稿》一张、艾启蒙画《伊犁人民投降稿》一张、安德义画《库[呼]尔璊稿》一张,并发依大理亚国番字二纸,西洋各国通行番字二纸到行,转饬办理。今将原图画四张,番字四纸,一并交与大班吁咖哩、喊咖唧,由咱哪船带回贵国,烦交公班吒,转托贵国阁老照依图样及番字内写明刻法,敬谨照式刊刻铜板四块……印纸每样一百张,共四百张,并将原发图样四张、番字四纸,准约三十三年内一并带到广东,以便呈缴。今先付花边银五千两作定,如工价不敷,俟铜板带到之日,照数找足。倘风水不虞,其工价水脚,俱系我行坐账。立此约字一样二纸:一交大班吁咖哩带回本国照办,一交坐省大班喊咖唧收执存据,两无贻误。此系传办要件,务须雕刻功夫精致,如式办就,依期带到,越速越好,此约。大班吁咖哩、喊咖唧二位收照。乾隆三十年(1765)□月□日,潘同文、颜泰和、陈广顺、邓义丰、蔡聚丰、陈源泉、蔡逢源、张裕源、陈远来、叶广源。

原图样是敕内务府造办处传办颁发粤海关,送往法国巴黎刊刻铜版。乾隆三十年(1765)七月初十日,第一次颁发图样四幅。乾隆三十一年（1766），粤海关又先后奉文三次，续颁发图样12幅，四次发到图样16幅，陆续发交洋行商人转付法国商人带往法国承办，照依刊刻，并将第一次图样四幅定限于乾隆三十四年（1769）带到粤海关，其余12幅，分别于三十五、三十六、三十七等年（1770、1771、1772等年）分限呈缴。当各幅图样送达法国后，受到当局的重视。法兰西皇家艺术院院长侯爵马利尼（Marigney）命柯升（Cochin）主其事。柯升先后挑选雕版名手勒巴（J. P. Le Bas）、圣多米（A. de St. Aubin）、布勒费（B. I. Prevost）、萧法（P. P. Choffard）、郎纳（N. de Launay）、德尼（F. D. Nee）等人分别开雕，皆一时之选。

乾隆三十四年（1769）陆续到广东的法国船共三艘，粤海关监督内务府郎中德魁即严催洋商转饬法国商人将领办《得胜图》铜版，原限乾隆三十四年带到四幅，请速即呈缴。旋据洋商禀称："从前乾隆三十年（1765）间领办《得胜图》铜板四幅，原限三十四年（1769）带到呈缴。业已镌刻工竣，本应带来，因该国王见其功夫粗率，且系天朝传办之物，理合警谨办理，不敢遽为带缴。随严饬承办各夷加意用工，再刻精致，是以不及带到，务于明年来船一准将此项铜板四幅，连第二次领办铜板四幅一并带缴，不敢迟误等情。"

乾隆三十五年（1770），法国商船到达广东，将印成图纸232张呈缴。李侍尧、德魁即饬令行商潘振承等询问法国住省大班吁唠，禀称："三十年间，领办第一次《得胜图》铜板，原应承三十四年（1769）带来，后又领办十二幅，应承三十五、六、七年（1770、1771、1772）等年带来。上年第一次图版未经带到，接得公班衙来信说，做起铜板功夫不细，尚须加刻精致，俟三十五年有八块寄来。今船又到广，又接公班衙来信说铜板功夫细巧，只有四五人会做,略有不到,又须另刻,刷印不精,亦难呈缴。因第一次图三幅内止拣得刷好的二百三十二张,故此带来。其第四张图稿铜板印看不妥,还要加改,本年船又趁风来广,不能久待,是以违限。至于续领图稿十二幅,俱已刊刻铜板,尚未完工。所有第一次原稿两张先行缴回,其第二张原稿,尚须存留比对刷印。但思天朝纸墨油水未必合用,若将铜板带来,恐工匠不得印法,今有寄钦天监画图人书一封,问明应否备带纸墨材料,抑须每幅刷印多少张,方可足用。专等回信,以便将图板加印好图纸带来。德魁等以此项铜版逾限两年,恐系法国商人赶办不力,曾再三查问行商,谕令行商转饬住省大班寄信回国赶紧办缴。"

在军机处月折包内存有《总督寄洋客原谕》,其全文如下:"广东总督的番子的文书,公行头班给官交给洋客,为《得胜图》铜板的事情,乾隆三十年(1765)总商交给我为刻四个《得胜图》的铜板。你们不但许了,还许下四年内得这四个铜板,如此我旧年该得船到了的时候,我问了你们,你们回说那个铜板虽然刻了,刻得平常,我们总管事的话,要重新好好地再刻,来年十六块赶不上全完,一定得一半八块。你们这个话我都奏过皇上,如今你们的口气,都是为难的话,你们说到来了的不过头一个刷的有二百张,第二个有四张,第三个有二十八张。但铜板还没有到来,你们这样的耽误,到底是什么缘故?只管老实都告诉我,我当细细地奏明皇上,一毫缘故别要隐瞒。"

据法商表示,实因刊刻铜版匠工精细,其所印墨色深浅,亦有区别。《洋客复总督原禀》云:"洋客同班给官与广东总督的回书,是西洋七月二十六日一千七百七十年处与大人通事给了大人的文书。为皇上要的铜板,大人问的那些缘故,这个回书内我们都要告诉。乾隆三十年,我们应了四年里头能够得四张《得胜图》的铜板。那个时候我们想能得,后来我们总管事的给我们信,这个铜板刻得粗。他们的意思要重新细细地刻,许下来年十六块铜板能得八块。如今洋船带来,我们总管事的书子里面有刻铜板的头儿写的书告诉这样为难的缘故;铜板难刻的缘故;刻了的铜板,刻剩下的铜板,为什么不送来的缘故;头一个铜板刷了二十八张,不能比这个多刷的缘故。因为洋船起身快不送铜板;因为城住的西洋先生们里头虽有画画儿的,恐怕不会刻铜板。后来皇上如要比二百几十幅更多的《得胜图》,必须摹印逼真,一定恰到好处。"(引自庄吉发著《清史拾遗》第 243—247 页,原载台湾《故宫文物月刊》第二卷第三期)

厄鲁特蒙古人

清朝边疆得以 200 年大致无忧,是清朝统治者长期艰难奋斗的结果。自从清兵入关,直到乾嘉时期,清朝疆域得到进一步的巩固和加强。

　　西北喀尔喀蒙古地区,上层分授汗、王、贝勒、贝子、公等爵位特权。原 35 五旗改编为 55 旗,雍正时又增为 74 旗,乾隆时再增为 82 旗。定边左副将军、参赞大臣驻乌里雅苏台、科布多,掌握蒙古军政大权。

　　青海蒙古分为 29 旗。其他蒙古各部如土尔扈特、辉特等,各自为部,不属青海。又厄鲁特所属之西宁番二三百部,分设番目,改属道、厅、卫、所。

　　加强对新疆的统治。天山北路设将军参赞大臣、领队大臣、都统等分驻伊犁各地。喀什噶尔设参赞大臣,统治天山南路。

新疆伊犁等处台吉

其余各城分设办事大臣、领队大臣等,率兵驻守,并受天山北路伊犁将军节制。上层授伯克,予以优待与特权。哈密、吐鲁番两地外,明令废除伯克世袭制。西四城:喀什噶尔、叶尔羌、英吉沙尔、和阗;东四城:乌什、阿克苏、库车、辟展。并东路哈密、吐鲁番、哈喇沙尔,为十一城。

西藏。乾隆五十七、五十八年(1792—1793)议定:驻藏大臣"督办藏内事务",地位与达赖、班禅平等。自噶布伦以下与管事喇嘛"事无大小,均应由驻藏大臣办理",任命亦"统应归驻藏大臣会同达赖喇嘛拣选,分别奏补拣放"。达赖、班禅、大小呼图克图灵童转世之"金瓶掣签"亦由驻藏大臣亲临监视,清廷批准。财政巡视、对外交涉等均由驻藏大臣管理。

西藏所属穆安巴番人

西南改土归流之后，隶云南布政使司者，有府四、同知四、通判五、州一。隶贵州布政使司者，有同知七、通判五、州一。隶广西布政使司者，有府二、厅二、同知一、通判一、州四、县丞一。未改流之土司则仍予旧职，亦统以汉官。自后凡土府、州、县之承袭隶于吏部，土司隶于兵部，一切贡赋隶于户部。

东北至外兴安岭、乌第河与库页岛，北抵恰克图，西北至巴尔喀什湖与葱岭，南及南沙群岛，东括台湾及其附近钓鱼岛。

顺天奉天外，本部有直隶、山东、山西、河南、陕西、甘肃、四川、湖北、江苏、安徽、浙江、江西、福建（包括台湾诸岛）、湖北、湖南、贵州、云南、广东、广西诸行省，另有盛京、吉林、黑龙江、伊犁、乌里雅苏台及西藏、青海等七个将军和办事大臣，均在清中央政府的直接管辖之下。国家的统一和疆域的扩大，需要更强有力的集权统治，也符合各族人民的心愿。

## 清廷之贡使朝仪诸问题

清王朝中央政府对于每年元旦朝贺班次的规定，如道光七年（1827）春正月七日谕内阁："嗣后元旦朝贺，蒙古汗、王、贝勒、贝子、公，仍照旧入于内地王、公之次行礼。其扎萨克、台吉以下，著各按照品级列于东边行礼内地官员各排之次。其各部落回子（即维吾尔族人）、伯克（新疆回部之职官，有阿奇木伯克、哈子伯克等称，依次投降。按新疆伊犁本准噶尔部在天山之北，因平定之后，移回人于此屯种，故设伯克以总理之）、土司（系指元、明、清各朝授予西南川、滇、粤西各省的少数民族首领世袭官职，以统治该民族人民的制度，同时也指被授予这种官职的人）等，著另为一班，列于西边行礼内地官员之末。如遇廓尔喀年班来京,按照向来班次,列于回子伯克、土司之末。著理藩院先期于司员内,择其熟谙典礼并通晓蒙古语者,每项派出二员,届时带领行礼云。"外国贡使入京以后的礼仪,有一定的规定。

首先,外国贡使初到时先进表,但不直接面向皇帝,凡进表各国贡使就馆,按清制,所以招待轻重各有不同,因之接待之馆所亦有别:朝鲜在礼部,蒙古在理藩部(后改理藩院),其余如安南(今越南)、缅甸各国均在鸿胪寺。俄国初亦在理藩院,后改在礼部。在礼部招待者,即平等之礼待友邦,所以优礼之也!英国自乾隆五十七年(1792)之后,历嘉庆、道光两朝屡次要求平等之礼相待而不果,迄于咸丰十年(1860)又特设机关,初名"抚夷局"(似有藐视外国友邦而夜郎自大之意),旋改总理各国事务衙门(简称"总理衙门"),何前倨而后恭乎?

其次,外国贡使入京朝觐之礼仪,亦有严格规定:各国贡使初到北京时,先"进表",但不直接向皇帝面递,"凡进表各国贡使就馆次日黎明,礼部设案于堂正中,提督会同四译馆(简称会同四译馆,又简称为四译馆)、鸿胪寺卿身着朝服率领各国贡使暨从官,各服其本国朝服,由四译馆赴礼部,入左角门,俟于阶下。礼部侍郎一人出立于案左,仪制司官员二人,鸿胪寺鸣赞二人,立于左右楹南。咸朝服,馆卿先升,立于阶前,鸣赞进表,司宝、序班二人引各国贡使奉表升阶,副使与从官随升,赞跪,正使以下随员皆跪。鸣赞接表,侍郎恭接,陈于案上正中,复位,立;赞跪,叩,兴。正使以下各员行三跪九叩礼,毕。序班引退,仪制司官奉表送内阁,恭俟命下,纳方物于所司"。

各国贡使见皇帝的朝仪,可分三种:一是"随班",贡使至北京,遇大朝常朝之期,皇帝御太和殿,王公百官朝贺毕,序班引贡使暨从官各服各自国家的朝服,就丹墀西班末,听赞,行三跪九叩礼,赐座、赐茶,皆如仪。二是"召见",若不遇朝期,由礼部奏请召见,皇帝御便殿,领侍卫内大臣,侍卫左右侍立。礼部尚书一人采服,引贡使服其国朝服入,至丹墀西,行三跪九叩礼,毕,引由右阶升,通事一人从升,至殿门外,跪。礼部尚书传命慰问,贡使各以其国语对,通事译言,礼宾司部尚书代奏。礼毕,引出。三是"优礼",较隆重,"议政大臣、内大臣、八旗大臣咸补服入殿侍立,礼部尚书引各国贡使至丹墀西,行三跪九叩礼,升右阶,入殿右门,立右翼大臣之末,赐座,贡使随众坐,一叩,坐,赐茶,跪接,坐饮,皆行一叩礼。皇帝慰问,贡使起,跪,奏对如前仪。礼毕,引出,赐食于朝房。翌日,诣午门外谢恩,如常仪"。

此外,一切赏赐,均在午门外御道左边颁给。赐宴定例两次,朝毕在礼部,为回在驿馆,均有一定礼节,由礼部堂官主持。回至入境之省城,则以司道一人为主人,再招待一次。又次,各国贡使入境后,直至出境为止,全受保护,沿途除陪送官员往返同行之外,各省均派营汛士兵防卫,按境接替,留住京城期间,戒备尤严,保护而兼监视,主要不许与官民发生直接接触,贡使实际上失去了行动自由。常朝各国较放心,远在欧洲各国最严。

防范禁令主要为"贡使入境及贡道所经各定地界,不由正道越行各省者,禁。私买违制服色、史书、兵器、钢铁、油麻、焰硝及带内地人口、米谷出境者,禁。……封疆文武官,不因公事通文书于外国者,禁。奉使出疆多受馈遗,往来迎送,私索土宜者,禁。有干禁令者,论如法"。

由于贡道的指定,故往返均由各地督抚、将军(朝鲜入境及入京)与兵部(由京回程)填给勘合或路引,作为通行凭证。

传送与护送的文武官员,至光绪朝(1875—1908)职位渐高。

清朝对"属国"的敕封构成"各国朝贡"关系的另一方面。

朝贡诸国遇有嗣位者,先遣使请命于(清)朝廷,然后予以敕封(见《会典》),始受封时,必赐予印信。当明清之际,如琉球贡使于明末抵闽,因战事暂留未回。顺治三年(1646)清兵南下后才被送京。但因明授之印敕尚未缴还,即被遣回。六年(1649)再来,缴还明所授之印敕,重行奉表归诚,乃正式另给印敕。若安南(于嘉庆七年,1802)改国名为越南时,亦须缴还旧印,重给新印,此为清对属国获得宗主国许可之必要手续,而属国及其国王是否合法,亦以"天朝"(指清王朝)所给之印敕为断。

敕封方式可分为派遣与不派遣(原使带回)两种,即朝鲜、安南、琉球,钦命正副使奉敕往封;其他诸国以敕授来使赍回,而遣纳贡谢恩(三国之与众不同,沿于明之成例)。

派使之情形:朝鲜国王、王妃与王同封,长子则请封世子,皆三品以上官充正副使,服色仪从,各从其品。安南、琉球,以翰林院、科道、礼部五品以下官充正副使,持赐一品麒麟服,以重其行;仪从皆视一品。使归,还其服于所司。

各国使臣奉诏敕入该国境,国王遣陪臣恭迎诏敕龙亭,行三跪九叩礼,见正副使行一跪三叩礼,诏敕及颁赐器帑,奉诏于使馆。届宣读诏敕之期,国王率陪臣至馆,肃迎诏敕升殿,国王率陪臣行三跪九叩礼,兴,乃跪受诏敕,宣读毕,行礼如初。

所授诏敕,例于宣读后仍由使臣带回,送还内阁保存。只有一例外,即琉球历次诏敕均请留存其国。不派使者,由其国使臣在午门恭领印敕,自行带回。返则国王恭迎如仪。外国贺表,如朝鲜、琉球所用印,皆朱描,满汉文并列。度当时未颁印,或在京造办,仓猝不及用印也。

廓尔喀,向例五年入京一次。曾见其表文,词虽鄙陋,意殊恭谨。表云:"廓尔喀额尔德尼王毕热提毕毕噶尔玛生写热曾噶扒哈都热萨哈九叩跪奏:'如天覆育,如日月照临,抚育国,寿如须弥山,坚固至大至寿文殊菩萨大皇帝宝座前,恭请圣安……从前小臣部落凡遇事件,皆系禀由驻藏二位大人代为转奏,今仍禀请二位大人念廓尔喀离京遥远,不知天朝规矩,并念小臣诚心向化,详细情节代为奏明。'……现在小臣年幼,办事恐有错误,将小臣视同奴隶一般,恩施宽待……为此于光绪十二年(1886)七月初五日自阳布城九叩跪奏。"

岁朝上宴诸藩于紫光阁,郎官领各式各国使臣自阳泽门入,宴于阶次。

光绪辛卯(十七年,1891)正月二十五日,皇上御紫光阁(太液池西岸),各国使臣觐见。嗣有请觐者,皆御承光殿见之。甲午(光绪二十年,1894)又改御文华殿受觐。戊戌(光绪二十四年,1898)八月,皇太后(慈禧太后)训政后,或御仪殿,或御勤政殿觐见,候旨钦定。保和殿则筵宴外藩,莅之。

法华寺在豹房胡同,其巨为东城诸刹冠。咸丰庚申(十年,1860)之役,王大臣于此设巡防处,凡数月,和议既定,诸大臣于此延见洋人,是为京师交涉之始。

凡燕外藩之礼岁除及正月十五日,赐外藩蒙古宴奏请钦命进酒大臣,内管领备筵九十席,宴于保和殿及正大光明殿。届时鸿胪寺、理藩院引蒙古王公、台吉入,领侍卫内大臣序王公班次,八旗一、二品,武职亦预焉。

每年终,诸藩王、贝勒更番入朝。上于除夕日宴于保和殿,一、二品武臣咸侍座。新岁后三日宴于紫光阁,上元日宴于正大光明殿,一品文武大臣皆入座。

道光二十年(1840)十二月甲申谕御前大臣管武备院事定郡王载铨,嗣后每年十二月二十三日著在中正殿西厂子支搭蒙古包,预备筵宴。

乾隆初,定制,于上元前后五日,观烟火于西苑西南门内之山高水长楼,楼凡五楹,不加丹垩,前平圃数顷,地甚爽垲。是日申刻内务府司员设御座于楼门外,凡宗室、外藩、王、贝勒、公等及一品武臣、南书房、上书房、军机大臣以及外国使臣等,咸分翼入座。圃前设火橱棚,外园以乐栏。上命放瓶花火树崩湃,插入云霄,洵异观也。上命放烟火,火绳纷绕,岩如飞电。俄闻万爆齐作,雷震天,逾刻乃已。

御河西岸尽南,名达子馆,蒙古年例入都所居,堆土货于此贸迁焉,买肆栉比。凡皮物、毳物、野物、山物、茸物、酪物,列于广场之中,而博易焉。冬来春去,古之雁臣也,此为里馆,安定门外为外馆。更为钜于此。

西黄寺之东,为蒙古外馆,市廛栉比,屋瓦鳞次,充街隘巷,只见明驼列肆,连箱唯陈服匿,而居人除蒙古外,皆买人(指汉族商人)也,殷殷闠闠,有如素封矣。

朝贡各国之外,另有市易各国一项,许其在规定地点和条件下通商,对其来人(通商之人)则仍称为"贡使"。

凡市易各国贡使入境,其舟车附载货物,许与内地商民交易,或就边省售于商行,或携至京师市于馆舍。所过关津,皆免其征。帝俄(即沙俄)可以入京贸易,其他"属国贡使"人附载货物亦同。各国贡使附载方物,自出大力,携至京师,于颁赏后于会同馆开市,或三日,或五日,唯朝鲜、琉球,不拘限期。

这里明说开市乃在颁赏之后,足见必是朝贡之国的附载方物通商活动。否则,只能在边地或规定处所交易。

单纯的通商活动,即指"夷商"(各国商人)之来华交易,包括"属国"(凡承认中国为宗主国之各国)与外国商者,若夷商自以货物来中国内地交易者,朝鲜(包括今韩国在内)于盛京(今沈阳市内城)边界中江,每岁春秋两市,会宁一市、庆源间岁一市,以礼部通官两人,宁古塔笔帖式、骁骑校各一人,监视之,限20日毕市。海外诸国(如英、法等国)于广东省城(即广州)每夏来潮(即潮州)至省,及冬候风回国,均输税于有司,与内地商民同。

由此可见,其单纯前来通商之国,仍被纳入朝贡关系之内,不许可另有对等的互市关系存在。唯对海外各国无法强服时,则视为"化外"之邦,拒不予通。如果要求互市,则须严格遵守种种限制,凡有接触,须按"属国"的体制处理。这种不以平等相待的原则不能更易,偶有不合,即行停止贸易关系。在清政府看来,通商是附属的,即有若干税收,也不值得计较,主要乃在于维持其"天朝体制"。

咸丰十年(岁在庚申,1860年)设抚夷局于嘉兴寺,奏准于内阁部院军机处各司员章京内满、汉各挑取八员,轮班入值,一切俱所照军机处办理。又奏准司员轮班办事,以五日为一班,满、汉各四员到班,每一日派一员在宿。又奏准于司员16人内,择满、汉各二员为总办,再择二员作为帮办,办理折奏照会、文移等事。其机密要件,内阁各员缮写;关税事件,由户部司员经理;各站驿处事件,由兵部司员经理(见《总理衙门会典底稿》。按此条不载《光绪会典事例》)。局设未久,即改总理衙门。按《大清会典事例》卷一二三〇案上有"咸丰十年设抚局于地安门外之嘉兴寺"一词,抚局即抚夷局之简称,则知抚局实为总理衙门之前身也。

按邓文如(之诚)师所著《骨董琐记全编·骨董三记》卷三(生活·读书·新知三联书店，1955年，第507页)有"抚夷局"一条，依《会典》底稿断定"总署"系由"抚夷局"改组而成。锺翰著《清史杂考·附录二》(人民出版社，1957年，第282页)内所附意见亦同。依锺翰判断，根据有关资料记载，当时并未设立这样一个正式机构。又据钱实甫所著《清代的外交机关》(生活·读书·新知三联书店，1959年，第199页)注同。

今查钱实甫《清代的外交机关》第31—32页有云：

一、入关前，清已兼并内蒙古各部与强服朝鲜王国，初尚属于盟会关系的兄弟之邦，后则降居朝贡关系的臣服地位。由于具体情况不同，清对两者的统治方式亦不一致。内蒙古成为清帝国组成的单位之一，是不同于行省的"藩部"，特设理藩院管理之。朝鲜一如过去明帝国的旧例，列于受册封的"属国"，而由礼部管理。

二、入关后，清代明，受理藩院管理的"藩部"均在版图之内。此外，又强服若干外来民族而成为"属国"，某些原属明帝国的"属国"和曾有通商关系的"外国"族，亦恢复朝贡关系或互市关系，又与帝俄接触，已经划界，并许其来华贸易。

三、许多北方和西方的"属国"，因与一些藩部相邻近，社会情况复有相似之处，故其有关事务亦均由理藩院管理(帝俄亦以属国相待，误置于理藩院之下)。而南方的一些朝贡之国与海外通商各国，清沿明旧，仍由礼部管理。于是对外机构，即有理藩院和礼部两个衙门不复分"属国"或"外国"，均统一合并处理。

四、清帝国和属国之间的关系，是通过尊卑不同的礼仪来表现的,这种"天国体制"的维持,亦同时一般地对待各个"外国"。

按宗主国与附属国之关系,一般是外藩之下为藩属,藩属之下再分为藩部与属国,其他则均为外国。

# 嘉庆中衰与白莲教起义

## 嘉庆处置和珅

乾隆帝于嘉庆丙辰(1796)元旦,亲授十五子永琰为皇帝,自称太上皇;以遂最初登位祷告上天,临朝听政不过60年,不超过乃祖康熙在位60年之数,但传位之后,仍日亲训政。

嘉庆四年正月初二日(1799年2月6日),太上皇乾隆帝弘历在乾清宫尽管安然无恙,毕竟年事已高,和珅依然朝夕出现在太上皇的面前,充当太上皇的代言人,又要负责太上皇身体的保健工作,何况太上皇这样一位乾纲独断的帝王,喜欢报喜不报忧,以致始终"教匪即将扑灭"。早一年八月得悉四川总督勒保活捉王三槐的不真实的奏报后(王三槐是亲自到清军营投降的),误以为扫平白莲教"势同摧枯拉朽",不日即可全部扫平,而乾隆自定的十全武功是:"平准噶尔为一,定回部为一,扫金川为二,靖台湾为二,降缅甸、安南各一,即今之受廓尔喀降为二,合而为十之外又复亲见扫除氛祲,成此巨功。"

乾隆自信身体强健,不听十五子永琰与和珅力劝节劳静养。当年除夕以及元旦的朝贺大典,他都参加并接见外藩使臣,到了大年初二又提笔写下五律《望捷》。就在当天下午,太上皇的病情急剧恶化,任何汤剂均无济于事,傍晚已经大渐,临御64年的乾隆昏迷不省人事,终结中国封建社会的最后一个王朝的康乾盛世（一百二十多年）也因之而寿终正寝。

在乾隆去世的当天颁布了太上皇遗诰。据传说这份遗诰出自和珅一人之手，而和珅作为乾隆晚年政策的执行者，对乾隆近六十四年施政所建立的丰功伟绩和成就进行全面总结，是最合适的人选。乾隆遗诰的主要内容如下：

> 朕惟帝王诞膺天命，享祚久长，必有小心昭事之诚，与天地无间。然后厥德不回，永绥多福。是以兢兢业业，无怠无荒，一日履乎帝位，即思一日享乎天心。诚知夫持盈保泰之难，而慎终如始之不易易也。朕仰荷上苍鸿佑，列圣贻谋，爰自冲龄，即蒙皇祖（康熙玄烨）钟爱非常，皇考慎选元良，付畀神器。即位以来，日慎一日，当重熙累洽之期，不敢存豫大丰亨之见，敬思人主之德，惟在敬天、法祖、勤政、爱民。而此数事者，非知之艰，行之维艰，数十年来严恭寅畏，弗懈益虔。每遇郊坛大祀，躬亲展恪，备极精禋，不以年齿日高，稍自暇豫。中间四诣盛京，恭谒祖陵，永惟创业之艰，益切守成之惧。万几躬揽，宵旰忘疲，引对臣僚，批答奏章，从无虚日。各省雨旸丰歉，刻萦怀抱，凡六巡江浙，相度河工、海塘，轸念民依，如保赤子。普免天下钱粮者五，漕粮者三，积欠者再，间遇水旱偏灾，蠲赈频施，不下亿万万，惟期藏富于民，治臻上理。仰赖天祖眷贻，海宇升平，版图式扩，平定伊犁、回部、大小金川，缅甸来宾，安南臣服，以及底定廓尔喀，梯航所至，稽首输忱，其自作不靖者，悉就殄灭。凡此肤功之叠奏，皆不得已而用兵，而在位日久，经事日多，祗惧之心因以日切，初不敢谓已治已安，稍涉满假也……训政

以来,犹日孜孜,于兹又逾三年,近因剿捕川省教匪,筹算勤劳,日殷盼捷,已将起事首逆紧要各犯,骈连就获,其奔窜伙党亦可计日成擒。蒇功在即,比岁寰宇屡丰,祥和协吉,衷怀若可稍纾,而思艰图易之心,实未尝一刻弛也……

在发布乾隆遗诰的同时,嘉庆皇帝任命和珅、福长安以及其他王公大臣主持太上皇的丧葬仪式,而且以和珅居于首位。这一切安排的确给人一种一切都按照太上皇生前意志安排的假象,但只过一天就风云突变,在遗诰颁布的第三天即正月初四日,嘉庆下达一份措辞严厉的谕旨,对三年来亦即太上皇主持大政的三年期间所存在的问题予以揭露。

兹录如下:"我皇考(即乾隆帝弘历)临御六十年,天威远震,武功十全,凡出师征讨,即荒徼部落无不立奏荡平。若内地乱民,如王伦、田五等,偶作不靖,不过数月之间,即就殄灭。从未有经历数年之久,糜饷至数千万两之多,而尚未蒇功者。太上皇之在位,英明仁慈,对于群臣,恩德并施,非仅本朝感戴,即远居外域荒芜蛮邦,亦莫不恩沐雨露,而欢欣称颂也。但太上皇遐龄既高,仁慈益甚,如文臣将士,稍著绩立与封赏。即偶或兵败失机,亦不重惩,惟去职留任而已。设能戴罪立功,则前咎且不问,仍与复职,并加优奖,足证太上皇仁慈,待遇臣僚之恩洪惠深,可谓至极!讵内外文武,不能体上皇帝(太上皇)之怀柔,反通同作弊,出征之师以负言胜,略一挫敌,则历陈功绩,冀膺上赏,其心已不可问,而况丧师辱国,罪岂尚可言乎?久之内外蒙蔽,上下欺隐,匪乱屡作,殃及良民,武政之废,将士骄惰,有太上皇近臣(指和珅)为之缓颊,日复一日,几乎朝廷之法律犹同儿戏,长此以往,国体何在?威信奚在?且查历年兵部军饷一项,动辄巨万,究之事实,则执政者从而吞没,辗转盘索(显然是指和珅),迨及士卒,只十分之一二。则国家坐耗巨饷,非养兵也,乃为权臣(指和珅无疑)谋耳。试问兵奚能强?战焉可克?盖国之强弱,与武政相关,甚为重要,今疏忽如此,后将何堪?是以特着各部院大臣着实查办,以修武政而安天下。"

与此同时,嘉庆帝(永琰)还下令免去和珅的军机大臣及九门提督,令其与福长安昼夜守候在停放着太上皇灵柩的殡殿,不得擅自离开,以守灵为名将和珅与福长安软禁起来。太上皇尸骨未寒,嘉庆帝即迫不及待要拿和珅开刀。据当时民谣:"宰了和珅,肥了嘉庆皇帝。"打倒和珅,就是真正进入到嘉庆时期的一个最明显的标志。

嘉庆帝在即位之初,曾撰写过《唐代宗论》一文,显然是有感而发。唐代宗李豫是唐肃宗李灵武之子,曾以暗杀的办法处死李辅国(暗指和珅)。所以嘉庆帝很快公布了和珅二十大罪状,将和珅革职拿问。

嘉庆四年正月十六日,嘉庆帝在所颁发的上谕中,公布和珅二十大罪状:"乾隆六十年(1795)九月初三日,蒙皇考册封皇太子,尚未宣布谕旨,而和珅于初二日即在朕前先递如意,漏泄机密,居然以拥戴为功,其大罪一;上年正月,皇考在圆明园召见和珅,伊竟骑马直进中左门,过正大光明殿,至寿山口,无父无君,莫此为甚,其大罪二;又因腿疾,乘坐椅轿抬入大内,肩舆出入神武门,众目共睹,毫无忌惮,其大罪三;并将出宫女子取为次妻,罔顾廉耻,其大罪四;自剿办川楚教匪以来,皇考盼望军书,刻紫宵旰,乃和珅于各路军营递到奏报,任意延搁,有心欺蔽,以致军务日久未竣,其大罪五;皇考圣躬不豫时,和珅毫无忧戚,每进见后,出向外廷人员叙说,谈笑如常,丧心病狂,其大罪六;昨冬皇考力疾披章,批谕字画间有未真之处,和珅胆敢口称'不如撕去',竟另行拟旨,其大罪七;前奉皇考谕旨,令伊管理吏部、刑部事务,嗣因军需销算,伊系熟手,是以又谕令兼理户部题奏报销事件,伊竟将户部事务一人把持,变更成例,不许部臣参议一字,其大罪八;上年十二月内,奎舒奏报循化、贵德二厅贼番聚众千余,抢夺达赖喇嘛、商人牛只,杀伤二命,在青海肆劫一案,和珅竟将原奏驳回,隐匿不办,全不以边务为事,其大罪九;皇考升遐后,朕谕令蒙古王公未出痘者不必来京,和珅不遵谕旨,令已未出痘者俱不必来京,全不顾国家抚绥外藩之意,其居心实不可问,其大罪十;大学士苏凌阿两耳重听,衰惫难堪,因系伊弟和琳姻亲,竟隐匿不奏,侍郎吴省兰、李潢,太仆寺卿李光云皆曾在伊家教读,并保列卿阶,兼任学政,其大罪十一;军机处记名人员,和珅任意撤去,种种专擅,不可枚举,其大罪十二;将和珅家产查抄,所盖楠木房屋,僭侈逾制,其多宝阁及隔段式样皆仿照宁寿宫制度,其园寓点缀竟与圆明园、蓬岛、瑶台无异,不知是何肺肠,其大罪十三;蓟州坟茔居然设立享殿,开设隧道,附近居民有'和陵'之称,其大罪十四;家内所藏珠宝内,珍珠手串竟有二百余串,较之大内多至数倍,并有大珠,较御用冠顶尤大,其大罪十五;又宝石顶,并非伊应戴之物,所藏真宝石顶有数十余个,而整块大宝石不计其数,且有内府所无者,其大罪十六;家内银两及衣服等件数逾千万,其大罪十七;且有夹墙藏金二万六千余两,私库藏金六千余两,地窖内并有埋藏银两百余万,其大罪十八;附近通州、蓟州地方均有当铺、钱店,查计资本又不下十余万,以首辅大臣下与小民争利,其大罪十九;伊家人刘全,不过下贱家奴,而查抄资产竟至二十余万,并有大珠珍珠手串,若非纵令需索,何得如此丰饶,其大罪二十。"

上述二十条罪状归纳起来可以为几个方面：对太上皇不恭（罪二、罪三、罪四、罪六、罪七）；擅权（罪八、罪九、罪十、罪十二）；隐匿家产，赃私累累（罪十七、罪十八）；与民争利（罪十九）；纵容家人刘全勒索（罪二十）；泄露立嫡机密，以为拥戴（罪一）；延误汇报军情（罪五）。

二十多年来，乾隆帝视和珅为心腹。对嘉庆帝来说，最难办的是要把和珅和乾隆帝分隔开来，既要投鼠又要忌器。于是他一方面将和珅的罪行公之于众，另一方面又要充分肯定太上皇的文治武功，嘉庆帝在为大行太上皇上庙号时曾对他的皇考有如下一番颂扬："我皇考大行太上皇帝御极六十年，授玺颙躬犹复日勤训政，提命谆殷，方冀日侍慈颜，期颐称庆，讵意圣躬偶有不豫，龙驭升遐，予摧裂五中，攀号莫逮，深惧无以显扬皇考崇功骏烈，以副天下臣民之望。钦惟皇考抚育万邦，法天行健，德化翔洽，六合大同，荡荡巍巍，莫名盛美。凡遇郊庙大祀，必亲必敬，昭格精诚。崇奉皇祖妣孝圣宪皇后四十二年，大孝弥隆，尊养备至。综揽万机，朝乾夕惕，爱民勤政，恺泽覃敷，普免天下钱粮者五，漕粮者三，积欠者再。咨询旸雨宵旰殷怀。偶遇水旱偏灾，蠲贷兼施，以及筑塘捍海，底绩河防，从不稍惜经费，为保卫生民之计，所发帑金不下亿万万。至于独运乾纲，整饬吏治，批览奏章，引对臣工，董戒激扬，共知廉法，礼勋旧而敦宗族，广登进而育人才。征讨不庭，则平定准部、回部，辟地二万余里，土尔扈特举部内附，征剿大小金川，擒渠献首，地列职方。余若缅甸、安南、廓尔喀，僻在荒服，戈铤所指，献赆投诚。其台湾等处偶作不靖，莫不立即歼除，此十全纪绩，武功之极于无外也。而且圣哲多能，聪明天纵，文阐六经之奥旨，诗开百代之正宗，巨制鸿篇，以及几余游览，莫不原本经训，系念民生。圣制诗文全集之富,尤为度越百家。又开四库以网罗载籍,刊石经以嘉惠士林,集石鼓之遗文,复辟雍之古制,精研六律,纂辑群编,此圣学渊深,文德之昭于千古也。"

嘉庆帝还把和珅长期得到乾隆帝重用的责任,归之于臣下不能及时对和珅进行弹劾。他在正月十一日论及和珅罪行时,有如下一段妙论:

> 和珅如此丧心昧良,目无君上,贻误军国重务,弄权舞弊,僭妄不法,而贪婪无厌,蠹国肥家,犹其罪之小者,实属辜负皇考厚恩。设数年来,廷臣中有能及早参奏,必蒙圣断,立置重典。而竟无一人奏及者,内外诸臣自以皇考圣寿日高,不敢烦劳圣心,实则畏惧和珅,钳口结舌,皆朕所深知。

嘉庆帝此论实在难以自圆其说,乾隆五十一年(1786)陕西道御史曹锡宝参奏和珅家奴刘全"服用奢侈",车马宅第违制,并明确指出:"苟非侵冒主财,克扣欺隐,或借主人名目,招摇撞骗,焉能如此!"曹锡宝之疏的矛头已然是指向和珅,由于乾隆帝的庇护,和珅依然位极人臣,他的仆人刘全也依然在外招摇,受到革职留任处分的恰恰是进言者曹锡宝本人,而所谓"圣断"的恰恰是指乾隆帝本人。此案发生时嘉庆帝已过而立之年,不该健忘至此,更何况嘉庆帝在诛和珅之后,还特意对这位唯一敢于举劾和珅的人进行表彰呢。显而易见,不是无人弹劾过和珅,而是乾隆帝根本听不进弹劾和珅的逆耳之言!

被嘉庆帝列为和珅党羽的官员有福长安、和琳、伊江阿、苏凌阿、吴省钦、吴省兰、李璜、李光云等,而从严处置的只有福长安、和琳、伊江阿。

和珅党羽中最重要的是福长安。在乾隆帝逝世后福长安与和珅一样被任命为治丧的主要人员,而且同和珅一起被软禁在大行太上皇的停柩之殿,一块锒铛入狱,真称得上是一对政治上的难兄难弟(按辈分,和珅是太上皇的儿女亲家,福长安是太上皇的内侄。如果按和珅、福长安与太上皇的亲属关系来说,和珅比福长安还长了一辈)。

嘉庆帝在颁布和珅二十大罪状的同时,也在上谕中提及福长安:"至福长安,祖父叔侄兄弟世受厚恩,尤非他人可比。其在军机处行走,与和珅朝夕聚处,凡和珅贪黩营私,种种不法罪款知之最悉。伊受皇考重恩,常有独对之时,若果将和珅纵恣貌玩各款,据实直陈,较之他人举劾,尤为确凿有据。皇考必将和珅从重治罪正法,如从前办讷亲之案,何尝稍有宽纵,岂尚任其贻误军国要务一至于此!即谓皇考高年,不敢仰烦圣虑,亦应在朕前据实直陈,乃三年中,并未将和珅罪迹奏及,朕断不肯将伊一并革职拿问。现在抄出伊家资物,虽不及和珅之金银珠宝数逾千万,但已非伊家之所应有,其贪黩昧良仅居和珅之次。"

嘉庆帝指责福长安未向他揭发和珅罪行,并非全无道理,但有一点需要指出的是,在乾隆训政的三年(1796—1798),嘉庆帝尊称和珅为相公,凡有事向太上皇奏报,都要请和珅代转。当嘉庆帝身边的人对这一做法有异议时,嘉庆帝还解释道:"朕方依赖相公治理国事,哪能轻视薄待他呢!"嘉庆帝表面上尊重和珅是出于韬晦,实际上是尊重太上皇,做给太上皇看的,福长安又焉能悟出其中的深层次的奥妙来?

和琳身为和珅胞弟虽已去世三年,亦被革掉公爵,从配享的太庙中撤出牌位。在嘉庆帝看来,和琳罪状主要有两点:一是

"听受和珅指使","参奏福康安木植一案","为倾陷福康安之计";二是"和琳同福康安剿办湖南苗匪,亦因和琳从中掣肘,以至福康安及身未能办竣,是和琳于苗匪一案有罪无功"。

山东巡抚伊江阿之所以被嘉庆帝点名,系因其得悉太上皇龙驭上宾,致书和珅"惟谆劝和珅节哀",并未在给皇帝的请安折中予以"慰唁",只是"将寻常地方事件陈奏"。对于伊江阿违背"慰唁人子为重"的反常做法,嘉庆帝大为恼火,在正月十三日下达的上谕中加以痛斥道:"伊江阿身为满洲,现任巡抚,又系大学士永贵之子,且曾在军机处行走,非不晓事者可比,乃竟如此心存膜视,转于和珅慰问殷勤,可见伊江阿平日不知有皇考,今日复不知有朕,惟知有和珅一人,负恩昧良,莫此为甚!"伊江阿终因此被革职。

嘉庆帝在处决和珅的第二天,即发布上谕,明确表示"此案业经办结",鉴于"和珅所管衙门本多,由其保举升擢者自必不少,而外省官员奔走和珅门下逢迎馈赂者皆所不免,若一一根究,连及多人,亦非罚不及众之义"。嘉庆帝再次重申,"朕所以重治和珅之罪者,实为其贻误军国重务,而种种贪黩营私犹为其罪之小者,是以立即办理,刻不容贷","不肯别有株连,惟在儆戒将来,不复追究既往,凡大小臣工无庸心存疑惧"。因而对于上谕中点名的吴省兰、苏凌阿、李潢、李光云等也都网开一面。

在这里尤需一提的是吴省钦、吴省兰兄弟。吴省钦即把曹锡宝疏劾刘全一事向和珅告密者,吴省兰系其弟。吴氏兄弟早就科举及第,又以文采出众闻名,吴省兰从乾隆二十八年(1763)起在咸安宫官学任教习,曾是和珅的老师。孰料在发迹之后,吴氏兄弟反而向和珅执弟子礼。嘉庆四年(1799)吴省钦已任都察院左都御史,位居台长,和珅被逮,"伊自揣系和珅私人""恐被人列款弹劾""抢先奏请致仕回籍,皇帝怒其避重就轻""著即照部议革职回籍"。

吴省兰曾仕翰林院侍讲、礼部侍郎、浙江学政等职,还长期兼记注官及南书房行走。嘉庆帝嗣位后,和珅推荐吴省兰为誊录御制诗,以便能及时了解新君的喜怒。早已洞悉和珅用心的嘉庆帝则颇为谨慎,仅写一些祈祷风调雨顺、追述列祖列宗功业以及平定白莲教的诗,使得和珅根本无法了解嘉庆帝的真实想法。吴省兰在和珅案发前已经担任浙江学政,念及他在案发前在浙江任内并无劣迹,只免去学政,降为编修。至于"两耳重听"的苏凌阿与正患痰疾的李光云俱令以原品致仕。嘉庆帝之所以以快刀斩乱麻的方式了结和珅一案,主要还是为了集中全力对付方兴未艾的白莲教起义。

## 社会危机加深

马戛尔尼曾觐访过乾隆皇帝,说:"清帝国好比一艘破烂不堪的头等战舰,它之所以在过去一百五十年中没有沉没,仅仅是由一班幸运的能干而警觉的军官们的支撑。而它胜过其邻船的地方,只在它的体积和外表。但是一旦一个没有才干的人在甲板上指挥,那就不会有纪律和安全了。"

平心而论,马戛尔尼所得出的结论是符合实际的,大清帝国的疆域不仅在当时亚洲,就是在全世界范围内也是数一数二的。而且在近一百四十年的时期里,"在甲板上指挥"的康熙、雍正、乾隆都是雄才大略的君主,因而使得已经处于封建社会晚期的大清帝国依旧保持着昔日的雄姿,放射出耀眼的光辉。一个不容忽视的事实是,大清帝国毕竟进入老态垂暮之期,从政治到经济以及各个方面都已开始步入恶性循环之中。

本来由英帝国朝廷派遣马戛尔尼使团借乾隆七十大寿奔承德避暑山庄祝寿之际,打开中英通商之路,由于法国天主教徒从中作梗,以致中国闭关自守,未能踏上早期资本主义道路,终致英法两次鸦片战争之后,才打开中国闭关自守的大门,以致延缓了中国百年之久才通向早期资本主义的道路。

作为中国当时国民经济支柱的农业,依旧处于"男耕女织"自然经济汪洋大海的包围之中。截至乾隆时期,除江南一些商品经济发达的地区外,农民生产的粮食、棉、茶主要满足自身的需要,所谓"男耕女织"即是对这种自给自足经营方式的最形象的描绘。乾隆的祖父康熙曾令在钦天监担任过官吏的画家焦秉贞,仿照南宋初年楼寿所绘《耕织图》的摹本,再作《耕织图》,雕版刊行,直至乾隆年间仍很流行。

中国的封建社会是建立在自然经济的基础上的,就其所有制形式来看,则是封建土地所有制以及作为封建土地所有制重要补充的小农私有。由于封建地主阶级享有政治经济的特权,又千方百计逃避赋役,小农就成为封建王朝纳税的主体。为了维护封建王朝的长治久安,历代封建统治者都竭力稳定小农田产。自从孟老夫子(即孟轲,一般简称孟子)提出"无恒产,因无恒心;苟无恒心,放辟邪侈,无不为已"的观点以来,限制土地兼并,使小农保有一份"仰足以事父母,俯足以畜妻子"的恒产,就成为历代君主的一个永恒的话题。迨至乾隆时期,土地兼并已日趋严重,而人口激增使得土地问题愈发尖锐。为了解决无地少地农民的生计,乾隆一方面鼓励各省开垦山头边角畸零之地,另一方面对自康熙年间即已出现的自发性地向东北、内蒙古、台湾移民拓殖的做法予以默许。无地农民向边疆的流动,缓和了土地兼并及人口激增所造成的土地危机,然而自耕农数量的大量增加也必然给自然经济注入活力,使其进一步充实。

以农为本,以商为末,这是中国两千多年封建社会的传统政策。在一个有着两三亿人口的大国,要解决吃饭问题就离不开农业。华北地区旱情严重,为此乾隆传谕地方官推广自古相传下来的凿井灌溉、耦耕及区田之法,依然按照以前旱田的标准征税,不会因实施井灌而增税。清朝统治者对这种传统的农业是极力保护的。

乾隆中期,金川两次用兵,西域(新疆地区)荡平,伊犁屯田,平定台湾,用兵后藏,以及嘉庆初年川楚白莲教起义等等,军费开销,淮、浙、广东各商所捐,自数十百万以至八百万,通计不下三千万。如果加上彻底平定白莲教之役,似乎不限于此一数目之内,再加上乾隆六次南巡及皇太后、皇帝诞辰,以及为迎接乾隆南巡,两淮盐商在扬州大建楼台殿阁,布置行宫等等,商人的经济实力自然受到很大程度的削弱。

早在康熙收复台湾解除海禁之后,就明文限制海外贸易的规模,船只的载重量不得超过 500 石,不许出口火药、炮械、硝磺、粮食、铁器、马匹、书籍等物品。商船屡屡遭到海盗的劫掠,致使清代的海外贸易日益萎缩,当时中国的茶叶、丝织品在海外有着极好的销路,但由于只有一口通商,就很难去占领辽阔的海外市场。

早在明代中叶(16世纪中叶),资本主义萌芽就已在东南沿海江浙一带出现,直到乾隆统治时期,全国人口激增到突破两亿。康熙时期社会财富的积累也的确使得大地主、大官僚、大商人手中握有巨资。其中大多数货币持有者经营当铺,放高利贷,不用于手工业与矿业投资,不用于扩大再生产,致使手工业矿业的投资规模很难有大的改观;流动于城乡的无地农民未能成为雇佣劳动者,大部分流向边疆地区与海外。

社会危机正在不断加深。在乾隆逝世以后仅44年,以英国为首的西方列强就发动鸦片战争,用武力打开了中国的大门,使中国的社会性质从古老的封建帝国变为半封建半殖民地的生产落后国家。中西差距扩大,落后国家就要处处挨打。

鸦片具有止泻、镇痛等功能,但长期服用就会上瘾。明代正德(1506—1521)年间,鸦片作为药材正式输入;入清以后,吸鸦片者有增无减。在清初已出现专门的鸦片烟馆,商贾多以此牟利。尤其在清朝,贵胄与八旗子弟、各级官员中都有不少人成为鸦片瘾君子,甚至连宫中的太监也偷吃鸦片烟,历事乾隆、嘉庆、道光三朝的大太监张进福吸鸦片长达三十多年;又如大学士、军机大臣(真宰相)和珅亦吸鸦片长达二十多年,在和珅的影响下,不少太监也都吸鸦片了。吸烟容易戒烟难。许多人"明知其害,不能绝也",一旦不吸则不可复救。须知一人吸烟败家荡产,其害犹轻;鸦片盛产于印度,英帝国主义者贩运至中国,至乾隆中叶,由于鸦片走私,白银外流导致银价回升,一两白银能换铜钱一千三四百文,银价上涨,使得百姓在交纳钱粮过程中为折银而负担加重。最重要的是白银外流造成国内货币流通量的减少,使得已经处于停滞的经济更加陷入困境。

更为严重的是一些秘密组织例如天地会、龙华会等已经走上武装对抗官府的道路。其中乾隆十二年,福建老官斋暴动,设立元帅、总帅、总兵、副将、游击、守备、千总各名目;逾年又假托神忏,各持刀枪器械,于郡城对河大洲地方纵火,焚烧民房,入城劫狱。乾隆皇帝立即传谕浙闽总督对肇事者不分首从,严惩不贷。

此后二十多年，乾隆皇帝对秘密结社、秘密宗教采取更为严厉的镇压措施。于乾隆二十一年（1756）下令取缔龙华会，将创办者张仁、王五钧正法。两年后又将王五钧之徒孙士信、任洪钧、徐佩等拿获。

乾隆三十五年乾隆帝下令取缔八卦教，教首刘省过、刘省衍、孔万林、张伯、王中、郜大、郜二、郜三等俱被逮杀。八卦教首刘佐臣本白莲教头目，在白莲教被取缔后，于康熙初年倡立五荤道收元教，编造《女传道》等邪书，分八卦收徒敛钱，划分传教区，各卦设卦长一人，自行传教。康熙五十八年（1719），刘佐臣之子刘儒汉（已捐官）因教案牵连被逮入狱；乾隆十三年（1748），刘儒汉之徒韩德荣在山西传教被捕，已捐得州同衔的刘恪被押往山西。此后刘氏家族便将五荤道收元教更名为八卦教，民间称之为"空子教"（即孔子教）、天理教、圣贤教。迨至三十七年（1772），八卦教遭到查禁，教首刘省过、省衍兄弟以及离卦、坎卦、震卦的首领都被清廷逮诛。

此外，得以逃脱的八卦教首领一方面继续收徒传教，一方面准备进行武装反抗。乾隆五十一年（1786）七月十四日，在教徒段文经的领导下，在直隶（今河北省）大名县，发动暴动。段文经系关押在狱的刘长洪（刘省过之子）的门徒，段文经每年都要将从教徒们那里收来的银钱送给在狱中的刘长洪，供其开销。由于大名县的一些教徒被官府抓获，段文经等遂秘密串通教徒"包头持械"，直赴道府将大名府道台处死，并砍死其家人等八名，砍伤八名；并进入大名县署，砍死其家人一名、更夫数名；又进原城县署，砍死刑书数名。

这次暴动虽然很快被扑灭，但暴动组织者段文经等却已逃脱。而乾隆帝一再传谕直隶、山东、河南、陕西、湖广（即湖南、湖北)等省督抚设法捕拿归案,水陆交通要道亦要暗中擒拿。然而段文经等首领就好像鬼使神差一下钻进深渊,无论怎样也查不出任何蛛丝马迹来。

清水教本白莲教的一支,声称"饮水一瓯(杯或盆),可四十九日不食,因名其教为清水"。据史载,王伦是山东阳谷人,"多力有拳勇,尝为县役,因事被斥责,无以为生,遂抄缀中医成方、验方之书,为人治病(痛疡)颇验"。乾隆十六年(1751),王伦入清水教,便以行医作为传教的手段。他在给人看病时,择"男妇之精悍者,不受值,均感其德,愿为其义儿义女,以报德"。王伦的义女乌三娘原本是个走江湖的艺人,武艺高强,"尝患疡,遇王伦治之而愈,不受值,且助以资,三娘感其惠,愿为义女","遂依于其家"。王伦的义子杨累、李旺,也都精通武术,为当时之冠。经过二十多年的传教,王伦吸收了一大批骨干,除乌三娘、杨累、李旺以外,尚有颇通"天文谶纬"的和尚范伟、"勇挚凶悍"的孟灿,绰号"虎爪"的颜六、"一日能行三百里"的李三,以及"手舞双刀"的被尊为"五圣娘娘"的王里氏(王伦之嫂)。

王伦的家境在小康之上,清廷在查抄其家产时,共得土地155亩,折银924两;屋房与土房共15间,折银28两。王伦以及其他秘密宗教的首领并非饥寒交迫之辈,他们是"处在清政府和农民阶级之间的夹缝之中的一种特殊的社会集团"。在教徒面前,他们以神自居,教徒所交纳的根基钱源源不断流入他们的腰包,既富有又被人奉若神明。但一旦回到世俗社会,他们就要受到清政府的种种钳制,即使俯首帖耳,唯命是从,仍难免要落得受取缔、被囚禁、被正法的下场。八卦教创始人刘佐臣的后裔曾经三次捐官,可是其家族成员,包括已经为官的刘儒汉、刘恪、刘省过在内,无一人逃脱教案的牵连,无一人能逃脱银铛入狱。

因而秘密宗教的首领,已经把改变命运的希望,寄托在"换乾坤,换世界"的社会巨变之中。

从乾隆三十九年春,王伦即准备起义,把各地的教徒集中到东昌、兖州训练刀枪棍棒。这年五月,清水教主招聚训练的消息不胫而走,寿张县知县沈齐义立即移文阳谷县协擒。王伦只得先发起义,于八月底召集门徒在县衙门前演戏,等到戏散之后,看戏的数千人冲入衙门"劫库放囚",势不可挡,知县沈齐义被活捉,成为义军祭旗的牺牲品。王伦一举拿下临清旧城,进逼新城,致使漕运因之中断。王伦之变,经过乾隆帝一番调兵遣将,于是年九月底,收复了临清旧城。但因王伦的生死不明,在乾隆帝的心目中,下落不明的王伦依旧是一个严峻的威胁。于是他对秘密宗教采取更为严厉的防范和镇压措施,以求"除恶务尽,不遗后患"。

乾隆四十年四月,乾隆帝谕令河南巡抚徐绩从严查办"混元教"。混元教始于乾隆三十九年,教首樊明德系河南鹿邑县人,原本"务农度日",那年年初身患重病,他的好友余成明"言及杨集与人治病,颇有效验。樊明德遂托余成明延请杨集至家,医治而愈。樊明德遂往杨集家拜谢,从此交好,往来甚密。杨集传给樊明德《混元点化书》并《太子问道经》各一本、《请神疏头》一纸,指为仙人所传留,令他每晚烧香,先念《疏头》,默诵姓名,后念《问道经》,可以获福消灾,死后不入地狱"。樊明德接受,习经念疏,遂立志倡立混元教名。

鉴于混元教点化经中有"换乾坤""换世界"等煽动性语言,经乾隆帝批准,将樊明德凌迟处死;樊明德之兄弟亲属等或正法或流徙共一百数十人。乾隆帝的干预,导致对秘密宗教、秘密会党采取更为严厉的镇压措施:一是促使乾隆帝豁免山东各州县的积欠,以便让老百姓感念朝廷的大恩大德,不被邪教首领的小恩小德所收买;二是给山东各州县留下一笔可观的亏空,尽管这笔亏空在八年后徐国泰一案中才暴露出来。

## 天地会和白莲教起义

**台湾天地会起义**　天地会是乾隆中叶在福建、广东一带建立的秘密帮会,其主要成员是肩挑贩运的个体劳动者。天地会仿照刘、关、张桃园三结义的方式结盟,盟"不愿同年同月同时生,但愿同年同月同时死",亦称之为兄弟会。天地会内部组织极为严密,会员之间要靠隐语、暗号进行联络,因而天地会成立已有几十年之久,清政府对其一无所知,直到林爽文在台湾领导的天地会起义爆发后,浙闽总督常青于乾隆五十一年(1786)十二月二十七日急奏派陆路提督任承恩领标兵1200名赴台进剿。常青启行之前一日,鹿耳门、凤山失守。正如乾隆帝朱批中所说:"岂有水陆两提督,俱远涉重洋,办一匪类,置内地于不顾之理!"

林爽文原本是个小人物,祖籍福建漳州。乾隆三十八年(1773),16岁时随父漂海来台,于乾隆时加入天地会。林爽文为人直爽,乐于救人,"得来钱银肯帮助人,因此人多服他"。这正是天地会在当地得以发展的重要原因。林爽文在起事之时,多次以顺天盟主的名义发布告示,一再强调"今据台湾皆贪官污吏,扰害生灵","文武贪污,剥民膏",所以要"顺天行道,共举义旗,剿除贪污,拯救黎民"。毋庸讳言台湾吏治败坏,上下废弛,从知府到知县,于地方事务既漫无整顿,而于库贴银两又复任意失缺。诚如赵翼所分析的:"漳、泉、潮、惠之民日众,寄籍分

《台湾风俗图》册页

党,蘗牙其间,守土官又日峻剥之,于是民益轻官吏,及其树帜械斗,动以万计,将士不得弹压,惟以虚声胁和,于是民益轻兵。"《啸亭杂录》对此也有如下描述:"会漳、泉二府之侨居者,各分气类,械斗至数万人,官吏不能弹治。水师提督公黄仕简率兵至,以虚声胁和,始解散。自是民狃于为乱,竖旗结盟,公行无忌,淡水(县)同知潘凯者方在署,忽报城外有无名尸当验,甫出城,即为人所杀,并胥吏歼焉。"

当时社会治安之乱,可见一斑。清中央政府在台湾设总兵一,驻府治;副将一,驻彰化;左营守备驻诸罗县,右营守备驻竹堑县各一名。额设陆兵(即步兵)12670名,水兵即海军2000

名,共计14670名。上述军队都从福建省内调至,每三年一换,其中不少兵丁通过行贿长官,根本不在军营,往返于台湾与福建之间从事经商活动,实际驻兵只有数千,而且难得进行军事训练,更不用说他们能应付突发事变了。

从而不难看出,酿成林爽文之变的最主要原因是移民于福建之人剧增,移民中各立会党,械斗频仍以及台湾各级衙门疏于管理。须知台湾土沃产阜,耕一余三,海外科徭简,移民的生活水平远远高于内地,居住在彰化大里代的林爽文,在经过父子两代的创业后,已积攒下一份可观的家业;响应林爽文的庄大田在凤山也是一大富户。从20名被俘的起义人员的口供中可以知道,林爽文部下大多数家产殷实,其中有四人在衙门分别担任快役、书办、粮差、帖写;另有四人或开酱园,或经营菜园,或开药铺,或充庄头。其余12人在口供中虽未谈及自己的职业,但有两人是林爽文的同族,有三人是林爽文的至交,绝非贫贱不名一文之辈。实际上,林爽文聚众为变,就是因会党之间的械斗被官府拘拿而引发的。

乾隆五十一年(1786)七月,天地会成员——诸罗县捐贡杨光勋与其弟监生杨功宽因争家产发生矛盾。杨功宽斗不过以天地会为后台的兄长杨光勋,便另立雷公会与之抗衡,便演化为天地会与雷公会之间的械斗。清朝地方官遂将械斗的双方即天地会的张烈及雷公会的杨功宽等数千人抓获,收在监狱。人数众多的天地会成员则聚众劫狱,杀死把总陈和,救出张烈,张烈便投奔林爽文于彰化大里代。这年七月二十日,彰化县知县俞峻得知林爽文窝藏在逃的张烈,便会同副将赫生额、游击耿世文等带领兵役好几百名,到离大里代六里的大墩扎营,令大里代交出张烈和林爽文。林爽文则纠集天地会成员千余人反抗官军,并于是月二十七日凌晨攻陷清军设在大墩的营地。知县、副将、游击及数百名士兵全部被歼,次日彰化县失陷。正如乾隆帝所分析的,"林爽文等滋事不法,实由该地方官养痈遗患","于作奸犯科者又不及早查办,惟知侵渔肥蠹……且林爽文恃其险阻,将所住大里代巢穴缮完布置,竟同负固之势,又私造旗帜器械。是其蓄谋已非一日,该地方官平日惟利是图,漫无觉察,行同木偶,以致逆匪乘机窃发,猖獗蔓延"。简言之,"设立会名,聚众滋事,最为倡乱之端"。

当乾隆帝意识到,林爽文领导的天地会起义并非是"立就扑灭"的"么么乌合"之众时,凤山、彰化、诸罗三县的绝大部分地区已经失陷,这对于只有一府四县的台湾省区来说当然是非常严峻的。乾隆五十二年(1787)六月,年近八旬的乾隆帝即令陕甘总督福康安前往台湾取代督办军务的常青。此时林爽文的部众已达20万,而清廷陆续派往台湾的军队只有4万,即使加上原有驻军尚不足5万,固然清军的装备精良,而斗志远不如林爽文的义军旺盛。

福康安抵台后,根据乾隆帝之部署,直抵鹿港,扬言直捣大里代,实则阴趋诸罗。在激战一昼夜后,林爽文退守大里代,进而窜入穷谷丛箐中。这年十二月十三日林爽文家属被清军所擒。翌年(1788)正月初四日,清军于林爽文隐匿处打铁寮一带将其擒获诛之,而将林爽文的人头运至首都(今北京)悬挂于菜市口郊外。除林爽文外,被凌迟处死的还有庄大田、陈梅、杨振国、高文麟、陈传、林家齐、何至有、林领、林水返、刘升、蔡福、陈秀英、谢桧、郑化、陈天送、庄大九等。

**白莲教起义** 白莲教形成于宋代,宣扬弥勒佛出世,普天同乐,在底层社会中广泛流传。由于白莲教的宗旨是光明战胜黑暗,以明王出世进行煽动,从元代至大元年(1308)即被取缔。此后处于秘密状态的白莲教先后发动三次大规模的起义:一次发生在元代泰定二年(1325),一次发生在元代至元三年(1337),一次发生在元代至正十一年(1351),其中以第三次起义的规模最大。明太祖朱元璋原本也是白莲教起义的参加者,但在他窃取反元起义的胜利果实,登上皇帝宝座的两年之前——1366年,公然指责白莲教妖言惑众,因而在他所建立的明王朝统治下,白莲教依旧被视为邪教而被官府取缔。受到镇压的白莲教,在洪武、永乐、弘治、嘉靖、万历、天启年间多次发动起义。一直处于秘密状态的白莲教,在传播过程中形成许多支派,前面提及的清水教、八卦教、混元教、收元教和弘阳教、西天大东教等都是白莲教的重要支派。

入清以后,白莲教亦很快被视为邪教,清政府于顺治十三年(1656)下达取缔白莲教的命令,明文规定:"今后再有踵行邪教(即指白莲教)仍前聚会烧香、敛钱号佛等事,在京著五城御史及该地方官,在外(各行省)著督抚按有司等官,设法缉拿,穷究奸状,于定律外加等治罪。"在乾隆统治期间,不止一次地对白莲教及其支派进行大规模的搜捕与镇压。

乾隆十一年(1746)取缔大乘教。乾隆三十三年下令取缔收元教,将其创办者徐国泰照大逆谋反罪凌迟处死。徐国泰之亲族:父徐庚、弟徐国治、国平、国安及其子侄徐和尚、徐道境等六人均斩立决;其母妻、儿媳及15岁以下的子侄徐金、徐贵、徐庆、徐孝七人俱给功臣家为奴;又凡为徐国泰抄写经文又收徒多人的徐佩、刘士禄、边永城三人"俱照大逆知情故纵隐匿律,拟斩立决"。未抄过经文却收徒的全大经等四人杖一百,流放千里;入教多年并未收徒的谭思阮等16人杖一百,徒三年;入教未久的马善述等 57 人杖一百，折责 40 板。乾隆五十年（1785）将再传弟子孙贵远正法；五十九年（1794）终于官逼民反，被官府追捕的张正英、聂杰人率众提前发动起义，一场持续九年之久，波及数省的白莲教起义就此揭开序幕。

嘉庆元年（1796）正月初七日，四川省枝江、宜都两县的白莲教徒奋起抵抗前来进剿的官军，他们以白布缠头为记号，将进山的道路都埋下火药、地雷。四路扎了石卡，卡上都有枪炮、滚木、礌石，地下挖有土坑，用自制的几百支弩箭（箭头都抹上了毒药），及三百多支鸟枪、六个栗木炮等奋勇同清军对峙。

这年二月初二日，被清军杀害的白莲教首领齐林之妾王聪儿与齐林之徒姚之富在湖北襄阳黄龙堂起义，横掠豫（河南省）、楚（湖北省）之间，湖广教徒纷纷响应，湖广从此征战不已。

《镇压白莲教起义布防图》

同年九月,白莲教起义席卷四川,巴山蜀水也变得硝烟四起。又这年十一月,陕西省的白莲教徒亦纷纷聚义。于是湖广、四川、陕西三省的白莲教俱走上武装反抗清朝统治的道路,都竖立起"天王刘之协"的旗帜。

清军平定湘黔苗民起义的战事尚未彻底结束,而今川楚陕又掀起狼烟,乾隆帝的心绪再次不得安宁,立即调兵遣将,力图控制事态的扩展,其部署共有四点:一即令湖广总督毕沅从豫、楚调兵十万入楚,于同年十月在平定湘黔苗民起义后,立即抽调七万来镇压白莲教起义;二是坚持各个击破打歼灭战,办一处必肃清一处;三是对各路官军有明确分工,以防止湖北义军入川,或四川义军入楚;四是利用义军内部矛盾,设计离间。乾隆帝仅于三年内调拨的军队已近十万,动用的粮饷也已高达七千万两,而歼灭教匪却依旧遥遥无期。乾隆帝日夜渴望歼灭教匪的捷报早日到来,却不可得,到嘉庆四年正月初三日(1799年2月7日)辰时,年逾八旬的太上皇乾隆帝终于驾崩了。

白莲教起义留给清王朝的是九年的战乱,直至嘉庆九年(1804)八月,清军才把苟文润所率领的白莲教起义军歼灭,清朝政府为此付出了沉重的代价如下列:动用士兵117662名,使用战马42563匹(不包括各省所购买的马匹),调拨饷银两亿两,从川楚陕三省调拨的粮食到嘉庆七年(1802)为止将近四百万石。

最后需要补充的是,酿成清王朝中衰的原因是多方面的,有体制的弊端、政策的因循、传统的制约、民生的凋敝,也有乾隆和和珅两人自身的弱点和局限。但说到底,乾隆和和珅只是加快中衰的进程,至于中衰的趋势,则是他们两人无法改变的。未能摆脱长期封建格局的束缚,未能抓住向近代转轨的机遇(特别是英使在热河避暑山庄的觐见朝贺），未能走出狭隘的满汉畛域（康梁变法）的误区，这些恐怕是酿成清代中衰的最主要的原因。作为清王朝政策制定者的乾隆帝以及这一政策的忠实执行者和珅，当然都难辞其咎，结果必然是君死臣亡。

## 魏源与《圣武记》

记得20世纪90年代,任敏同志就魏源在其所著《海国图志》中首先提出的"师夷长技以制夷""以夷制夷"的战略思想,系统地论述了"欲制外夷者,必先悉夷情始;欲悉夷情者,必先立译馆、翻夷书始";并强调指出"善师四夷者,能制四夷;不善师四夷,外夷制之"云云。论证简明扼要,颇足张大魏氏师人长技,匡我不逮之说。顷披览《圣武记》,颇有"英雄所见略同"之感。兹略抒己见,就教通人,又未敢自信鄙见之说之为全是也。

魏源(1794—1857),字默深,湖南邵阳人。勤攻读,为文奥衍,留心当代掌故,通谙舆地。治经以西汉今文为宗,最重经世致用之学。魏氏一生仕途坎坷,潜心著述,除《海国图志》外,尚有《圣武记》和《书古微》《诗古微》《古微堂文集》《古微堂诗集》,以及《元史新编》等。

《圣武记》纂成于道光二十二年(1842),即鸦片战争失败后第二年,清廷被迫签订中国近代史上第一个不平等条约——《南京条约》之际。魏氏《自叙》慨乎痛切言之云:"我生以后数大事及我生以前上讫国初数十大事,磊落乎耳目,磅礴乎胸臆,因以溯洄于民力、物力之盛衰,人材、风俗进退消息之本末。晚侨江淮,海警(指英军入侵)沓至,忾然触其中之所积,乃尽发其椟藏,排比经纬,驰

魏源像

骋往复,先取其涉兵事及所论议若干篇为十有四卷,统四十余万言,告成于海夷(英帝国)就款江宁(即《南京条约》)之月。"全书采用纪事本末体,历叙清初开国、统一东北与内外蒙古、平定三藩、戡定回疆、征前后藏与大小金川等为前十卷;后四卷为"兵事余记",详著有清一代典章制度以及练兵整军、攻守防卫、筹饷购械与战术战略。谠言刍议,无不备录。魏氏以当代人著当代之史,最见功底,为乾嘉以降第一人,开近现代人读书论世的风气之先。

　　魏氏之所以题名为《圣武记》,表面观之,似乎在大力歌颂清前期列祖列宗开国创业的神圣武功与辉煌战绩;仔细按之,铺叙往事适足以揭示厥子若孙之虚弱无能,亟宜改弦更张,急起直追,以绍承先业。然则清初之精悍劲旅,何以能一举征服国内各兄弟民族,逮乎道咸之际,而不能抵御东西洋强敌于国门之外?此无他,闭关锁国,夜郎自大,不师人长,蔽目塞听,但求苟安,此中国之所以由强而弱,由盛而衰,由先进而后退,由封建社会晚期而一落千丈,逐步沦入半殖民地半封建社会,近百年来受人宰割,不克自立自强于被压迫、被剥削民族之林。魏氏目击时艰,深感亡国灭种之祸日迫,乃奋起大呼,走笔疾书,抨击清朝最高统治集团以及各族王公大臣对东西洋列强前倨后恭之错误认识和可耻行径。全书着眼于提倡富国强兵之策略与知己知彼之谋划,以及师夷长技以制夷之方。显而易见,魏氏著书微旨之深切著明者,在此不在彼也。

魏氏之追述清朝开国创业之艰难以及康、乾盛世之文治武功,极颂扬推崇之能事。例如叙述清太祖努尔哈赤之忽然崛起,二十余年间,在东方,用兵于乌苏里江流域以迄东海女真的瓦尔喀、虎尔哈、窝集等部,同时先后招服乌苏里江下游西岸挠力河流域的诺垒路、七星河流域的实喇忻路、东岸阿万河(一作阿翁河)流域的阿万部(今俄属维亚姆斯基一带)和黑龙江中、下游的阴达车库喇喇路(即使犬部);在西方,除相处较远的女真部落和依明朝为援的叶赫部以外,兼并了海西女真的哈达(1600)、辉发(1607)和乌拉(1613)三部。至此,右部女真人全都被统一了。故魏氏终之曰:"女真兵满万不可敌,况倾东北海之精锐,殚两神圣(按指清太祖努尔哈赤、清太宗皇太极)之训练,夫何敌于天下?"以明清双方攻守要塞的萨尔浒一战而论,谓"清之初兴,地之里未盈数千,兵之众不满数万……用能破明二十万之众……夫惟知武烈之不易,则知王业之艰难;知王业艰难,则不敢谓祖宗徽天之业,以一旅取天下"。又云:"用兵有小天时,有大天时,小天时以决利钝,大天时以决兴亡。慎其小时,则军出万全;俟其大时,则一戎衣而成帝业。"

清朝大一统之局,实完成平四藩之后。魏氏云:"自平定四藩(平西王吴三桂、平南王尚可喜、靖南王耿精忠三王之外,尚有定南王孔有德,故称四藩)以后,不复以兵权、土地世予臣下。凡元功亲王,毕留京师。宗室自亲王以下至奉恩将军凡九等,有俸有庄田;功臣自一等公以下至恩骑尉二十六等,世袭有差……各省提镇驻防将军掌兵柄而不擅财赋,与文臣互牵制焉。于封建有其名无其实,于藩镇收其利去其害,损益百王二千年之法,至是而大定,然亦自铲除四藩,深维干支之谊而复定。"

三藩平定后,西南内地如云、贵、川、粤西四省之土司,各自为政,犹同割据。至雍正间始铲削殆尽。魏氏认为:"五帝不沿礼,三王不袭乐。今日腹地土司之不可置,亦如封建之不可行。鄂尔泰受世宗(胤禛)旷世之知,功在西南,至今百年享其利。"又谓:"始事难者终必易,于孟养、长寨见之;始事易者终必难,于乌蒙、古州见之。"而终之曰:"夫修其教不易其俗,齐其政不易

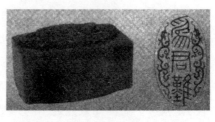

清世宗雍正帝胤禛像及其"为君难"玺

其宜,此因土之事,非改土归流之事。人即不革之。苗亦必自大变动以大更革之。小变则小革,大变则大革;小革则小治,大革则大治。后笑先咷(哭之意也),安知非福?鄂尔泰说弧于前,卒张弧于后;一时之创夷,百世之恬熙。是知雍正年间西南(指川、滇、黔三省)改土归流一事,鄂尔泰之功洵不可灭,然运筹庙堂、发号施令、指挥若定者,实为清世宗胤禛一人。"从有清一代300年间的历史贡献和祖国统一多民族大家庭共同发展繁荣上看,改流是否具有进步意义,答案当然是肯定的,则雍正之功以视鄂尔泰为尤大。

魏氏之论清朝抗御英夷一事,有云:"郑成功夺红夷(指荷

清人所绘郑成功像

兰)之岛国(指台湾)……方其请漳、泉,请海澄,何异于西夷(指英吉利)之索港口(指上海、广州、福州、厦门、宁波五港口)?犯温、台,犯金陵(指今南京市),何异于西夷之阚内地?而剃发之令,何异于今日之烟禁?国初所以制之,不过迁沿海,弃舟山,以断煽济而杜牵制,卒骎喙喘息而不敢复獗。诚能以剃发之制禁烟,以清野之法断接济,以坚壁之法御火攻,烟可不遏自绝,寇可不战自困。"魏氏又以西洋崇敬基督教与蒙古笃信藏传佛教相比拟,提出"宗喀巴之功,中外华夷实利赖之。有能借耶稣罪福之教,以杜西夷鸦烟之毒者乎",两者虽比非其伦,亦极难收效,然百年前,魏氏有见及此,固亦不可谓非有卓识远见之士者矣。

然则魏氏经世致用之学,又有何能以救当时燃眉之急而解历朝积重难返之困境耶?魏氏所以解救之答案,提出富国强兵之策:

一曰兵在精不在多,有云:"或谓以汰卒之粮,加精卒之饷,则兵额将减十万,恐不敷于防守。曰:冗兵明减十万,则精兵暗增十万矣。"以英吉利之倔强,而胜兵止十七万,已无敌于诸国。是知兵在精不在多。证之前朝,"明之末年,加练兵十有八万,辽饷、剿饷、练饷至千有七百余万,弊亦同之。故从古兵愈多者力愈弱,饷愈多者国愈贫,知所以反之之术,则知所以救之之方。故前代之兵,莫少于开国,亦皆莫强于开国"。

二曰用兵在有变化。魏氏曰:"或谓我朝骑射长于西北,故金川西南之役难于新疆,安南(今越南)、缅甸之功让于西藏。将毋吉林、索伦之劲旅,其技不宜于南方,故事有难易,功有优劣欤?若夫金川之始,温福、阿桂皆奏言:满兵一人费至绿营三人,不如止满兵而多用绿营。川、楚之役,勒保亦言:征黑龙江一人,可募乡勇数十人,不如舍远征而近募乡勇。是则用兵变化,各视乎天时地利。"近取乾、嘉以降用兵故实,亦可明乎国势盛虚消长、得失进退之故。

三曰御外侮在知己知彼,应从翻译入手为先。魏氏有云:"近则西洋英吉利亦能以汉字通于中国。夫制驭外夷者必先洞夷情,今粤东番舶,购求中国书籍转译夷字,故能尽识中华之情势。若内地亦设馆于粤东,专译夷书、夷史,则殊俗敌情,虚实强弱,恩怨攻取,瞭悉曲折,于以中其所忌,投其所慕,于驾驭岂小补哉?"《海国图志》之作,正职于此。

英帝国之入侵中华,与倭寇(指日本浪人与中国海盗相勾结之人等)不同,拥有西洋之战舰火炮,非以夷攻夷、师夷之长技以制夷不可。故魏氏之言曰:"以彼长技御彼长技,此自古以夷攻夷之上策。"又曰:"夫不借外洋之战舰,可也;不师外洋之长技,使兵威远见轻岛夷(指英帝),近见轻属国(指朝鲜、越南等国),不可也。国初征荷兰板艘以攻台湾,命西洋南怀仁造火炮以剿叛藩(按指三藩)。先朝近事,典在册府,扩而推之,敢告御侮。"是魏氏认为船与炮,"其制莫精于西夷,其用莫习于西夷。与其制之内地,不如购之外夷",从而有购炮船的建议,谓"造炮不如购炮,造舟不如购舟……盖夷炮夷船但求精良,皆不惜工本。中国之官炮、战船,其工匠与监造之员,惟知畏累而省费,炮则并渣滓废铁入炉,安得不震裂?船则脆薄腐朽不中程,不足遇风涛,安能遇敌寇?"是为魏氏"以夷制夷"之上策。苟庙算在上,广听兼采,而群策群力,齐心在下,其不能变被动挨打的局面而掌握攻守之主动权,未之有也。故魏氏又曰:"吾之水战、火攻不如红夷(指英吉利),犹可言也;守岸、禁烟并不如倭(日本),可乎不可乎? 不能以战为款,犹可言也;犹不能以守为款,可乎不可乎? 令不行于海外之天骄,犹可言也;今并不行于海内贩烟吸烟之莠民，可乎不可乎？"魏氏从当时历史实际出发，指出清朝当局腐败无能，着着失策，而有识之士之呼声，充耳不闻，故步自封，不图改弦更张，发愤图强，卒致海防屡屡失利，频年折将割地，丧权辱国，一蹶不振，年复一年，沦为近百年来被动挨打、受人摆布的半殖民地结局。魏氏语重心长，痛切言之，而当局者竟会无动于衷，亦良足为百年后吾人引为深思反省者矣，读史者不可不注意及之。

《圣武记》第一次刊本，为道光二十二年（1842）刊于江都（今扬州市）的古微堂本；逾二年稍加修改，再刊于苏州（今市），为第二次刊本；再逾二年，又加修改，重刊于扬州，为第三次刊本。清季光绪四年（1878）由上海申报馆排印，广为流传，是清末民初最通行的普及本。中华人民共和国成立前，上海中华书局有《四部备要》本；中华人民共和国成立后1984年，北京中华书局又有标点本。其他翻印本尚未计算在内。

关于《道光洋艘征抚记》一篇，不署名，原本单行，不见于《圣武记》前三次刊本中，最初被增入光绪四年（1878）申报馆排印本。有否定为魏源所作，也有肯定为魏源所作。各有所据，言之成理，似难一时做出明确答案来。依我个人鄙见，此篇即使为魏氏所作，既未收入《圣武记》第三次刊于扬州定本之内，自当排除在《圣武记》之外，置之不论可也。

最后值得一提的是，《圣武记》第一次出版才两年，1844年即有一部《圣武记》传入日本，1845—1846年两年内又连续传入日本三部。自此以后，逐年仍有传入。《圣武记》一书得以在扶桑三岛广为传布，深受日本学人赞赏。有只翻印其中的城守、水守、防苗、军政、军储等篇，称之为《圣武记采要》者，殆可与《清三朝实录采要》相比拟。日本学人佐久间象山氏曾云："时英夷寇清国,声势相逮。予感慨其事。上书陈策,实天保壬寅(1842)十一月也。后观清魏源《圣武记》亦感慨时事之所著,而其书之序又作于是岁之七月,则先予上书仅四月矣,而其所论,往往有不约而同者。呜呼!予与魏各生异域,不相识姓名,感时著言,同在是岁,而其所见亦有暗合者,一何奇也!真可谓海外同志矣。"(见周一良学长著《中日文化关系史论集》,江西人民出版社,1990年,第132页)魏氏著书陈言,主张富国强兵之策,不见采于清王朝。而见重于友邦扶桑三岛,复得一"海外同志"之知音如佐久间象山其人者,宇宙虽大,而英雄所见固有略同也。

予尝聆邓文如(之诚)师言,魏默深(源字)知高邮(今县名,属江苏扬州)时,不能理事,终日著书。尝寓扬州(今市)善因寺,所著书稿皆藏寺中,积至两屋。一日复至寺,寺僧方为其祖僧作斋,见所悬像几大类己,遂得心疾,尽焚两屋之稿。今行世者,皆高邮所刻也。

## 同治中兴与慈禧听政

清廷经过太平天国运动之后,号称"同治中兴",其时内有恭亲王奕䜣与大学士文祥等主持朝政,外有两江总督曾国藩与甘肃巡抚左宗棠、江苏巡抚李鸿章等镇抚封疆,似乎气象一新。他们大胆地向前推进,使国防建设逐渐现代化,企图在国际生活中寻找新出路,这本来是不错的。可惜他们知道学习西洋科技,而不知道西洋人政教之有绪,富强之有本,还自认为中国的政治制度和立国精神远驾于西洋诸国之上。我们试分析一下当时的我国朝政,就可以明白了。咸丰帝(清文宗奕詝)在位11年,内忧外患，纷至沓来，大局糜烂，不可收拾，他以醇酒妇人自戕，死于热河避暑山庄行宫，遗命怡亲王载垣、郑亲王端华、协办大学士肃顺等八人为赞襄政务王大臣。同治帝（清穆宗载淳）是一个不满五岁的小孩子，他的生母慈禧太后27岁，嫡母慈安太后25岁，载垣等顾命大臣自然不重视他们，可是慈禧太后很有权术，居然联络在京的恭亲王奕䜣、醇亲王奕譞，于回京后将载垣等在京拿办处死，于是慈禧太后虽无"垂帘听政"之名，而实权却操在两个妇人手中，而慈安人又极老实而不管事，一切实权操于慈禧一人之手。清末50年的政治大权，实际上完全由慈禧太后（亦称西太后，慈安称东太后）一手操管着。《颐和园长词》所谓"提挈嗣皇绥旧服，万岁从此出宫闱，东朝渊塞曾无匹，西宫才略称殊绝。六王辅政最称贤，诸将专征捷奏先，迅扫挽枪回日月，八荒重靓中央年"及"五十年间天下母，后来无继前无偶"，皆纪实也。

　　按说奕䜣是咸丰帝的亲弟，又负拥戴之功，人心所归，宜可大有作为，无如母后临朝，就必有宦官弄柄，安德海浸浸用事，导后娱乐，"演戏一日，费至千金"。御史以是为言，慈禧反说："本朝垂诫至严，不许其乘间进言，太监乱政之事，已成历史陈迹。"然而同治四年（1865）罢去奕䜣议政王号，因以慈禧把持专断的私欲，也是安德海从中谗间的。后来安德海出京招摇，被山东巡抚丁宝桢"执而杀之"。奕䜣既与西后有隙，颇与东后相结，暗中赞成其事，大失慈禧的欢心。幸而慈禧的历练还不深，不能不倚重他。文祥是他很好的助手，办事认真，十分廉洁，极尽孝道，又引用沈桂芬、李鸿章等人军机。但同治八年（1869）以后，文祥即多病请假。奕䜣原缺乏魄力，所以不能大行其志。同治帝十二年（1873）始亲政，次年因微行出痘（俗称天花）而死，年只

《同治帝便装像》轴

19岁。没有继嗣,慈禧选定醇亲王奕𫍯之子(名载湉,其母叶赫那拉氏,为慈禧妹)。载湉才四岁的小孩子做了皇帝,年号光绪(世称光绪帝)。她之所以不为同治立后,因为她不愿做尊而不亲的太皇太后,自己要垂帘听政,要有实权。

光绪二年(1876)文祥病卒,七年(1881)沈桂芬去世,东宫慈安太后亦崩(野史说是慈禧逼死的),慈禧的威权自然扩大,只剩下一人的奕䜣势力日孤,十年(1884)军机大臣五人(奕䜣、宝鋆、景廉、李鸿章、翁同龢)同时罢出。代之者为礼亲王世铎及孙毓汶、张之万等,都毫无作为,而毓汶尤仰满人鼻息。自此满人政权又渐抬头,慈禧更宠用宦官李莲英(俗称小李子莲英)等,贪污昏庸,卒酿乱阶。总而言之,慈禧是一个骄矜的贵妇,她没有政治家的眼光,思想又极顽固,在英法联军入京时,她怂恿咸丰帝下诏杀巴夏礼,以示不屈,诏至时而巴已释,她深以议和为耻。这与奕䜣委曲求全、徐图自强的意见根本不合,怎能希望她实行新政呢?

然而西太后也不是一个平常的妇人,她有坚毅的能力、灵活的手段,知识不够,是受了时代教育的限制,我们不愿过分地责备她,其实奕䜣、李鸿章一班的知识又够吗?她维持清王朝的统治权,始终依赖曾、左、李等戡定大乱,佐治中央,不因无识的满、汉人等之排觝而移其信任之心,这也是难能可贵的事,所以奕䜣、文祥的自强事业,常挟疆臣以自重,而成内外通力合作之局。不过这任用汉人的政策,其端发之于文庆,他是咸丰朝的宰辅重臣,尝说:"欲办天下事,当重用汉人,彼等皆从田间来,能知民间疾苦,熟谙情伪。岂若吾辈未出国门一步,憒然于大计者哉?"他主张破除满、汉界限,不拘资地用人。曾国藩办团练的时候,大学士祁寯藻说:"国藩以侍郎在籍,犹匹夫耳!匹夫居闾里,一呼蹶起,从之者万余人,恐非国家之福。"若不是文祥从中护持,恐怕不得大用,而当时局面还不一定成个什么样子。文庆卒后,肃顺当权,更推行这种政策,他网罗许多人才(郭嵩焘、尹耕云、王闿运等都入其门),整顿户部的积弊,对曾国藩、胡林翼、左宗棠均推服备至。左宗棠受樊燮的攀诬,几乎不保,幸而肃顺为之解脱,始获重用。大学士彭蕴章还以曾国藩权太重,恐有尾大不掉之患为言。祁和彭都是当时有声望的学者,其见识还不如文祥、肃顺,可见猜忌同僚、向主子献媚的旧思想之为害了。慈禧以争权杀载垣、端华、肃顺,时人目为"咸丰三奸",其实这三人何尝

《慈禧太后弈棋图》

是奸佞；而肃顺赞襄军事，所见实出在廷诸臣之上，削平寇乱，于此肇基，他们对清室很有功劳。慈禧沿用了他们重用汉人的政策，所以终有"同治中兴"的盛况——虽然这盛况是由几千万人的白骨和赤血换来的。

据《东华录》载，道光三十年（1850）和咸丰元年（1851）全国人口都超过四亿。至同治四年（1865）太平军完全被消灭，只有两亿余人，岂不减少了一半？这数字未必确定，因为那一年有直隶（今河北省）、江苏、安徽、浙江、福建、陕西、甘肃、广西、云南、贵州、巴里坤、乌鲁木齐12处未经册报。但就15年间战死、屠戮、饥馑、流亡、疠疫种种的惨剧来估计,大约几千万人口的损失是有可能的。当时士大夫辈如彭玉麟等诗文中均有记载,兹不复详。

况且中国历史上"从古功成志满,人主喜心一生,而骄心已伏,奄寺(宦官)即有乘此喜而贡其谄媚矣;左右即有因此喜而肆其蒙蔽矣;容悦之臣,即有迎此喜而工其谀佞矣;屏逐之奸,即有窥此喜而巧其夤缘矣。谄媚贡则柄暗窃,蒙蔽肆则权下移,谀佞工则主志惑,夤缘巧则宵小升。于是受益惑,塞聪明,恶忠谏,远老成,从前戒惧之志,一喜败之,后此侈肆之行,一喜开之,方且矜予知,乐莫违,一人肆于上,宵小煽于下,流毒苍生,贻祸社稷,皆因一念之由喜而骄也"(吴廷栋奏疏)。慈禧和同治都是由喜而骄,以败坏天下事者,这是由于中国旧政治制度的关系而产生的。因为专制制度即令"开明",也不能适应近代世界潮流,救国家,救民族,何况专制制度又根本不能开明,能以一国大政付诸一二妇孺之手而任听其喜怒吗?我们从当时世界各国政局看,大英帝国在其女王维多利亚时代怎么样呢?所以后来我们中国人民揭竿而起的国民革命在民主先驱孙中山(名文)先生的领导下豪迈地喊出了"驱逐鞑虏(指清王朝),恢复中华(中华民国,包括满族人民在内)",即推翻清王朝、建立民国的响亮的口号,乃是从历史的经验得来的。

## 关于左宗棠的几个问题

左宗棠(1812—1885),字季高,湖南湘阴县人,早蓄大志,长参张亮基幕与骆秉章幕多年,精明干练,侪曹莫及。后以四品京堂统军,转战闽浙各省。累官至两江总督,拜东阁大学士,封恪靖侯。卒于闽浙总督任所(福州),享年七十有四,予谥文襄,史称左文襄公。

左公生长于嘉、道、咸、同、光五朝的由盛而衰、由强而弱、走向崩溃覆亡的清后期。特别到了同、光两朝,清朝人美其名为"同治中兴"时期,实则自鸦片战争败绩之后,清王朝日趋衰退没落,一切唯洋人之命是从,虽已平定了太平天国起义军,亦与借用英法洋枪队有关,充其量只能说是清亡之前的一种"回光返照",也许更接近事实一些。中华人民共和国成立以来,对鸦片战争以后道、咸、同、光四朝这一段历史,深入探讨的人不多,所以研究成果相对也就比较少。顷有湖南同乡老友左景伊教授所著《左宗棠传》(长春出版社,1994年),虽说是为其曾祖父一人立传,但左宗棠公经历的一生事实,层次深、方面多、牵涉面广,该书不啻是一部精心结构的纵贯道、咸、同、光四朝历史的实录。

有几个关键性的问题值得一谈。第一个问题为左宗棠公与

左宗棠像及所书条幅

洪秀全会谈过一次之谜。我认为,左、洪会谈并无其事,一儒一耶,思想信仰迥乎不同,不可能设想左宗棠只身前往天京(南京)去说服洪秀全放弃"天兄"称号,共同推翻清王朝。清王朝虽已败坏腐化,但它仍是代表中国传统文化的封建王朝,左公虽"身无半亩,心忧天下",而以武侯自命之人,怎么能依附拜上帝会中人去重建另一个封建王朝呢?问题是清末民初之际,社会上之所以有这种流行很广的传说,是因为推翻清朝的革命浪潮深入人心,有可能认为太平天国运动之所以失败,是没有得到像左公这样一位气高才大的人相辅佐,如果左、洪会谈成功的话,岂不早就推翻了清朝的统治吗?何况在太平军兴起后,左公久隐不出,岂不又给当时人以捕风捉影的猜想?作为左公的一部传记体历史专著,似应明确表示加以否定,不再给人以模棱两可、捕风捉影的幻觉才是。

第二个问题是否有曾、左联盟的存在?景伊兄认为也是一个谜。历史事实告诉我们,在胡林翼早殒、太平天国天京攻陷以前,如果真有三人联盟的话,曾国藩向以程朱道学自居,一生待人接物小心翼翼,虽然湘军、楚军、淮军归其一人统率,绝不可能轻举妄动、挺身而出,成为推翻清王朝封建统治的第一个"名教罪人";胡林翼则操劳军务过度,体弱多病,危在旦夕(一次在安庆见到洋舰驶入长江,晕倒于地),自不能担此重任;唯一可能出来登高一呼,铤而走险,而又能指挥千军万马推翻清朝的只有左公一人了。故当胡公殒命之前,曾、左、胡三公毕集,深夜密谈,莫得而详,使读者产生对曾、左、胡三公联盟仍有可能要推翻清朝的猜测。这只能是清末民初革命党人章炳麟的一种希望而已,并不是当时的历史事实。左、胡两人的性格、言行虽与曾国藩有所不同,但三人均为封建名教中人,不可能有背叛君父、推翻清朝的革命思想,是可以肯定的。

第三个问题是关于左宗棠与李鸿章塞防海防之争亦即主战主和之争,引申为爱国主义或民族英雄与妥协投降派或汉奸的说法,似亦仍有再商榷的余地。满族统治者和汉族士大夫阶层自然要全力维护旧统治和旧秩序,主和派的主要代表人物如慈禧太后、李鸿章辈就是如此。如果说他们主和就是卖国贼或汉奸,未免持论过高,因为时代不同,总不能拿后人的眼光苛求于古人吧。记得1951年春,我亲耳听到徐特立老同志于中华人民共和国成立初被邀请来原燕京大学历史系,在一次小型史学座谈会上说过:李鸿章办海军,总不能说他是为了镇压农民起义嘛!当然,左公主战,主塞防亦不忘海防,是爱国主义者,特别在西北抵抗沙俄入侵,收复新疆失地,是全国各族人民所公认的当之无愧的民族英雄。在当时封建统治阶级内部有分歧意见,应该说是正常现象。而对李鸿章虽未加肯定也未加否定,当总算是给他留有余地的了。

最后一个问题是关于侯府沧桑左公后嗣的问题。我对同年友罗甘孺(继祖)教授所说"可贵尤在后幅记左家后嗣那几则,这是外人写不出来的"(《社会科学战线》,1994年)深有同感。而我感到不足的地方是左公后嗣中名家辈出,成就卓著,即以景伊兄昆季中,只提"达哥"(景权)一句,余均付阙如,殊不足以飨读者之望。今以景权兄而言,旅居法京巴黎四五十年,学贯古今中西,迄今不入法国国籍,孤苦茹辛,自甘其乐,大有其曾祖遗风。20世纪80年代初曾被邀请到北京大学历史系讲敦煌学,原定一年,乃以回京不到半年患病而中辍,不旋踵即遄返巴黎。左公后嗣,专家学者如左景鉴学长为医学名家者,大有人在,均应一一表而出之,以告来者。

## 陈宝琛和末代皇帝

陈宝琛(1848—1935),字伯潜,号弢庵,又号橘隐,晚号听水老人、沧趣老人,福建闽侯人。曾祖陈若霖,任刑部尚书;祖陈景亮,任云南布政使;父陈承裘进士出身,候选郎中,刑部浙江司行走。堪称清后期仕宦世家。

宝琛幼聪颖好学,受庭训为多。13岁(1860)应秀才试,入县学为庠生。18岁应乡试,中举人。21岁赴京会试,中进士,选翰林院庶吉士。翌年,散馆考试,授翰林院编修,嗣后与左春坊左庶子张之洞、侍讲张佩纶、宗室侍郎宝廷交厚,四人崖岸自高,不避权贵,直言敢谏,世称之为"清流党",又称"枢廷四谏",蜚声于当时。宝琛敢于同宣之际力谏裁抑宦官,为僧绍宗、曲学如

末代皇帝和他的父亲

陈宝琛

冤案平反与为戊戌六君子(谭嗣同、林旭、杨锐、刘光第、杨深秀、康广仁)被祸昭雪。此其尤大彰明较著者也。

自甲申(1884)中法战争失败,宝琛以"荐人失察",被降五级调用处分,落职回籍,闲居林下者二十余年。其间于光绪二十一年(1895)出任福州鳌峰书院山长,越五年,于光绪二十六年(1900)创设东文学堂。光绪二十八年鳌峰书院改为全闽大学堂,明年又改称福建高等学堂,东文学堂亦改为全闽师范学堂,宝琛均受任两学堂监督。为乡梓兴办教育,培养出不少人才。此其一。其二为兴办铁路,宝琛于光绪三十一年被公推为福建铁路公司总理,亲赴南洋各埠募股一百七十余万元,先办漳厦45公里,光绪三十二年(1906)嵩屿与江东桥间38公里铁轨铺成。后因用人不当,路轨被拆除殆尽。宝琛惨淡经营,废于一旦。

光绪、慈禧相继逝世后,宣统(溥仪)继位。清流党之一的张之洞(其他两位张佩纶和宝廷已前卒)出任军机大臣,因荐宝琛于宣统元年(1909)来京,次年开复内阁学士兼礼部侍郎原缺。辛亥革命后,末代皇帝溥仪根据《优待条例》保留帝号,仍居后宫。65岁的陈宝琛矢志效忠清室,仍在后宫任"帝师"。授读之余,撰写《德宗本纪》并主纂《德宗实录》。书成,加太傅衔。

宝琛是末代皇帝溥仪的老师,在溥仪于1931年去东北充当伪满傀儡执政之前,两人朝夕相处最久,相知亦最深。在溥仪的眼里,陈师傅是"唯一的灵魂、唯一的智囊",是"最忠于大清,最忠于自己""最稳健谨慎的人"。宝琛对于溥仪经常灌输"卧薪尝胆""遵时养晦""静待观变"等复辟思想。能不能根据宝琛与溥仪的这些关系,以及后来溥仪又做了伪满的傀儡皇帝,推断宝琛同时也成了汉奸呢?

回答当然是否定的。知人论世,必须对历史人物所处的社会环境和时代背景加以全面考虑综合分析,不以今日之标准苛求于古人,然后方可据事直书,不掠美,不隐恶,实事求是,还历史以本来面目。今就陈宝琛而论,生长于清王朝的晚期,从小就受孔孟儒家忠孝伦理思想的熏陶,必然是一切唯封建帝王之言是听,为臣子者俯首听命于君主,这是阶级和时代的局限性所决定,不能完全予以否定的;相反,在当时社会历史与平日生活中,言行不一致,只顾一己之私利而不顾国家和民族的安危存亡,也是不能轻易加以肯定的。稽诸历史事实,宝琛所孜孜不倦、言传身教传给溥仪的无非都是一些"四书""五经"教忠教孝的道理,总希望有一天溥仪仍能恢复"皇清大业","重登九五"宝座,始终是期望溥仪能实现光复大清的梦想的。宝琛的同乡郑孝胥,历任广东、安徽按察使,驻日本神户领事,广西边防督办等职。辛亥革命后,寓居上海卖字为生,不做民国的官,不要民国的钱,颇有忠清之志。1922年溥仪年十六,与婉容(皇后)、文绣(淑妃)结婚后,由宝琛和庄士敦(英国人,溥仪的洋教习)推荐,孝胥任懋勤殿行走。很显然,论资历,宝琛最老,为溥仪所尊重,孝胥是远远比不上的。与孝胥同时进宫的还有罗振玉(字叔言,号雪堂,江苏淮安人),也是宝琛引荐的人,罗任南书房行走。陈、郑、罗三人虽同属忠清保皇派的重要人物,而陈宝琛与郑孝胥之流是不能相提并论的。

1924年直奉战起,北洋直系军阀吴佩孚部冯玉祥倒戈与奉系张作霖合作,从山海关回师北京,迫令溥仪离宫。溥仪先迁居其生父醇亲王载沣的北府,后避入东交民巷日本使馆。明年,辗转潜赴天津,居日本租界内张园(又称静园)。宝琛不久亦移居津寓,授读如故。但宝琛有时仍回京寓,长年往返京津之间。

1928年10—11月间,日本特务土肥原道津煽动溥仪出山。宝琛见报即赶赴天津,溥仪只好告之以实,召开"御前会议"。宝琛与郑孝胥两人就溥仪是否去东北一事争论甚为激烈:陈主不能去,"去时容易回时难";郑主必须去,不去时不再来。溥仪则认为陈"忠心可嘉,迂腐不堪"。而两人争论问题的实质是,"恢复大清"是中国内部问题,但去东北图谋复辟,受日本控制,是投敌卖国问题。陈宝琛作为前清遗老,企图"光复故物",思想是反动的,但主张不去东北受日本人摆布,还是爱国的,与卖国求荣的汉奸之流大不相同。这一点很重要,是必须首先要弄清楚的。

有人说溥仪于1931年2月既去东北,为什么宝琛于同年12月亦赴旅顺肃王府,不顾郑孝胥辈阻拦,去见溥仪,叮嘱他要"静以观变,等待时机"。越二日,溥仪再召见宝琛告之以日本板垣大佐来,提出将建立"满蒙共和国",怂恿他出任"总统"。宝琛表示坚决反对,劝溥仪不可轻信郑孝胥的欺罔之言。又说:"臣风烛残年,恐不能再来,即来,也恐未必能见,愿皇上保重!"宝琛离开旅顺之前,再三叮嘱溥仪:"若非复辟以正统系,何以对待列祖列宗在天之灵?"从而可见宝琛之去旅顺绝不是对溥仪劝其出山而求得加官晋爵,恰恰相反,宝琛是去劝溥仪不要听郑孝胥辈的甜言蜜语,上日本帝国主义的圈套,这岂不是铁一般的事实吗?

最后一个问题是宝琛晚年常说"民族是不能得罪的",哀叹自己"求为陆秀夫而不可得"。他为什么又以85岁之高龄,万里迢迢,于1932年9月亲自远赴长春问伪满洲国傀儡皇帝溥仪一次呢?很简单的回答是宝琛作为帝师旧情出访而不是什么政治活动问题。直至1935年2月1日宝琛卒,年八十有八。易箦时,才发现老人袒服内藏有当年去长春上呈给溥仪的密折底稿,中有"陛下以不资之躯,为人所居为奇货,迫成不能进、不能退之局而惟其为所欲为,始则甘言逼挟,谓事可立成。既悟其诳矣,而经旬累月,恣为欺蒙,则先之以谢某之尝试,而后使外人出面强之,似不可以"等语,属草纸细字涂乙,仅可辨识。今附刊于《陈文忠公奏议》之末者是。宝琛去长春真相大白,密折中所云,很显然是指溥仪被郑孝胥辈所劫持,成为日本帝国主义侵华战争的笼中之鸟,是为宝琛所始终坚决反对的。这是宝琛临终前对溥仪做最后一次忠谏的努力。

综上所述,宝琛作为前清遗老,虽有复"大清帝国"之辟的浓厚封建思想,但他坚决反对溥仪被郑孝胥辈劫持投靠日本帝国主义充当伪满洲国傀儡皇帝。依据当时历史实际情况加以分析,今天我们可以得出的共同认识:投靠日本帝国主义卖国求荣的郑孝胥辈是汉奸,是卖国贼,而虽有浓厚封建复辟思想却坚决反对溥仪投靠日本帝国主义充当伪满洲国皇帝的陈宝琛则是爱中华民族的,是爱国主义者。

## 《道咸以来朝野杂记》

《道咸以来朝野杂记》一书,系崇彝所著。据著者手稿过录付排(北京古籍出版社,1982年),是一部记载清季道光、咸丰以降直到20世纪30年代北京掌故和风土人情的书。内容涉及清末朝野各个方面,举凡帝京宗支、政府要闻、人物趣事、典章制度、里巷第宅以及风俗民情,均有论述,为了解清末民初北京的社会面貌,提供了很有价值的资料。

著者崇彝,字黼丞,亦字泉孙,号巽庵,别署选学斋主人,巴鲁特氏,正蓝旗蒙古人,咸丰中大学士柏葰之孙,光绪年间官至

杨柳青年画《京都紫禁城》

文选司郎中,世家旧学,耳闻目睹,所记均为实录。正如本书《出版说明》中所指出的:"作者(崇彝)在清末吏部做过多年部郎,熟悉吏部的典章制度,本书对于清代的文官褒奖、题缺格式、选缺格式、京察大典、引见仪注等,都有具体的叙述,可以补官书记载的不足。"又说:"在北京的风俗民情方面,作者细致地记下了近百年来北京居民的饮食起居、服饰车马、婚丧礼仪,以及市肆贸易、戏曲技艺等,都是很有价值的资料,而这些资料又往往是官书所不屑于收入的。"不失为对本书的公允评语。

本书著者崇彝的手稿原件,原藏于已故著名明清史专家教授邓文如(之诚)师五石斋,后交由北京中华书局据以录副。后又由章君(已佚其名)记录一份,进行标点,并对其中明显的错别字均做了校正。目前北京古籍出版社印行出版的即此点校者的抄本。本书订正了一些讹传,如北京富户"钟杨"不是清皇室的铸钟匠,而是内务府汉军旗人杨姓,曾官河道总督的钟祥的习惯称法等等。但个别叙述与事实有出入,如云隆福寺街聚珍堂书铺用木活字"欲印《红楼梦》不果",实际聚珍堂在光绪二年

(1876)已用木活字印行了《红楼梦》等。今据著者崇彝手稿比勘,发现印行本标点还有许多错误讹夺之处;原稿本不误而改误之字;原为小注竟窜入正文,文气欠妥,以及有将原文条目挪动,前后颠倒之处;至于点校者认为"本书有些封建、迷信的叙述,本书对评论当时人物的语句也有不少不当之处",因而不予收录而加以删削者亦复不少。

著者为前清遗老,书中有不少关于封建、迷信的叙述,在所难免,为了不再扩大散布封建、迷信的余毒,加以删削,自然是可以理解的。如果只是简单地为了破除封建、迷信,一大段一大段地加以删削,以致对著者原意反而模糊不清,甚至不顾历史事实的真相也一概抹去,这是对本书著者的不尊重,似乎有失治学谨严的态度。故特将被删处补充如次。

页五"乌鲁木齐"下,按原稿有小注"即迪化府省城"六字,今印本删去。固然清统治者用"迪化"两字有轻视或侮辱少数民族之意,但清朝一代曾经用过这一名称,则是历史事实。

页七"聚丰堂……京城四大凶宅,此其一也。……于此演戏,予为提调一切"。按此下手稿本有"夜深有人曾见怪异,先时屡有言者,尚不信。至此始知实有其事"。又小注:"聚丰堂正房巧:耳房一间,每逢演戏,即以此为包袱房,存衣处也。是日夜深,看包袱房人见一旗装女子,靓装独坐,问之不答。以不识此人,何以至此,告之同人。群往观之,即进屋不见,始知其怪。"此自是迷信之事,今全部删去,似上文"四大凶宅"之一的聚丰堂,不成其为凶宅了。

页一六果勒敏"亦能作诗,则打油类也"。按此下手稿本有"殊不可耐"四字。其实这是本书著者对果打油诗的评语,删之,著者原意不明。

页二一"西广在大街路西",按此下手稿本有"据云系凶宅之一"七字;又下文"曹即故于此宅"之后亦有"是否有风水之说不敢说"十字,今印本全部删去,则所谓四大凶宅少了一个了。

页二二"光绪二十一二年秋间"一条之首,按手稿本有"风水之说虽不可尽信,然实有先兆焉,阴宅尤甚"当19字,又此条有"未及廿年而清社屋矣。长、英二公皆死庚子之乱,长罢黜,英赐自尽。识者皆谓掘虫之报,虽随员中亦多不得其死,迹近迷信,然皆事实也"53字。著者自己已明说"风水之说虽不可尽信","迹近迷信",乃是当时不少人对自然现象的解释,今删头去尾,反失其真。

页二八"其父钟公福,曾从长文襄底定西域",按此下手稿有"手擒张格尔"五字,今印本删去,则张格尔为长龄部将钟福所擒这一史实竟被掩盖。

页四〇行二与行三之间,按手稿原有一条云:"光绪中叶,京师有一谐联云:'六部三司官,大荣小那端老四;九城五伎女,二宝双凤万人迷。'按荣伯衡铨,文举人,官兵部员外郎。时凡大工程及崇文门奏派委员,皆历任充当。后放天津府,累官至浙江布政使。以拳匪案戍川边,殁于外。那即琴轩相国,时官户部郎。端方则午桥制府,官工部郎。下联所谓二宝,盖两人或南城伎女,不知其详。双凤者,口袋底名伎喜凤(后归都余臣京卿者)、宝凤(后归志述岩方伯者)也。万人迷,南城外某院名伎(后归海仲安水部康)之冠,貌确不扬,盖别有媚术也。近人有谓大荣为仲华相国者,此大谬。荣相年长于此三公者几三十岁,且三公得名时,荣相早以工部尚书罢官家居。迨再起用,三公始露头角。为此说者,真不考年代,宜痛驳之。"凡258字。并有小注:"荣、那二公,余皆与之稔,惟端则不相识。"凡15字。

页四六"朱朵山修撰（昌颐）……皆不逮也"。按此手稿本有"当其未得鼎甲时，眷一伶，名长春。人皆以状元夫人呼之。拟诸毕秋帆之李桂官，一时传为无独有偶。又其族人朱虹舫太史（方增）有婢，名多姑娘者，美慧绝伦。朵山先生觊觎久之，虹舫给之曰：'汝得鼎甲，当以贺赠。'朵翁尝书一联云：一心只念波罗蜜，三祝惟祈福寿男。皆暗含多字也。及得状元，此人并未聘为小妻。据云此婢誓不作妾。事之真伪不可知，盖虹舫留作小星。余故云给之，非敢武断也"。凡153字。

页五〇"其族人续筱泉（廉）孝廉"条后，按手稿原另有一条云："又其族人有都余臣（庆）者，曾仕淮安关监督，亦称富有，性极风流。当年在西城伎院，结识一伎名喜风（其班名年久忘之，或名天喜，抑联升），此人仪态万方，红极一时，许多阔人及权要思纳之而不可得，盖其从良条件太苛也。后为忌者使手段告于官（不知所为何事）。于是送之刑部。其本夫名杜立之者，即曲院之掌班也。时刑部某司长定镇平（成）由进士出身，官刑部郎中，人极风厉，办现审（即问口供）最有名，颇思得此伎。于是判男加责罚，女归官卖，定公欲使他人出名领去而已，出身价必可成。心思甚巧，不料有手眼通天、捷足先登之端简庭（名良，后官御史）者，以八百金赎之去，亦非欲纳为妾，仍欲转售他人。会在酒局中，遇都四爷余臣，出像片示之云：'欲得此人否？'都喜出望外，竟以万金易之（当年无论如何阔绰，未有万金代价，以三五千金为限）。所异者，杜立之随之去，充都四爷跟役，此他人所不堪接受之条件也。"凡318字。

页五三"延尚书藏书极精"条之后，"料烟壶之制"条之前，按手稿原尚有两条。一条云："古人有名马换妾或以书易妾者，延氏颇有此风趣。延有西湖水九朵兰料壶一支（西湖水浅碧色，

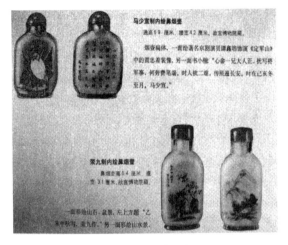

京城名家所制鼻烟壶

玻璃含珍珠泡质,是辛家坯至佳者,合北京只有数支,皆流传有绪之物,深碧色堪悦目者,工艺局仿造者也)。其戚惠菱舫(年舒制府之公子)屡欲得之。谋既久,会延公欲纳妾,惠有美婢,于是以婢而易料壶云(人称烟壶姨太太)。"凡125字。又一条云:"会东乔在西城曲院结识一伎,欲买之而无资。于是售一玻璃绿翠班指,而以之买妾(人称之班指姨姨)。其父子同一风趣也。"凡48字。

页九五"注川所以有此徽号"下,按手稿原有"当其官兵部时,窥皂隶之美女,于部中当值时,呼为当月,必值宿焉。潜至其家,竟纳为妾,客居于地安门外烟袋斜街庆云酒楼之邻楼,夏季最出风头"。凡58字。

页九八"恩汝和"条之后,"瑞文庄公麟"条之前,按手稿原有一条云:"赵林,字宝斋,亦字补斋,江苏进士,官吏部主事。当其在部中当月时,携妾住宿,亦异闻也。以妾扮作男僮,穿长随衣帽，挟主人衣包混入当月处。当月官责任实守堂司各印，藏于里间柜中，官即住于此间外屋，有公案为长随、茶役住处。赵公当月，逐茶役于他屋。夜半，窃听之，闻其与妾同宿里屋，喁喁私语，且共吸烟焉。翌晨，接班者来，始开屋门。余到部时，同人犹以笑谈，然事已隔廿余年矣。"凡150字。

以上各条正是著者耳闻目睹之事，不啻揭示出了清朝末年统治阶级上层腐朽生活的一些侧面，亦可备研究当时社会风气之有用资料，今印行本均不收录而删削之，不知何故？

## 理藩院与蒙古

历史作为一面镜子，鉴往知来，要正确解决好一个统一的多民族国家的民族问题，更需要对本国各民族过去的历史加以全面、系统、深入地研究，去探索认识本国各民族在漫长的历史长河中所经历的成功与失败、光明与黑暗、平坦与坎坷，总结经验，吸取教训，作为我们现在和未来正确解决本国民族问题的借鉴。经历了七十多年风风雨雨的苏联社会主义国家竟于20世纪90年代初期正式解体了。推究其原因，当然是有多种复杂因素，但其中最主要的一条恐怕就是没有处理好本国境内民族之间和民族内部的问题。

自来中外学者论中国历代王朝在对待北方游牧民族的办法上，所谓"周得中策，汉收下策，秦乃无策"，实际上都认为没有多少成功的经验可言。如果说有的话，除统治全国近百年的本身为游牧民族的蒙古大元王朝外，就要首推统治全国近三百年的满洲大清王朝了。清朝"一方面用'众建以分其力'的盟旗制度，将他们束缚在各自的土地上，并承认其'君国子民'的权力，即通过他们原来的首领管理他们自己的人民。同时，依靠联姻、爵赏等措施，以达到笼络情感与满足贵族奢侈需求的目的，又在不违背限制、利用这个基本方针的原则下和变有害因素为有利因素的具体情况下，发展地方生产,稳固社会秩序。总之,清朝一代,北方是比较平静、比较安定的,这无论就它的内部来说,还是就它和别人的关系来讲,皆是一致的"(贾敬颜:《如何理解历史上游牧民族的战争》,载《社会科学辑刊》1979年第3期,第110页)。在此欲就清代理藩院和蒙古的几个方面,对这一问题再做进一步的探讨,并提出我个人一些不成熟的看法,以就正于清史和民族史工作者。

(一)蒙古衙门和理藩院

清朝一代的官制多半沿袭于前明,但也仍有不少新创立的地方,理藩院就是其中之一。理藩院原来叫蒙古衙门,创建于入关前崇德元年(1636)。过两年,崇德三年才正式改名为理藩院。不管叫蒙古衙门也好,或者叫理藩院也好,蒙古、回部(今新疆南部维吾尔族等)和番部(藏族)都是当时我国境内的兄弟民族,所以,理藩院就是为管理他们的一切事务而设置的专门机构。可是,外国的学者却认为蒙古衙门之所以改名理藩院,乃是因为从此以后,"蒙古人不再被叫作外国人了,而把它看成清朝多民族王朝政权的一部分"(意大利人皮·卡拉狄尼:《关于清朝的理藩院》);甚至就在已改名理藩院之后,仍有人把理藩院译成与近代各国所设立的"殖民省"相类似的名称(日本人织田万:《清国行政法泛论》)。这显然是十分错误的。因为凡读过一点清史的人,都知道蒙古衙门或理藩院是属于中央一级的机构,和六部与都察院一样,都是同等的中央机构的组成部分。它的长官,同样设有尚书、左右侍郎各若干人;属员也同样设有郎中、员外郎、主事、笔帖式各若干人。所不同者,六部长官和属员都有满、汉缺;而理藩院长官只有满、蒙缺,属员也只有满、蒙、汉军各缺而无汉缺。更重要的是,谁都不能否认,中国长期以来就是一个统一的多民族国家,蒙古族早在清朝建立以前就已成为中国统一的多民族成员之一。因此,不管哪个民族的成员充当全国的最高统治者,他们都是中国人。这是一个独立的主权国家内部的事,并不存在向外扩张、侵占别人的土地,或统治别国人民的情况。

历史事实也正是如此。1860年以前,清朝定制,在处理外国使者的接待方面,轻重缓急各有不同,因之接待的场所也不一样。朝鲜在礼部。安南、缅甸各国均在鸿胪寺。沙俄原先在理藩院,那是因为当时中、俄两国的一切交往,俄方由其统辖远东边区的萨纳特衙门办理,中方则由管理北方和西北地区的理藩院办理,两个机构官员的职位、品级都是对等的。从而不难看出,清朝从来没有,也不可能有把沙俄降居自己藩属之列的想法和事实存在。可是,就在1840年鸦片战争中国战败以后,列强相继而入,沙俄借口不满意它的使者在理藩院与蒙古、维吾尔各族受同等待遇,迫使清廷把它改在礼部。到1860年"庚申定约",英国更进一步不满意它的使者在礼部被接待,清廷又不得不另成立一个新的总理各国事务衙门(开始称总理各国通商事务衙门,后被迫去掉"通商"两字,简称总理衙门,清季外务部的前身)。这是清廷屈服于列强势力之下,为了适应当时国际形势的需要而被迫采取的一项改革措施。

(二) 八旗蒙古和内外扎萨克蒙古

作为祖国多民族大家庭中的成员,满族和蒙古族的关系早已十分密切。在16世纪中期,满族兴起之后,如何把人数众多而又强悍的北方蒙古族争取到自己一边,成为统治者亟待解决的关键问题。清统治者把历次战败被俘或来归的蒙古人,编入自己的社会组织形式——八旗制度之内,是第一步。17世纪初,在八旗满洲内首先出现了独立的"蒙古牛录",随着人数与日俱增,蒙古牛录数目增加到76个之多。1635年,"蒙古二旗"增编成与八旗满洲同等对待的"八旗蒙古",由这一年编审内外喀喇沁蒙古壮丁共16953名中,分出一小半7830名,再加上原来八旗满洲中的"旧蒙古"合编而成;此外尚有一大半的9123名内外喀喇沁蒙古壮丁,仍散居于原来喀喇沁各部牧放之地,并未全部隶属于原有的八旗满洲。而且,不但在这以前被编在八旗满洲下的蒙古人依然存在,就是在这以后也还有陆陆续续被编入八旗满洲内的蒙古人。

到了17世纪中期,清统治者入关统治全国以后,蒙古人和汉人一样不再编旗,显系人数太多势不能编,然其对蒙古人始终是怀有戒心的,因而他们沿袭了历代封建王朝汉族统治者对其他各兄弟民族所一贯采用的"分而治之""不相统属"的政策,而对蒙古族稍加变化形成盟旗制度。清圣祖玄烨自己就曾毫不讳言地指出过:"蒙古人欲各为扎萨克,不相统属。朕意伊等若各自管辖,愈善。昔太祖太宗时招徕蒙古,随得随即分旗、分佐领,封为扎萨克,各有所统。"这是清统治者把被俘和来归的蒙古人收编成"八旗蒙古"之后,第二步对人口众多的内外扎萨克蒙古就原有组织形式所采用的增设旗份和分部的措施。

康、雍、乾三朝近一百五十年间,内外扎萨克蒙古增设旗份有了较大的增加。在乾隆年间增纂的《大清会典则例》中有一段十分详细而具体地描叙外扎萨克蒙古增设旗份和分部经过的记载(乾隆重刊本卷一四二,页二五上二六下)。从雍、乾年间对外扎萨克蒙古分部和增设旗份以后,直到清季,变动不大。光绪二十五年(1899)编纂的《大清会典事例》有一段对内外扎萨克蒙古编旗的概括:"大漠以南为内蒙古,部二十有四,为旗四十有九;逾大漠曰外蒙古,喀尔喀部四,附以二,为旗八十有六。"再加上"青海蒙古,部五,为旗二十有八","贺兰山之阴曰西套额鲁特,额济纳河之阳曰额济纳、土尔扈特、和硕特,凡部十,附以一,为旗三十有四","回部为旗二",这样一来,散住在我国北部和西北地区的广大蒙古人民分别被编置于二百来个旗的盟旗制度之下,受到重重限制,始终被束缚在各自的土地之上,永远不能走到一起来,结成一个统一的强大的独立自主的共同体,自然而然地,它成为清王朝的一个驯服工具,为其奋勉效力,生死与共,对巩固和加强清朝近三百年的一统江山,做出了自己的贡献。

(三) 喇嘛教和蒙古人民

如果说清王朝对内外扎萨克蒙古采用的分部和增设旗份等措施是以"众建以分其力"的政策来阻止蒙古各部联合起来的话,那么,清统治者在内外扎萨克蒙古地区大力提倡喇嘛教,把广大蒙古人民引导到自己毁灭自己的边缘,成为一种"宠佛以制其生"的手段,并非过甚其词。从马列主义的观点来说,宗教本来是一种迷信,是麻醉人民的精神鸦片,但不能用强制手段迫使人们信仰或放弃信仰。清朝一代利用宗教来作为摧残广大蒙古人民的手段,是不应随便予以肯定的。康熙后期因遣人往擒假六世达赖喇嘛,清圣祖玄烨就道出了他的目的所在:"朕意以众蒙古俱倾心皈向达赖喇嘛,此虽系假达赖而有达赖喇嘛之名,众蒙古皆服之。倘不以朝命遣人往擒,若为策旺喇卜滩(即策旺喇布坦,下同)迎去,则西域蒙古皆向策旺喇卜滩矣……昔日达赖喇嘛存日,六十年来,塞外不生一事,俱各安静。"(康熙《御制文三集》)

嘉庆年间,清仁宗永琰也曾指出过:"本朝崇礼喇嘛,非如元代之谄敬番僧,盖蒙古最尊奉黄教,兴黄教即所以安众蒙古。列圣相承,用循是道,而皇父(即清高宗弘历)六十年来乘时会以安藏辑藩,定永久清平之基,功德无量云。"(《清仁宗实录》卷八八)又说:"我朝开国以来,蒙古隶我臣仆,重以婚姻,联为一体。青海地方蒙古,虽非内外扎萨克可比,亦不应稍有歧视。雍正年间,于该处设立办事大臣,本为保护蒙古起见,诚以番族杂居蒙古之外,而蒙古实为中国屏藩,是以蒙制番则可,以番制蒙,则属倒置矣。"(嘉庆《御制诗初集》卷四)很显然,清统治者提倡崇拜喇嘛教,不但可以制服蒙古人,而且还可以利用蒙古人来制服藏族人民。

由于清政府在蒙古和西藏地区大力提倡崇拜喇嘛教,"其教遂盛,蒙古、番族(指藏族)无不崇奉"(光绪《大清会典》卷六七)。喇嘛教长期盛行于北方蒙古广大地区所产生的严重后果,直到清亡已有八十多年之久的今天,偶与蒙古族同志谈及,犹有痛定思痛之感。这是因为在清代近三百年间,蒙古人一家如果有三个或五个男子,就必须有二或三四个男子出家当喇嘛。按教规,喇嘛是不许娶妻的,长久下去,人口必然下降。此其一。再则,男的不婚,女的不嫁,很自然发生不正当的性行为,以致性病普遍流行,严重地影响到人口增殖。此其二。这种"宠佛以制其生"的宗教政策对蒙古族广大人民所带来的恶果,清统治者是无法推脱其罪责的。

(四)《会典则例》和《蒙古律例》

如前所述,清朝对蒙古人所采用的"众建以分其力"的盟旗制度和"宠佛以制其生"的宗教政策是一个方面,另一方面又对其上层采取联姻、爵赏、朝觐、优恤等措施来笼络情感,满足其物质享受的需求。凡有关这些方面的具体规定,都详细载入历次纂修的《大清会典》《大清会典则例》《大清会典事例》《钦定理藩院则例》和《蒙古律例》中。从清统治者的主观愿望来说,这些措施是起到限制、利用这一基本方针的作用的。但对这些措施及所制定的法则和条规进行考察之后,我们十分清楚地看出,广大蒙古人民结果被严格地束缚在各自的土地上。例如,康熙《大清会典》中就明确规定:"外藩蒙古不得越旗畋猎。越境游牧者:王罚马十匹;贝勒、贝子、公罚马七匹;台吉罚马五匹;庶罚牛一头。"

只有确因本旗地方无水草,请求移往相近旗份而又得到许可者,方能移往他处放牧。至于无故逃旗,竟以军法从事,处罚更严:"外藩全旗逃者,不拘何旗,以军法往追。若王等不追者,罚马一百匹;扎萨克贝勒、贝子、公等罚马七十匹;台吉等罚马五十匹。"后来并规定蒙古人到内地来,只能由山海关、喜峰口、古北口、独石口、张家口、杀虎口六个边门出入,其余边门不准行走(《蒙古律例》卷五)。法律还严格规定:"科尔沁十旗违禁遣人向黑龙江等处买貂皮者,系王罚九九;扎萨克贝勒等罚七九;台吉罚五九;往贸易人,为首者斩;余各罚三九,携往之资入官;迎往贸易者,概罚三九。"(康熙《会典》卷一四五)这说明蒙古人不但没有迁徙的自由,也没有外出旅行的自由,更没有出外经商的自由。

众所周知的满蒙联姻,事实上也只是清皇室的公主、格格们和蒙古贵族的公子王孙的婚配,也有为数不少的满、蒙两族的旗籍成员互相通婚者。至于蒙、汉两族一般人民之间的联姻,则是被严格禁止的。在康熙《大清会典》内有明确规定:"凡外藩蒙古人诱卖内地人及为妻妾、奴仆者,为首人拟绞,解院送刑部监候,秋后处决;为从人鞭一百,罚三九。"同时又规定:"凡内地民人出口者,于蒙古地方贸易、耕种,不得娶蒙古妇女为妻。倘私相嫁娶,察出,将所娶之妇离异,给还母家。私娶之民,照内地治罪,知情主婚及说合之蒙古人等各罚牲畜一九。"(乾隆《会典则例》卷一四)其中所说"内地人"或"内地民人"均指汉人而言。这就明文禁止蒙古人来内地娶亲或内地汉人出口外和蒙古人结亲。雍正年间又定,违者送回原籍,或勒令离异:"……至民人出口,在各扎萨克地方贸易、种地,娶蒙古妇人,生有子嗣者,交归化城(今呼和浩特市)都统、同知等,细查伊等原籍、姓名、户口、数目,造册具报。内有愿归原籍者,由该同知给予印结,准其带领妻子入口。嗣后仍照旧例,严禁蒙古妇人不许与民人为婚。如有违禁私娶私嫁者,将所娶妇人离异。媒保、说合人,一并治罪。"(《清世宗实录》卷一二九)

到清朝中期以后,清统治者进一步禁止蒙、汉两族间的文化交流和互相学习。特别是蒙古人聘请汉人为师和学习汉字更是严行禁止的。道光十九年,又定:"王、公、台吉等不准延请内地书吏教读,或充书吏。违者照不应重私罪议处,书吏递籍收管。"咸丰三年,谕:"蒙古人起用汉名,又学习汉字文艺,殊失旧制。词讼亦用汉字,更属非是。著理藩院通谕各部落,嗣后当学习蒙文,不可任令学习汉字。"(光绪《会典事例》卷九九三)在当时的历史条件下,社会经济和文化的发展,汉族远比蒙古族先进,是谁也不能否认的事实。可是,清统治者为了便于统治、制服蒙古人,从各方面限制蒙古人与汉人的交往,使蒙古人尽量少与汉人接近,不许学习汉族文化,这对蒙古人民的进步和发展,是起了很大阻碍作用的。

这里还必须指出的是,清统治者特为内外扎萨克蒙古颁布了一部与内地汉人区别对待的《蒙古律例》。从表面上看,是特别照顾了当地内外扎萨克蒙古的习俗人情。《蒙古律例》的条文,"死刑之外,罪止鞭责,不及流徙,统于罚例"(乾隆《会典则例》卷八十),显与《大清律例》不同;而且开始曾规定:"边内人在边外犯罪,照内律;边外人在边内犯罪,照外律。八旗游牧蒙古苏鲁人等,俱照外律治罪。"(康熙《会典》卷一四五)这是一条蒙古人犯法按照《蒙古律例》治罪,而不管他是在口外蒙古地区或在口内汉人地区的律文,究其实质,对各兄弟民族的日益接近、相互学习、相互进步是很不利的。后来由于蒙、汉人民往来日益繁多,这种分隔蒙、汉办法行不通,所以清统治者不能不改为:"蒙古人在内地犯事,照内地律治罪;内地民人在蒙古地方犯事,照蒙古律治罪。"(《蒙古律例》卷一二)可以说,律文的改动,是广大蒙古族和汉族人民在政治、经济和文化生活上长期往来交流、互相依赖、互相学习、日益接近的必然结果。

(五)清朝对待蒙古的政策之得失

纵观清朝一代近三百年间,最高统治者在对待北方蒙古人的方针政策上,目的只有一个,就是如何制服蒙古人,使其成为自己的驯服工具。手法则有两面:用联姻、爵赏、朝觐、优恤等措施以收其心,是软的一面;另外采取盟旗制度以分其力,把他们严格束缚在各自的土地上,严禁外出经商,分隔蒙、汉以愚其民,是硬的一面;至于大力提倡崇拜喇嘛教以制其生,则又是软硬两者兼而有之。

今天我们从历史事实和客观效果两方面去考察,就蒙古族本身看,历史事实是,本来是人口众多而又十分强悍的蒙古族,曾经一度征服过欧、亚许多国家,建立过一个近百年之久的蒙古大元王朝。经过清朝近三百年的长期统治,被制服成了一个一蹶不振、不相统属、人口下降、贫穷落后的弱小民族。按17世纪初,察哈尔林丹汗致书努尔哈赤提到"蒙古国统四十万众"问候

"水滨三万人"的建州女真,固不免夸大其词,但当时蒙古人口总数多于女真(即后来的满洲)则是事实。200年后,据初步统计,蒙古族和满族的人口几乎相等,1978年调查,满族为265万人,蒙古族为266万人。清王朝对此是要负主要责任的,我们不能为其讳言。就整个中国看,客观效果则是,即使在1860年以后,沙俄乘虚而入,强占了我国从西北伊犁(今伊宁市)附近一直往东到东北黑龙江以北及乌苏里江以东总共150万平方千米的大片土地,清代近三百年间,我国北方还是始终比较平静、比较安定的。如果说,今天我们这个统一的多民族国家是在1840年前这段时期已经得到巩固和加强的话,那么,从清统治者利用、限制蒙古人,将满、蒙联成一体,休戚相关,使整个北方不再发生对抗、分裂的局面这一点来说,清王朝在对待蒙古人的办法上是成功的,是卓有成效的,因而客观上在巩固祖国边疆和加强民族团结方面,是起积极的进步作用的。

总括一句,蒙古族经过清朝近三百年的长期统治,被削弱和制服成一个驯服工具,从此各不统属,人口下降,贫穷落后,是清王朝封建反动的民族政策的受害者;如果说,客观效果上,清朝在巩固祖国边疆和加强民族团结这一点上起了积极作用的话,那么,广大蒙古人民是付出了巨大代价和做出了巨大牺牲的。

## 清朝中央和地方官制

我们在此叙述清代官制,首先从中央说起,再说地方与边区,因以见当时国家统一以及对天下四海的管理情况。

第一,满汉杂糅的中央官制。

清代官制,多沿用明朝制度。《清史稿·职官志·序》已经指出："世祖（即顺治）入关，因明遗制，内自阁部，以迄庶司，损益有物，藩部创建，名并七卿，外台督抚，任其纷更，著为令甲。"清末仍然认为"我朝设官大半沿前明数百年旧制"，自来无异议。仔细按之，两代官制多名同实异。这是因为清代乃以一个生产力发展较为落后的少数民族入主中原，挟其祖辈相传的故有旧制，故在官制上有许多重要的改革。其改革上之显著者表现为既沿袭汉制，兼参用满俗，两种制度交相混合掺杂，有因有革，损益参半，具有一代独创之特点。今特将两代官制因革损益嬗变之迹，条分缕析，尤详其不同于明或名同实异而属于清代官制改革上之重要者。

**内阁大学士名同实异** 明洪武十三年（1380）罢丞相不设，由皇帝直接处理国政。永乐（1403—1424）以后，大学士以五品官（编、检、讲、读）入阁办事，官阶远在六部尚书、侍郎之下，但兼尚、侍衔加官至一品，是为内阁，成了事实上的宰相。所以，到了明中叶以后，遂有首（一作元）、次群辅的区别。清则反是，初设文馆，满语称笔帖赫包（满音 bithei boo，汉译文馆或书房）。后来改为内秘书院、内弘文院、内国史院，合称内三院。内三院长官初称承政，下属有参政、启心郎各若干名。入关初，仿明制改为内阁。大学士之名，满语称之为笔特黑达（满音 bithei da），一称巴克什（满音 baksi，汉译儒士），既有满大学士，又有汉大学士，僚属亦相同，为复职。刚林、范文程、宁完我、冯铨、洪承畴等，即是其例。大学士职务与明略同，名虽尊而实不过皇帝身旁之私人秘书，缮写文书与谕旨而已。

内阁之制，初为四殿（中和、保和、文华、武英）、二阁（文渊、东阁）。乾隆初，裁去中和殿，增设体仁阁而为三殿三阁，成为一代定制。唯保和殿大学士不常设。雍正以后，权移军机处，不仅大学士无实权,即亲王议政亦形同虚设。必是大学士兼军机大臣者,始为真宰相,而其中满员多为真宰相,汉员附和画诺而已。

清初,议定满、汉大学士六员,康熙间常用大学士四员。雍正时多至六员,复增置协办大学士十二员。协办始于陈元龙、尹泰两人,在雍正七年(1729年,有作雍正九年者,误),逮至乾隆初,始定为满、汉大学士各两员。大学士品级,顺治初定为满一品,汉五品。满尊汉卑,民族差别自见。康熙初,以满、汉一体相号召,改定为满、汉俱正二品。雍正时,升大学士为正一品,尚书为从一品,后来才并定为正一品。品级虽同,而实权仍操于满员之手。大学士名额,多时至六,少则一两人。

殿阁之制,明代依次递升,清代表面上满、汉各半,实则汉大学士班列在满大学士之下,只作为陪衬罢了。乾隆末,稍为改定大学士班次,著阿桂居首,和珅居次,王杰居和珅之次,福康安居王杰之次,孙士毅居福康安之次,已算是特典了。只有到了清季,汉人得预政,李鸿章始以文华殿大学士跃居于武英殿大学士宝鋆(满人)的班列之上。此因清季政治腐败,国势不振,满洲贵族日趋衰落,不得不借汉人之力以支撑其摇摇欲坠的局面。满、汉权势消长盈虚为之稍变。

**六部因革损益** 明代大政寄于六部,而以吏部为尤重。吏、礼、兵、工四部所属各有四司,分别掌管全国文武官员之黜陟赏罚,以及礼仪、学务和营造、水利诸务,只户、刑两部各有十三司,分掌各行省的财政和刑法之事。六部长官为尚书、侍郎,所属各司有郎中、员外郎、主事者。清代之户部为重,仅次于吏部。清代大体与明相同,所不同者,清代之户部为十四司(山东、山西、河南、江南、江西、福建、浙江、湖广、陕西、四川、广东、广西、云南、贵州),刑部为十八司,于十四司之外增添直隶、奉天(今辽宁省)、督辅(原隶兵部,康熙间改入)三司,此外分江南为江苏、安徽两司。其他如詹事府、鸿胪寺、光禄寺、太常寺、太仆寺、国子监等衙门,皆沿于明,终清未改。

最不同于明者,清为复职,有一汉员,必有一满员,而满员班列皆在汉员之前,与大学士的情况相同。这是由于满族以一个少数民族君临中原,统治全国最广大的汉族,不得不以统治民族自居而处处监督、提防汉族(关于其他民族,下面另谈)。六部满洲员外郎、主事与郎中一体办事,而汉官则以一司之事,专委之郎中,其员外郎与主事不过积俸待迁可以作为最好的证明。而且依照清制,每司的掌印为满员,主稿则为汉员,更可说明实权操在满员之手,办事乃汉员之责,俗所谓掌印即操"刀把子"者也。据不完全统计,以六部为例,堂司以下,郎中135人中满78人,蒙古6人,汉51人;员外郎164人中满108人,蒙7人,汉49人;主事144人中满80人,蒙5人,汉军7人,汉52人;笔帖式535人中,满447人,蒙23人,汉军65人。其中唯刑部汉员多于满员(如郎中满17人,蒙古1人,汉20人),乃因狱讼之事多为民人,非汉员莫能受理之故。

值得指出的是,笔帖式(满音 bithesi,汉译文书之意)为清代所特有,中央各部、院、寺、监均置。名虽微员,而人数最多,几乎纯为满员。笔帖式品级虽低(最高者不过六七品,低则八九品),而升迁最快。笔帖式的名目繁多,有委署主事、掌稿缮折、牌子等名称,专供笔札,司收掌而已。在清代捐一笔帖式,不数年即可荐至员外郎、郎中而掌印了,只要能奔走攀缘,虽目仅识丁,不一二十年亦可富贵,甚且外升总督、巡抚,内转尚书、侍郎。不难看出,笔帖式为满人晋升之一捷径,设员既多,得之者甚易,故趋之若鹜;及至后来,粥少僧多,候补者盈千累万,升迁无期,又莫不弃之如敝屣，不特不以得者为荣，反而视为无足轻重的了。

**大小九卿重叠** 自从隋唐开始实行六部制度，直到明清两代，九卿有大小九卿之别：合六部与都察院、通政司、大理寺为大九卿；小九卿则一般指詹事府、太常寺、光禄寺、太仆寺、顺天府、鸿胪寺、国子监、翰林院、尚宝司而言。大、小九卿的职掌有许多互相雷同，早已有叠床架屋之讥。特别是小九卿衙门只是装饰门面，形同虚设，为明清两代所同病，而至清尤为突出。不同于明而更甚于明者，厥为清代之大、小九卿均系满、汉复职，因而满、汉员缺倍增，以致机构重叠，员额壅塞不堪。小九卿之在清代已成赘疣，无怪乎到了清季变法维新之际，小九卿中之太常寺、光禄寺、鸿胪寺、太仆寺、尚宝司等合并的合并，裁撤的裁撤。

都察院除设置满汉复职不同于明代的之外，还将原为独立的监察机构掌稽察六部及其他衙署的六科给事中，并入都察院，为其下属，从而结束了自唐、明以来监察机关台、谏并列的局面。

明、清两代官制中位置最高者，首推宗人府。宗人府专办皇族一家之私事，为两代所同。所不同者，清则宗人府设官，其长官为宗令，身带宗人府印钥，任以最受尊重的亲王，下设左右宗正、左右宗人，分别任以亲王、郡王、贝勒或贝子，其为满族贵胄之专缺，固无疑义。最为怪事者，宗人府之府丞不为满缺而为汉缺，下属亦参用汉主事与汉经历。此则以府丞掌校汉文册籍，须得汉主事汉经历以为之助耳。

八旗的基层组织为佐领（满语 niru，汉音牛录，其首领为牛录额真 nirui ejen，后改称牛录章京 nirui janggin，汉译为佐领），每佐领设一族长（满语 mukuni da），八佐领为一旗，每一旗设一总族长（满语 uhei mukuni da），分旗管理。八旗之总族长均由宗人府派亲王、郡王充任。

**理藩院前代所无** 理藩院为清代新创的中央行政机构之一。入关前设有蒙古衙门,因最初与蒙古交往最为频繁,故设此一衙门以专管其事。后来清廷与各兄弟民族的往来日密,交往之事日多,故改蒙古衙门为理藩院以适应其需要。理藩院只管理内、外蒙古,回部(新疆维吾尔各族)和番部(藏族)的事务,西南各民族并不包括在内。因为全国最高统治者满洲贵族本身也是少数民族,故深知民族问题及其政策在国家行政措施中之重要性,这正是理藩院之所以特创而为历代王朝所无,成为清代官制中最大优点之一的一个原因。

理藩院设官与中央各衙门同,长官有尚书、左右侍郎各一人,以满员充任,间亦有蒙古人为之者。僚属有郎中、员外郎、主事、笔帖式各若干人,皆满、蒙缺,而无一汉缺。此则有关满、蒙、藏、维各民族来往交涉之事,有关谕旨与奏折俱用满、蒙、藏、维文书写,汉人多不通晓其语言文字,殊难为力之故。分设六司:旗籍司掌内蒙古的疆理、封爵、谱系、邮传、游牧诸务,王会司掌内蒙古的朝觐、贡献、赏赐诸务,典属司掌外蒙古的邮驿、屯田、互市诸政令,柔远司掌外蒙古的宗教、朝贡诸务,徕远司掌回部的年班、职贡等事,理刑司掌内外蒙古、回部及诸番部的刑法诸政令。由此可见,旗籍、王会两司为专管内蒙古而设,典属、柔远两司为专管外蒙古而设,徕远一司为回部而设,而理刑一司则为内外蒙古、回部、番部诸民族各种不同刑法而设。其所以产生各少数民族的政策,区别对待如此。

综观有清一代近三百年间加强民族统治的行政措施,有得有失,具体表现在区别对待各少数民族的政策上,在清代的大法和一切律令上,既有《大清律例》以及《理藩院则例》总的条款,又有《蒙古律例》《回部则例》与《西宁番子治罪条例》对各民族的不同法规,对不同民族的迁徙、出外经商、互相通婚、拜师求学等方面,均有严格限制性的不同法令规定。这对清王朝加强巩固祖国统一和领土完整,是起了积极作用的,但对祖国各民族间的友好往来和经济文化交流加以限制的规定,也有某种程度的消极作用。

**内务府为清代特创** 清代另一新创的中央行政机构为内务府。内务府的全称为总管内务府衙门,长官为总管内务府大臣,简称为内务府大臣或总管大臣,满语称包衣按班(满音 booi amban)或包衣大(满音 booi da),汉译为内府大臣。清初,裁明代二十四衙门入内务府,专管爱新觉罗一家的日常生活等皇室事务,下设广储、会计、掌仪、都虞、慎刑、营造、庆丰七司,每司各有郎中、员外郎、主事、笔帖式等官各若干名,与六部各司同。

内务府各司职责,分别为宫廷的宴飨、典礼、库藏、服饰、赏赐、营造、牧厂、刑律等。七司以外,尚有武备院、上驷院、奉宸苑、总理工程处、养心殿造办、武英殿修书处、刊刻御书处、御茶膳房、御药房、三旗纳银、官房租库、官学、织染局、江宁、苏州、杭州三织造,分别隶属七司,均统辖于总管大臣。

**军机处大政所出** 军机处是一代大政所从出,皇权达于极点,为前代所无之事。入关前,满族亲王大臣分享军政大权。顺治初,诸王大臣议政之制不改,其章疏票拟主之内阁,军国机要主之议政处。康熙十六年(1677)设南书房,特颁诏旨,由南书房翰林视草,不啻夺去内阁票拟与议政处之权。迨雍正七年(1729)以西北两路用兵而设军机处,领以怡亲王允祥及蒋廷锡、张廷玉两大臣。表面观之,纯为保守军事秘密而传达谕旨迅速起见,故军机处设于乾清宫西侧,实则世宗胤禛为了进一步加强皇权,而将一切军国机要操之于一人之手。从此,寻常吏事仍由内阁票拟,军国大政则由军机大臣面奉皇帝训示,拟旨缮发,而议政处与内阁遂形同虚设了。

军机处非正式衙门,军机大臣亦非实官,略同于内廷差使,如御前大臣及两书房(南书房与上书房)之称行走,行走年久者方称军机大臣上行走,或称军机处行走,简称军机大臣,俗称"大军机"。所属有章京(满语 janggin,汉译原为官员之意,后成为一专用官名)若干名,章京之初入军机处者,称军机章京上学习行走,行走年久者,方称军机章京上行走,简称军机章京,俗称"小军机"。军机大臣与军机章京的正式名称上之所以冠以"行走"两字,即充分表示其为虚官而非实官之意,所谓"内廷差使"便是。

军机大臣无定额,初为三人,后增至四五人,清季多至六七人,皆由特别任命,每日承旨书写谕旨及交办事件,立即照办,从无敢迁延时日者。军机章京由各部挑选保送。初只用中书,后乃杂用郎中、员外、主事,考试其字画端楷、下笔敏捷者,用之。军机大臣之为首者称领班,每日召见,名曰"承旨",后始改为共见,一人"见起"者,夸为独对。自怡亲王允祥以后,亲王入军机者,有成亲王永瑆、恭亲王奕䜣、礼亲王世铎、庆亲王奕劻等。

军机大臣奉谕与某人者,称为"传旨"或"述旨";谕旨之特降而宣示中外者,称为"内阁奉上谕";因奏请而降者,称为"奉旨";交内阁传抄者,称为"明发";不由内阁传抄而令军机处行者,称为"寄信",俗称"廷寄";径行省区一级之督、抚传谕者,称为"军机大臣字寄";径行省区之布、按、关差传谕者,称为"军机大臣传谕"。乾隆时只由领班军机大臣一人署名寄出;后始改为军机大臣寄出,不再署姓名,一般皆由四百里或六百里文书发出。清季,廷寄改由电报拍发,故称为"电寄"。

军机大臣权力之大,有操用人之权。在军机处寄名之提镇、道府、州县,由军机大臣开单,乃由其一手操纵,固不必论,若大学士、六部、九卿、督抚、将军、都统、主考以及驻外使节之简放,亦莫不由军机大臣开单请旨。一代大权固操在皇帝一人之手,不容旁落,然军机大臣拟旨开单,其权不可谓不大者也。

总理衙门之设,始于咸丰十年(1860)。总理衙门为总理各国事务衙门之简称,全称为总理各国通商事务衙门。由于当时列强之要求"总以官体自居,不肯自认为通商",始将"通商"两字删去。

总理衙门规制,俱仿军机处,初设时只派恭亲王奕䜣与桂良、文祥两大臣。嗣增至八九人。总理衙门组织:一、领班一人,初为恭亲王,继为庆亲王奕劻,直至庚子(1900),两王均为军机大臣首领;二、总理大臣无定员,由军机大臣兼,以重其事;三、下属章京,亦同军机,有总办章京、帮办章京,章京满、汉各若干名,依次递升,多由军机章京兼任,后来又添设额外章京,满、汉各八名。司务厅、清档房司员各若干人,员额溢于军机处之外,事权亦不一,乃改外务部,为后来外交部之张本。

第二,因地制宜的地方官制。

**督抚——省区一级** 清代地方官规制,大体上亦沿于明而稍有损益变革。总督、巡抚在明代原系临时差遣,事后裁撤,至清始被固定下来,成为省区一级的最高长官;同时,明代原为省区一级长官的三司并立的布政使、按察使、都指挥使三司反而降为省区二级,几乎成了督、抚以下属员。

督、抚负责数省或一省的军民诸政。清初,辖区尚未完全明确,后始定为八督十二抚,再增为十五抚,最后为十八抚,成为一代定制。八督为直隶、两江、陕甘、闽浙、湖广、四川、两广、云贵。十二抚为江南、山东、山西、陕西、甘肃、浙江、湖广、广东、广西、云南、贵州、福建;十五抚是把江南分为江苏、安徽,又增河南、江西;十八抚是将湖广分为湖南、湖北,又增新疆、台湾,通称为十八行省或十八省。

督、抚职掌,由于初为临时差遣性质,故在明时,其正式名称总督为"总督某某等处地方提督军务粮饷兼巡抚事",仍书"兵部尚书兼都察院右都御史";巡抚为"巡抚某某等处地方提督军务兼理粮饷",仍书"兵部侍郎兼都察院右副都御史"。由此可知明时兵尚、兵侍均为实官;总督某处、巡抚某处均为临时差遣,故均为虚衔。清代则不同,督、抚已成为省区一级的实官,而且清时由侍郎以别项官补授总督者,俱改书"兵部右侍郎兼都察院右副都御史";由学士、副都御史、九卿及布政使补授巡抚者,俱改书"兼都察院右副都御史";由左佥都御史补授巡抚者,改书"兼都察院右佥都御史"。督、抚既成实官,一般不再书全称与虚衔,督、抚由虚衔而成实官,同时督、抚两词亦由原来的动词一变而为名词,简称为某省总督或某省巡抚。

需要一提的是,康熙以后,直隶、四川两省只有总督而无巡抚,甘肃省由陕甘总督兼管,新疆、台湾两省建省较晚,分别隶属于陕甘与福建。东三省总督及奉天、吉林、黑龙江三省巡抚的设置更晚,均在光绪三十二年(1906)。

最堪注意之一点,满族以一个少数民族成为全国的统治民族,其统治广大汉族与各族的人民,自非重用和多用汉人,采取"以汉治汉"之道不可。然按之实际,又不尽然。中央官为满、汉复职,自不能行之于地方,亦无如此众多之满人以充塞于州县父母官之间;何况语言与习俗之不同,即使凌驾其上,亦无所措手足。从入关起,满族所重视者为省区一级督、抚的人选,口头上讲"不分满、汉,一视同仁",任人唯贤,实际上满多于汉。计自顺治四年至雍正十三年(1647—1735)近九十年间,八旗人员任总督者307人,任巡抚者463人(其中汉军十居其七,满洲十居其三,蒙古仅两人),直至乾隆年间仍遵其制。清季局势稍变,由于湘、淮军兴,扑灭太平天国运动有功,维护了清王朝的继续统治,汉人之出任督、抚者,多于满不啻倍蓰。

督、抚职权亦随时代先后而有所不同。清初,督、抚所辖一般为两省,亦有包括三省或三省以上者,如洪承畴经略湖广、广东、广西、云南、贵州等省,实为六省;鄂尔泰督云、川、贵、粤西等省,实为四省,即是其例。余如两江总督例兼江苏、安徽、江西三省,而至清末,徽、赣两省巡抚即不复听总督指挥。至于同城之督抚,每至不和,如两广总督与广东巡抚同驻广州,巡抚卒被裁撤;又如两湖总督是事实上名副其实的湖北、湖南两省总督,而仍称为湖广总督,终清未改。如果说巡抚等于省长兼省军区司令,则总督说是大军区的总司令亦不为过。清末,直隶总督兼北洋大臣。两江总督兼南洋大臣。袁世凯之出任北洋大臣,北洋派军阀的形成即伏根于此。

**藩臬与省级平行** 藩臬为布政、按察两司的代称。明沿元制,改元代之行中书省而为承宣布政使司,简称为布政司,长官为布政使,佐贰为参政、参议。是明之地方行政区划为布政使司,犹元之有行中书省。体制虽改,而习俗相沿,名称仍沿袭元代为行省或省。至清,地方行政区划既非元制亦非明制,仍称之为"省"。而省之称谓,初不见于官文书中,迨乾隆以后,遍见于上谕、敕旨与臣工奏疏之中,约定俗成,与正式名称并无二致。

明时省级三司并存,已如前述,至清首裁都指挥使,仅存布、按两司。两司名义上与省级平行，实为督、抚僚属。明代布、按定期朝觐，至清废而不行，不复有直达皇帝面奏之权。明时两司佐贰本与布、按同在省城，后于省与府县之间划分为道，由布政司之参政、参议派出为道员者为分守道；由按察司之副使、佥事派出为道员者为分巡道。清初亦沿明代分守、巡两道之制，所不同者，明代为临时派遣，道无品级，视所带职衔而定，参政为从三品与守道同，佥事为正五品与巡道亦同。清代自乾隆以后，道员成为地方实官，取消虚衔，定为正四品。守、巡两道之外，尚设有不少无地域区划的专职道员，如粮道、河道、驿传道、盐法道、海关道等等。依清制，州、县的文书先申府，府申道，道转布、按，布、按再呈督、抚。如此层次重叠，转相呈递，行政效率之低，不问可知。尤为可怪者，《清史稿·职官志三》有道员一目，而《地理志》28卷中竟无道一级的设置，其与历史事实不符如此。

**府厅——省二级**　清代与历代相同，州、县是省的基层，府为其上级，介乎省与州、县之间，成为中间的一级，故为省之二级。

府的长官称知府，京师所在的首府称府尹，都是沿袭于明。府的佐贰有同知、通判、推官等，推官后省去。定制：知府一人，同知、通判无定员，下属有经历、照磨、司狱各司。知府总领其事，凡一府的政务须由知府上达督抚，许可乃行。同知、通判分掌粮盐、督捕、江海防务、河工、水利、清军理事等诸务。

清自裁省推官以后，同知、通判多被派遣到该境内分防，久之遂形成府的一个行政单位，名之为厅，亦有在边区，主要是少数民族聚居区地，不宜与内地同样设州置县者设厅，派同知或通判以领其事。厅有散厅与直隶厅之别，直隶厅与直隶州不同，它很少辖有属县。未设府的直隶州同于府，无属县的州为散州同于县。直隶厅既以同知、通判领其事,大的直隶厅同于府,直隶于省,其余的厅则称之为散厅而同于州、县。

巡检司设于距县很远的边疆地区,其长官即称巡检,从九品,官阶虽小,而职权略同一个小的知县。此外,凡设于内地的巡检,隶于州或厅者则专司河防。

**州县——省的基层** 清代省的基层州、县之设官,亦同于明,仅佐贰多所省并。州有散州与直隶州之分,直隶州同于府,散州同于县;唯明代的散州多有属县,清则无之。州置知州一人,佐贰有州同、州判,无定员。知州掌一州之事,州同与州判分掌粮务、水利、海防、管河诸务。计全国直隶州76个,散州48个。

县设知县一人,初沿明制,年终俸满,行取知县至京,补授科道或部职。乾隆以后,停止行取,其贤能者仍可以提擢部员。知县掌一县之事,佐贰有县丞、典史各一人,主簿无定员。县丞、主簿分掌粮马、征税、户籍、缉捕诸务,典史则掌狱囚。如一县无丞、簿,则典史总领其事,无所不管。明末清初之江阴典史阎应元为最有名的典型人物,以一县之力抗清之大军压境。全国知县共计有1350人。

州、县为统治全国的基层,基层不固,势必直接影响国家的长治久安。州、县长官乃亲民之官、吏治之基,俗所谓"民之父母官"也,各省州、县与民最亲,凡大小案件无不始终于州、县衙门。旧制:钱粮、刑名等项,分委承办,设有六房,即附于州、县公堂之左右,使经制、书吏居处其中,既专一其心,又慎重其防闲。所谓六房即吏书、户书、礼书、兵书、刑书、工书,各房书吏各若干名。书吏亦称典史、胥吏,俗称书佣或稿公,品级最低,为未入流。此外尚有经书即帖写,专写红、白禀帖;清书为满文文书,专司誊写;攒典即吏役之通称;门子或称门级、门上,即收发、传递;差役,俗称听差或跟班;家丁或称底下,即长随;皂隶或称衙役,亦即仆从;马快与步快,即捕役;铺兵、驿站、台站之称委员,即邮传;民壮亦称亲兵,即知县之贴身兵勇;禁子,管狱囚的头头;刽子手,执行死刑的人,吃工食。据官书记载,州、县衙门额设民壮50名,每名每年工食六两。后来略有增加,额定自六两至十八两不等,亦有不及六两者。

清代地方官,从州、县至督、抚,总要聘请几位能干而有学问的人,协助办理一切事务,称之为幕宾,俗称师爷,而尤以绍兴师爷为最有名。督、抚的师爷无定额,大县两名,分管刑名的称刑名师爷,分管钱粮的称钱粮师爷;小县一人,则刑名、钱粮两者兼管。师爷非命官,待以宾礼:合则留,不合则去;年终送束脩,一般在千两以上。清代幕宾之有名者,以赵翼之作幕李侍尧、包世臣之作幕朱珪、王闿运之作幕曾国藩为最。

县之下层尚有保甲,职责为清查户口,编定牌甲,以维护地方安定。"每家出一丁,十家以牌长一人率之;百家(即十牌)以甲长一人统之;一村(即十甲,合一千家)以保正一人总之,保副二人为之辅。"一县之保甲长差派繁多,造册有费,立牌有费,择派保甲长,亦莫不有费;甚至县衙之一切铺陈及日用什物,皆由保甲长派之民间,滋扰农作,累及商贾行旅。保甲长之为虎作伥多如此。

第三,边区特殊设置。

**东北三省旗民分治** 清代边区的行政机构,比较复杂,也不统一。东北三省为清朝发祥之地,定为封禁之区,而以盛京(今沈阳市旧城中心区)为留都。初设置内大臣为留守,驻辽阳。顺治元年(1644)以内大臣为总管;三年,改为昂邦章京(满语 amban janggin,汉名总管）。康熙初,置将军,移驻盛京,称总管盛京等处地方兼管盛京巡抚事,简称盛京将军,一人。康熙中,相继分设黑龙江、吉林两将军,而盛京将军实为之首,成为一代定制。

东北三省所设盛京（初名辽阳,继改盛京,后改奉天）、黑龙江、吉林（原名宁古塔、乌拉三姓）三将军,分别掌握三省军民诸政。盛京作为留都,设官同于京师,除吏部不设外,余五部同时并建,秩视京师六部,而盛京统部实兼辖黑、吉两省之事。三省向有每届五年巡查一次之例,"奉天则京卿往,吉林、黑龙江则盛京侍郎往",即是明证。盛京将军外,尚有副都统四人,分驻锦州、熊岳、金州、兴京四处；城守尉八人,分驻盛京四人,兴京、凤凰城、辽阳、开原各一人；下设协领、防守尉、佐领、防御、骁骑校等各若干人。以上从将军衙门、都统衙门到旗佐衙门均为专治八旗旗人而设,只理旗务不问民人之事。

专理民人之事者,又有府、州、县衙门。盛京附近各州、县,设奉天府,府设府尹,同于京师之顺天府；而以辽河以西各州县设锦州府,府有知府,同于一般的府。府、州、县之设,所以专治盛京等处地方之民人,与都统、旗佐衙门之专治旗人,同行于一省之内,实为地方行政上的双轨制。然旗民户田、婚丧互相争讼之事不时发生,州、县不敢受理,判处旗人减民人一等,旗人又有折赎。可见被统治民族之受歧视,清朝亦不例外。

**内外蒙古与青海** 内外蒙古地区的设置,又与东北三省满族发祥之地不同,因地制宜,随俗而治,因民族的不同而统治措施亦随之迥异。大致言之,内、外蒙古与青海诸部推行盟旗制度,分之为旗,合之为盟。旗设旗长,又称扎萨克（蒙古语 jasak,汉译执政者之意）,由理藩院奏请简派旗内最有威望之王公大臣充任,掌管一旗之军政、民政及入京朝觐、年班诸务。合数旗而为一盟,盟设盟长,正、副各一人,由各旗扎萨克内简派。盟长主持各旗会盟事务,并代表皇帝监督各旗。是知盟旗制度系清朝统治者根据满族的八旗制度的组织原则,在蒙古原有的社会组织的基础上,即根据满、蒙两民族各自本身的特点,逐步建立起来的。

内蒙古设绥远城将军一人,驻今呼和浩特新城,佐贰有副都统一人,另有热河、察哈尔都统各一人,下有协领、佐领、防御、骁骑校等各若干名,分掌内蒙古等处地方旗民政、刑名、钱粮、捕盗等诸务。设官略同于盛京,如有都统旗佐衙门专治旗人;又有不同于盛京者,因民人不多,内蒙古等处不再设置府、州、县。

外蒙古设乌里雅苏台将军,即定边左副将军一人,有参赞大臣两人为之副;又分设有科布多参赞大臣、办事大臣各一人,库伦办事大臣、帮办大臣各一人。是知各城大者,设办事大臣;小者设领队大臣、帮办大臣。自将军、都统到各大臣,均由皇帝简派。下属有总管、副总管、参佐领、骁骑校等各若干人,皆从京调遣,三年一换,除掌管轮番戍边的旗营与绿营的官兵外,兼管屯田、垦殖等事宜。

青海地方偏远,只置办事大臣一人,驻西宁,掌管地方的军政、民政。下亦设旗,置官悉如内外蒙古,唯旗上不设盟。

内外蒙古各旗辖以盟,与青海各旗隶于理藩院,旗皆统其治于将军、大臣、都统而达于理藩院者也。

**新疆有伯克制** 新疆回部(系对南疆维吾尔族聚居区的称呼),推行军、民分治。军治设伊犁将军一人,统治天山南、北路的军政和戍务。各城分设:乌鲁木齐都统、副都统各一人;塔尔巴哈台副都统、领队大臣各一人;巴里坤、古城领队大臣各一人;库尔喀喇乌苏(今乌苏市)领队大臣一人;哈密办事大臣、帮办大臣各一人；喀什噶尔(今喀什市)参赞大臣、帮办大臣各一人；英吉沙尔(今英吉沙县)领队大臣一人；叶尔羌(今莎车县)办事大臣、帮办兼理粮事各一人；和阗(今和田县)办事大臣兼领队事一人；阿克苏、乌什、库车、喀喇沙尔办事大臣各一人，下属有协领、佐领、防御、骁骑校等官各若干名。新疆经制之兵，亦设提督、总兵、副将、参将、游击、都司、守备等官，略同于内地各省绿营之制。

民治则根据维吾尔各族原有的组织原则，推行伯克制。伯克本为对官员的称呼，最高者称阿奇木伯克，世袭，综掌回务，至清废世袭，而伯克之旧称不改。南疆31城各设有伯克，因职掌不同而异其名号：伊希罕伯克，掌赞理回务，仅次于阿奇木伯克；噶杂拉齐伯克，掌田亩粮赋；商伯克，掌征收粮赋；哈资伯克、斯帕哈资伯克、拉雅哈资伯克，分掌各种狱讼，以及六、七品伯克，采铝、挖铜、管铜各种伯克甚多。直至清末，新疆建省，府、州、县之制行，伯克制乃废。

**西藏政教合一** 西藏自元以来，即为政教合一的地区。至清，置驻藏大臣、帮办大臣各一人，前者驻拉萨，后者驻日喀则，全藏均接受中央政府直接统治。

驻藏大臣与帮办大臣，任期均为三年，主管西藏所有高级僧俗官员的任免，并稽查财政的收支，掌管藏区军队的调遣，督察司法、田产、户籍、差役(乌拉)等项事宜，兼巡视边境防务，办理一切涉外事项。最堪注意者，驻藏大臣代表清廷监督达赖喇嘛、班禅额尔德尼及其他大活佛转世的抽签，并主持达赖、班禅的坐床典礼。乾隆年间平定西藏噶布伦(一作噶伦)之乱后，对驻藏大臣的上述地位与职权做出明确规定。

全藏分为卫、藏、喀木、阿里四部分，各置噶布伦一人分治其地。由四噶布伦组成噶厦为西藏地方政府,下属藏官有仔琫、商卓特巴、第巴、达琫、大小中译,为佐理全藏事务的官员;戴琫、如琫、定琫为各城的典兵官员。此外尚有边营官,大、中、小营官,为西藏各城治理藏民的地方藏官。全藏文武官员的升补各按其等差,降黜亦同。

**西南行改土归流** 西南地区实行土司制度由来已久。清沿明旧,因俗而治,凡部落首领降清者,其著有战绩之土著武官,封为土司。土司名号有宣慰司,从三品;宣抚司,从四品;安抚司、招讨司,皆从五品;长官司,从六品。一般部落首领之降清者,则授为土官。土官名号有土知府,从四品;土同知,正五品;土知州,从五品;土通判、土经历、土知事,皆正六品;土州同,从六品;土州判,从七品;土推官、土吏目、土知县、土县丞,皆正八品;土主簿、土典史、土巡检,皆从九品。是知土官之品级,皆低于相同之汉官一级。唯土司、土官可世袭,初隶吏部验封司,后因有土兵,半隶于兵部武选司。每袭封,必奉朝命,无子弟者,即以其妻袭封,亦必亲自赴京受职。后来以武职的土司隶于兵部,文职的土官隶于吏部,但土司、土官的贡赋则皆会计于户部。

清时改土归流之倡议,虽不始于雍正年间,顺、康中早已有之,然自雍正四年至九年(1726—1731)清政府对西南滇、黔、粤西三省进行大规模的改流,为西南地方政治史上的第一大变动。据考,隶云南的有四府(东川、镇雄、普洱、乌蒙)、四同知(会泽、普洱、思茅、恩安);隶贵州的有七同知(长寨、八寨、古州、清江、正大营、郎岱、台拱)、五通判(威远、丹江、都匀、都江、归化)、一州(永丰);隶广西的有二府(泗城、太平)、二厅(明江、龙州)、二同知(庆远、柳州)、一通判(太平)、五州(西隆、东兰、宁明、归贤、奉议)、一县丞(崇善)。凡已改流的府、州、县,官制与内地同。但此外西南各省未改流之府、州、县，仍为数不少。从而可见雍正年间之大力推行改流政策，其真正目的在于打通西南与腹地的交通线，削弱当时西南地区各土司的割据势力，以加强清中央政府对西南地区的直接统治。

## 清代兵制略讲

或曰：南兵不如北兵，北兵不如口外之兵，安能使吴越之文弱，皆成西北之劲旅乎？曰：此将兵之恒言，而非将将之至言也。五代契丹无敌中夏，而天祚以数十万众败于混同江之数千金人者，即前日辽兵也。女真满万不可敌，而兴定、元光中百战百挫于蒙古者，即前日金兵也。元起朔漠，国四十，以有中原，遂乃涉流沙，逾葱岭，西洋西竺，尽建藩封，为开国以来版图所未有。及至正末年，蒙古四十万之众，屯于中原，仅漏网六万归塞北者，即前之蒙古兵也。然金兵析于元代，而完颜陈和尚独以四百骑败蒙古八千之众。宋兵风靡于金源，而刘、岳（飞）、韩、吴屡以东南兵摧兀术冯凌之师，同时同地，胜败天殊。且征近事，青海厄鲁特横于国初，今则青海蒙古畏黑番如虎狼，岁烦官兵为之防戍。又喀尔喀为准噶尔躏跞，如入无人之境；及超勇亲王（即固伦额驸喀尔喀扎萨克和硕超勇亲王定边左副将军策凌）喋血一战，斩贼万，亦即喀尔喀之兵。红毛弋船火器，横行海外，及郑成功一战，逐红夷夺台湾而有其国，亦即闽厦之兵。是知兵无强弱，强弱在将。

请试言清代之兵制：宋以内重外轻而南渡，而清则延祚至近三百年（实为267年），加上入关前天命元年（1616）至顺治元年的前一年（1643），凡28年，共295年。再加上宣统三年逊位后仍于后宫拥有虚号,于1923年被冯玉祥将军逼宫才逃入东交民巷,再遁入天津,由日本军人保护偷渡长春,最终为伪满洲国皇帝。

清朝一代内外相御,八旗居内绿居外,为经制兵。嘉庆时,始大募乡勇,后来有湘军(曾国藩所募)与淮军(李鸿章所募)。清季始用洋操,练新军。

八旗以旗统人,即以旗统兵。合满洲、蒙古、汉军为一。正四旗:黄、白、红、蓝。镶四旗:镶黄、镶白、镶红、镶蓝(黄、白、蓝镶以红,红镶以白)。

牛录始于二代子、四塔坦。牛录制之牛录额真之爵,初见天命甲申(1584)。牛录固山制分八旗二十四固山,旗佐制有新满洲,盟旗制分隶蒙古扎萨克。

八旗又分上三旗(镶黄、正黄、正白)与下五旗(正红、镶红、镶白、正蓝、镶蓝)。牛录(佐领)之数有满洲牛录308、蒙古76、汉军16,合四百牛录。其后户口日繁,满洲外又增编蒙古于天聪九年(1635),汉军于崇德七年(1642),合二十四旗,为一代宗制。

兵额之可考者:清初,满洲佐领302906人,蒙古佐领131393人,汉军佐领171513人,合605812人。乾隆时,满洲兵59530人,蒙古16843人,汉军24052人,合100425人。

# 附录

# 附录一

## 《清实录》与清史研究

治清史与治清以前各断代史不同之点,主要有三:第一,清代距今近,而清以前各断代距今远;近则不怕文献不足而怕文献太多,远则适相反。第二,清代材料多,不特有大量档案文献资料遗留到今,而且第一手原始实物资料(包括地上的和地下的原始实物资料),亦日有新发现。第三,除元史外,从事清史研究的学者也需要具备阅读多种语言文字的能力,越多越好。因为国内少数民族语文,如满、蒙、藏、维、彝、朝、傣、苗、瑶等各语种,均有大量原始资料有待发掘、整理,足资参稽印证;国外如拉丁、法、德、英、日、俄、意、葡萄牙、西班牙等亦均有不少原著档册和私人论著,有待搜集翻译,可供借鉴参考。

就拿《清实录》来说,原有满、蒙、汉文三种不同的本子,不但目前流行最广的是汉文本,即在有清一代,历朝皇帝以及翰林院的翰林学士们经常翻阅和传抄出来的各朝实录(按蒋良骐著有《东华录》32卷,王先谦继辑为《东华续录》195卷,潘颐福别辑《咸丰朝东华录》69卷。王、潘两录合刊,通称《十一朝东华录》。朱寿朋据邸抄京报,成《光绪东华续录》,点校本改称《光绪朝东华录》,202卷,成书在《清德宗实录》之前。其他各录除抄实录之外,尚采有红本及各种官修之书,不得谓《东华录》

专以抄自实录为限)仍主要是汉文本,而满、蒙文本各朝实录(光绪朝无蒙文本,《德宗实录》为例外)也只有束之高阁,聊备一格,很少有人展阅,甚至无人问津。

所谓"实录",是中国历史上历代皇帝在位期间的编年大事记。最早见于记载的是南朝梁周兴嗣等编纂的《梁皇帝实录》。《清实录》是以存于宫内的上谕、朱批奏折、皇帝的起居注及其他档案资料为据,按年、月、日排比,加工修纂而成。就目前我们所能见到的《清实录》而言,共有12部,即《满洲实录》和太祖至德宗十一朝实录。另外,现藏于辽宁省档案馆的《宣统政纪》也可视为宣统朝的实录。按清朝政府的规定,凡《实录》必抄五份,每份又分为满、蒙、汉三种文本,需要各抄一套。《实录》分别以红绫、黄绫为面,面又有大小之分,即大、小红绫,大、小黄绫。《满洲实录》藏于乾清宫、上书房、盛京、避暑山庄四处,其他各朝实录收藏于北京中国第一历史档案馆内。一史馆还藏有历代实录的稿本。

《清实录》是一部卷帙浩繁的大书,是现存的清史原始史料。对于《清实录》的史料价值,历来有所争议。清末民初的孟森就说过:清十朝实录不啻是一部十朝上谕。这等于说《清实录》是一部"断烂朝报"、一笔糊涂账罢了。半个世纪以来,从事清史研究的学者,每喜谈前清历朝实录的多次篡改,尤以雍正以前的五朝实录篡改为甚,明见于官书记载,其史料价值远不如档案或私人著述。殊不知即以当时人刊行颁布的史料价值较高的《上谕内阁》而言,采入实录,多有讳饰,亦有可信有不可信。那么,清初五朝实录初修时已有若干修改讳饰,就不算一回事了。但我们不能由此得到结论,说《清实录》不是信史,或不足为据。问题在于如何看待《清实录》,如何去用《清实录》罢了。事实上,尽管《清实录》历朝多次篡改,讳饰之处甚多,远不如档案资料或私人亲见亲闻之记载更为确凿可靠,然而整个一代近三百年间的历史中的人和事,均能按年按月按日记录下来,这样翔实有系统的记载,舍《实录》外,世上似无第二部书可以与之相比拟!何况《实录》中仍有许多第一手档案资料和原始实物文献为其他书籍所无,反而因《实录》之有记载,正可订补档案或实物之阙之失,兹举一例以明之。

现今仅存的清圣祖玄烨《遗诏》满汉文对照原件,可以说是一件原始实物的见证了吧。到底《遗诏》的真实性怎样?不少学者提出这一问题。如果说《遗诏》不可靠,又有什么根据呢?我所撰写的《清圣祖遗诏考辨》一文,对这一问题做出回答。根据就是《遗诏》的汉文原件与《实录》康熙六十一年十一月十三日所载一字不差;单就《遗诏》实物原件本身的涂抹、错别字和避讳(如"真"字和"历"字)而言,就可证实这个诏书是清世宗胤禛私自搞出来的,不是清圣祖玄烨临终之言,更不是圣祖的亲笔。但只有这一点根据,恐怕仍不能服人,还得进一步找到伪造《遗诏》依据之所自来。

一千余字的《遗诏》既然与《实录》康熙六十一年十一月十三日所载一字不差,但又不见于雍正《上谕内阁》和《康熙起居注》,故无从比较对勘了。幸而在《实录》康熙五十六年十一月二十一日(1717年12月24日)所载的《面谕》和《遗诏》得以比勘,除详略不同、叙事前后稍异和措辞略有修饰润色外,《遗诏》是大段大段地从《面谕》转抄而来的。

如:"从来帝王之治天下,未尝不以敬天法祖为首务。敬天法祖之实,在柔远能迩,休养苍生,公四海之利为利,一天下之心为心,保邦于未危,致治于未乱。夙夜孜孜,寤寐不遑,以图国家久远之计而已。自古得天下之正,莫如我朝。太祖、太宗初无取天下之心,尝兵及京城,诸臣咸奏云当取,太宗皇帝(皇太极)曰:'明与我国素非和好,今取之甚易,但念中国之主,不忍取也。'后流贼李自成攻破京城,崇祯自缢,臣民相率来迎,乃翦灭闯寇,入承大统。昔项羽起兵攻秦,后天下卒归于汉,其初汉高祖一泗上亭长耳。元末,陈友谅等并起,后天下卒归于明,其初明太祖一皇觉寺僧耳。我朝承席先烈,应天顺人,抚有区宇,以此见乱臣贼子无非为真主驱除耳。今朕年将七旬,在位五十余年者,实赖天地宗社之默佑,非予凉德之所致也。朕自幼读书,于古今道理,粗能通晓。凡帝王自有天命,应享寿考者,不能使之不享寿考;应享太平者,不能使之不享太平。自黄帝甲子至今,四千三百五十余年,称帝者三百有余。"

又如:"当日临御至二十年,不敢逆料至三十年;三十年,不敢逆料至四十年;今已五十七年矣。《尚书·洪范》所载:一曰寿,二曰富,三曰康宁,四曰攸好德,五曰考终命。五福以'考终命'列于第五者,诚以其难得故也。今朕年将七十,子、孙、曾孙百五十余人。天下粗安,四海承平,虽不能移风易俗,家给人足,但孜孜汲汲,小心敬慎,夙夜不遑,未尝少懈,数十年来,殚心竭力,有如一日。此岂仅'劳苦'二字所能概括耶?前代帝王,或享年不久,史论概以为侈然自放,耽于酒色所致。此皆书生好为讥评,虽纯全尽美之君,亦必抉摘瑕疵。朕为前代帝王剖白,盖由天下事繁,不胜劳惫之所致也。诸葛亮云:鞠躬尽瘁,死而后已。为人臣者,惟诸葛亮一人耳。若帝王仔肩甚重,无可旁诿,岂臣下所可比拟?臣下可仕则仕,可止则止,年老致政而归,抱子弄孙,犹得优游自适。为君者勤劬一生,了无休息,如舜虽称无为而治,然身没于苍梧;禹乘四载,胼手胝足,终于会稽。似此皆勤劳政事,巡行周历,不遑宁处,岂可谓之崇尚无为、清静自持乎?《易·遁卦》六爻未尝言及人主之事,可见人主原无宴息之地可以退藏,'鞠躬尽瘁',诚谓此也。"

类似上引两段之处,屡不一见。《遗诏》既从《面谕》增删、修饰、篡改而来,其行文口气,字斟句酌,无一而非圣祖原语,看似可以乱真,而大段大段抄袭来的篡改之迹斑斑可考,铁证如山。《面谕》是真而《遗诏》是假,这就是客观事实。从上面《遗诏》和《面谕》对勘这一事例中,不难看出,没有《面谕》被收录于《实录》之中,是无法证实《遗诏》是清世宗一手伪造的渊源之所从出的。只是《遗诏》后面加上的"雍亲王皇四子胤禛人品贵重,深肖朕躬,必能克承大统,著继朕登基即皇帝位"字句,不见于《面谕》,更可证实其为世宗所篡入无疑。然则《实录》中这一《面谕》的史料价值,比起档案和实物见证来,是毫无逊色的,或且有过之而无不及吧!

昔贤如明末清初的谈迁和万斯同均能读明十三朝《实录》,几乎达到能背诵的地步。谈著《国榷》,万以布衣参史局,又岂一朝一夕之功所能及?1949年前后,孟森先生和吴晗同志均手抄《朝鲜李朝实录》,先后分别成《明元清系通纪》16卷和《朝鲜李朝实录中的中国史料》12册。两先生今已作古,而读书、抄书之勤,典型宛在,长留后学景行之敬!顷中华书局重新影印《清实录》精装25巨册,嘉惠士林。安知今日无通读清十二朝《实录》有如谈、万诸先生之读明十三朝《实录》之人乎?

## 附录二 《清史稿》略讲

清朝从顺治元年(1644)清兵入关开始,到宣统三年(1911)武昌起义为止,统治长达267年之久,终被中华民国所取代。民国三年(1914)按惯例开设了清史馆,内设馆长一人,纂修、协修各若干人,又校勘及办事员若干人。史馆规模之完备、人员之齐全、酬金之优厚,几不减当年清初明史馆开设之规模,此则借以显示新朝对胜朝的追念和报恩。而自民国六年(1917)以后,袁世凯窃帝自亡,以后历届北洋政府财政艰窘,屡减经费以至于无,《清史稿》工作遂全局停顿。

清史馆设立之初,袁世凯重礼延聘原东三省总督后退居青岛的赵尔巽为馆长,复聘总纂、纂修、协修先后百数十人,而名誉总纂、纂修以及顾问尚未计算在内。史馆中执事者又有提调、收掌、校勘等职。是时遗老中有主张修史者,亦有以为不当修者,最后应聘者多,又有以《东观汉纪》即当世所修,何嫌何疑者。加之当时一代大师缪荃孙先生为国史馆前辈,以史事自任,巍然为之表率。到馆之总纂有柯劭忞、吴廷燮等,纂修有金兆蕃、吴士鉴、邓邦述、章钰、张尔田等,协修有俞陛云、姚永朴、袁金铠等,校勘有叶尔恺、李景濂、成昌等。

迨至民国五年(1916),由于袁世凯妄图窃国改制自帝,未百日而终告失败身亡,中华民国名存实亡,北洋军阀相继专政,代替了清王朝的封建统治。至民国十六年(1927)清史馆馆长赵尔巽乞款于东三省大帅张作霖与黑龙江督军吴俊升,而以袁金铠为之介,果得款。于是重加整顿历年馆中所纂诸稿,预期三年告成。甫逾半载,而赵尔巽年迈多病,俟全稿删定成书,恐不及待,遽纳袁金铠刊稿待定之议,再乞款于张作霖,金梁(原宣统朝后期内务府大臣)即命袁一手总理发刻,而袁又以任校勘,期一年竣事。未几,赵尔巽卒,柯劭忞代之。柯与袁金铠意见不合,不阅史稿,即付金梁手。金几握全权,随校随刊,多所窜改。再越年,夏,北伐革命军直捣京师,封闭紫禁城。清史馆在东华门内,史稿校刻未竣者尚有十之一二,金梁移归私寓续成之,不免改窜尤多。

北伐革命军抵达京师前夕,史稿已印1100部,被金梁私运至奉天(今辽宁省沈阳市旧城)者400部。此400部史稿中又由金梁加入《张勋张彪传》,其他如《艺文志·序》亦由金重写抽换,而存留于京之700部仍保持旧貌。于是史稿有关内本与关外本之别。既而南京国民党政府发现史稿中多有违碍之处,据傅振伦兄所撰《清史稿评论》指出:不奉民国正朔,乃只用干支,叙事复不明显,态度暧昧,有反民国之嫌。如《劳乃宣传》云:"丁巳(按应作民国六年,下同)复辟(指张勋合谋宣统复辟),授法部侍郎。"《周馥传》云:"移督两江,(光绪)三十三年,请告归,越十四年(当作民国十年)卒。"《冯煦传》云:"闻国变,痛哭失声,越十有五年(应作民国十五年)卒。"诸如此类,不胜枚举。

最为严重的是对清末变法维新与革命运动的记载竟付阙如,书则视为反动派或反革命。例如有清一代,汉族志士起而走险,揭竿而起均不予书,诸如朱氏后裔、明代臣民之抗清,洪(秀全)杨(秀清)之倡义,党(指国民党)人之排满,秘密结社之组织,均不详载。清代屡兴大狱,慑服汉人,其事多不著录。《德宗本纪》光绪二十三年条下有云:"无言康有为上书请变法书。"二十四年条云:"八月丁亥,皇太后(指慈禧)复垂帘于便殿(指养心殿)训政。诏以康有为结党营私,莠言乱政,褫其职,与其弟广仁(注云即有溥),皆逮下狱。有为走免。"又云:"戊子(光绪十四年)诏捕康有为与梁启超。"而《本纪·论》则曰:"德宗亲政之时,春秋方富,抱大有为之志,欲张挞伐,以湔国耻。已而师徒挠败,割地输平;遂引新进小臣,锐意更张,为发奋自强之计,然功名之士,险燥自矜,忘投鼠之忌,而弗恤其罔济,言之可为于邑。今观康有为之弟传,而有为之传独缺,此殆门户之见欤?"非也。实则从清朝最高统治者的立场出发,为维护封建帝王权力不受旁人操持而立言耳,又何维新与守旧"门户之见"之有哉?

《清史稿》刊成于民国十七年(1928),论者以其诽谤民国为能事,反民国、反革命,藐视先烈,与断代修史体例不合。北京故宫博物院因递呈南京行政院请禁发行。不数月而遭国民党政府之禁锢。查禁之原动力,或谓出于李石曾,或谓出于谭组庵(延闿)。一则因李石曾之父《李鸿藻传》为不佳;一则因谭延闿之父谭钟麟未予立传。其实亦不尽然,必究其因素,无非南北互争,内外相倾,彼此结合而成之耳,不得谓李、谭两人之私心而遭禁锢之灾也。

《清史稿》禁锢之令未解,首先提出异议者为清史学界前辈、北京大学历史系教授孟心史(森)先生,题为《清史稿应否禁锢之商榷》一文,末云:"审查结果,或有可嫌之处,要之已尽具于是。是本书无谤史之价值,但当指明其应酌正之体例,并出党史以供参照,为据稿修为正史时之标准,无毁弃此大宗史料之必要。且若有可嫌,必关外本之嫌尤重。故当日在事之馆员,删成关内之本。然今关外本捆载以入异邦(尤以日本为多),竟为毁禁之所不及,则所锢者国人之耳目,而为异国添研究我国史书之资料,使我学术界欲广佚闻,恒裨贩于异国史学家之著述,心知其可耻,而无如之何。此不能不望政府当局为学界一垂怜,而弛其购买或翻印之禁也。"随之唱和提出解禁者,则为原燕京大学中文系教授容希白(庚)先生,先后发表了《清史稿解禁议》与《为检校清史稿者进一解》两文,指出:"政府之禁令徒为奸人牟利之具。假使关外之民欲翻多本,运销关内,政府将若何?"仔细考之,当时国民党政府颁布之禁令,实际上只能禁行于长江流域地区,华北及东北三省为日本帝国主义势力范围之内,国民党政府禁令所不能及,因知《清史稿》之禁锢令虽禁而禁不得,虽不解禁而自解禁矣。

众手修史,自《晋书》以降至于明,讨论日密,虽有枝节之论例,而无划一之条文,有之自清史馆始。按照中国历代封建王朝"正史"(《二十四史》包括《明史》而不包括《新元史》)的体例,《清史稿》分为纪、志、表、传四大部分,共536卷,为结束《二十四史》的正史而成为《二十五史》之史。近年出版面世的《中国历史大辞典·史学史》卷中《二十五史》条云:1921年北洋政府大总统徐世昌下令,以柯劭忞所著《新元史》列为正史,与旧有《二十四史》合称《二十五史》。

本纪书例沿于《明史》,但亦有出入,兹标录其本纪书法于后:(1)每帝首书徽号名讳,如《太祖本纪》首书太祖奉天广运圣德神功肇纪立极仁孝睿武端毅钦安弘文定业高皇帝,爱新觉罗氏,讳努尔哈赤。始祖书姓,余帝不书。(2)郊天必书。(3)年月重要政治必书。(4)征伐必书(名城陷复)。(5)巡幸必书。

(6)大赦必书。(7)大灾水旱天变地震。(8)捐免钱粮赈灾恩政。(9)外国朝贺(必在每年之末,达赖、班禅来朝亦多书)。(10)订约改约(领土变迁)。(11)改定制度。(12)大学士、军机、各部尚书、都察院升迁,外省督抚罢免,必书。(13)封爵之重要者。(14)卒葬某陵。(15)上尊号及立后。(16)郡邑增改。

列传书法划一条例有八:(1)名字姓氏籍贯例。(2)世系出身例。(3)升擢差遣例。(4)降革谴罪例。(5)赠谥恤典祠祀例。(6)年月日例。(7)地名官名例。(8)录载奏疏例。然综观全书,虽大体照例划一而行,其中偶亦有未尽遵行者(详下),是则书成众手,各自为政,八载方克完稿,而仓促间付梓,总纂又未阅稿删定,固未可苛求于某一人也。

《清史稿》仓促成书付刻,故以"稿"为名,以待正也。其缺点显而易见者:(1)内容与序列不合者,如《舆服志》与《兵志》;《艺文志》辑佚不列丛书,而又将《词学丛书》列入;《文苑传》与《儒林传》多有重复。(2)断限参差不齐,如本纪断至宣统逊位,以后复辟,付之阙如,而逊位之年号有长达宣统十一二年者。(3)叙事不明,如《德宗纪》三十一年(1905)载泽等启行,甫登车(火车),即被炸弹,而不详载何故。(4)无时间观念,如《地理志·台湾篇》载户口原额人丁,不标明年代。(5)重古轻今,如《天文志》断至乾隆六十年(1795)为止,清亡于宣统三年(1911),中历二百余年均付阙如。(6)一人两传,如谢启昆既见卷三六五,又见卷四八九;王照圆既已单独立传,又附见卷四八二《儒林·郝懿行传》。(7)曲笔失实之处亦复不少,如各本纪与《外邦志》中斥外国人为"夷";甚至在《地理志·台湾篇》以郑成功为海寇,而吕留良、金人瑞、曹雪芹(霑)等均未被列入《儒林传》或《文苑传》。

《清史稿》载笔失实之处固多,然据事实录,直笔亦复不少,如(1)《太祖本纪》明言以太祖(努尔哈赤)为建州卫都督佥事,使亲弟舒尔哈赤贡于明,太祖亦多次入贡于明。(2)《高宗本纪·论》明云:"惟耄期(指乾隆晚年)倦勤,蔽于权幸(指和珅)。"(3)《文苑·严复传》载其《天演论·自序》,《吴汝纶传》与《梅曾亮传》均采其所著论文之语。(4)《阿哈出传·论》:"或谓猛哥帖木儿名近肇祖讳(孟特穆),子若孙亦相同。然清先代遭乱,幼子范察得脱,数传至肇祖,始克复仇,而猛哥帖木儿乃被戕于野人(七姓野人),安所谓复仇?若以范察当凡察,凡察又猛哥帖木儿亲弟也,不得为数传之祖。清自述其宗系,而明得之于简书。春秋之义,名从主人,非得当时记载如《元秘史》者,固未可以臆断也。"今《清史稿》取太祖未起兵前建州三卫事可考见者著于篇,以阿哈出、王杲为之纲,而其子弟及同时并起者附焉。此纪述清之先世,洵属得体。

　　《清史稿》虽模仿《明史》而仍有变更之出入,即全稿卷数大大超过《明史》五分之一强。据参与清史馆工作者之研究,《清史稿》志目十有六,《明史》志目十有五。是《明史》志目,《清史稿》皆有,唯改《五行》为《灾异》,《历》为《时宪》,而并《仪卫》于《舆服》,则《明史》目十五,《清史稿》并为十四,而增《交通》《邦交》两志,而从《兵志》中之铁路、轮船、电报、邮政分出为《交通志》,别立《邮传志》为单行,此其大略也。

　　民国十五年(1926)清史馆馆长赵尔巽年迈,纳袁金铠刊稿待定之议,期一年竣事。乃国民革命军自广州北伐,直趋京师之前夕,《清史稿》仿清初王鸿绪之于《明史》题"稿",言修正尚有待也。《清史稿》共印1100部,以革命军即将入城,金梁私运400部至关外。余存700部于北京史馆,由故宫博物院接收。民国十八年（1929）故宫博物院根据当时已发表的傅振伦兄所撰《清史稿评论》，列举反革命、藐视先烈、不奉民国正朔、违反史家详近略远之原则、重复、烦冗、漏略、采录不广、曲笔、生人入传（《后妃传》中有健在之皇妃郭博勒氏）、称谓歧出、贻误疏略、印刷之误等近三十条之失，呈请国民党政府封禁。政府不察，遽下令禁锢。故宫博物院所存700部，捆载而南，封存于南京教育部。

运出关外的400部《史稿》，被称为"关外本"，后来北京清史馆旧人发现关外本由金梁对原稿私自做了改动。原史馆旧人将存留的《史稿》又略加少许抽换订正，以复旧观，故被称为"关内本"，称为正本。后来金梁又将关外本略加改动，重印过一次，被称为关外二次本，则前此未改之本被称为关外一次本。

关内本与关外二次本之版本异同，大致如下：关内本删去关外一次本原有的《张勋传附张彪传》中的《张彪传》、《康有为传附康广仁传》中的《康广仁传》以及金梁所撰《校刻记》。而关外二次本只删去关外一次本的《张彪传》，并抽掉《公主表·序》和《时宪志》末附的《八线对数表》七卷，增加了陈黉举、朱筠、翁方纲三传。按关内本此卷原是《劳乃宣传》《沈曾植传》，无《张勋传》《康有为传》。传后有论，其文为"论曰：乃宣、曾植皆学有远识，本其所学，使获竟其所施，其治绩当更有远到者。乃朝局迁移，挂冠神武，虽皆侨居海滨，而平居故国之思，无时敢或忘者。卒至憔悴忧伤，赍志以没。悲夫！"清史馆对张勋、康有为原定暂不立传，是金梁将两传底稿私自付刻。今关外一次本于《张勋传》后附有《张彪传》。

又关内本抽换了关外一次本的《艺文志·序》，因增入的《序》过长，以致脱夺自《易》类《易经通注》《日讲易经解义》至

《周易原始》(范咸撰)、《周易浅释》、《易学大象要参》等88种之多。关内本《赵尔丰传》的传文长达2400字,而关外二次本压缩至920字,不啻减去了一半以上。关内本《赵尔丰传》作者以赵尔丰为清史馆馆长赵尔巽之亲弟,作此长传,不免有迎合讨好馆长之嫌,故以删削为是。

上面既已述及关内外三种版本的异同得失,而今天最佳最新的版本当推由中华书局于1977年12月出版的《清史稿》标点本了。它的好处在于以关外二次本为工作本,又将三种之详略异同均注出附录于每传之后,是不啻有中华书局出版的《清史稿》一部,而三种关内外不同之《清史稿》具备于此矣。

诚然,《清史稿》成于众手,遗老遗少各自为政,如一盘散沙,每人编写,与他人很少联系或商榷,几无照应。史文有详略,多有不尽如人意之处,甚至纪、志、表、传间有自相抵牾者,固在所难免。或谓《清史稿》为一部文献史料汇集之书,史料自是史料,即使有抵牾亦有裨于读史者自相纠正,而不必淹没其原文固如此也。至其所根据的文献资料,如《清历朝实录》《清四通》《清五会典》《军机处录副档》以及有清一代各部署则例不下数千上万种,我们今天固然仍可找到见到,但《清史稿》的编纂者们能把大量的文献资料和档案目验手披,审定挑选,重新安排,汇集在一起,做了初步的整理,这就使读者和历史研究工作者能够得到比较系统详细的有关清代近三百年间各方面的研究素材。而且有些志,如《礼志·丧服章》,吴承仕深通《三礼》,言礼十分精切;又有些传,如张孟劬(尔田)师据吴伯宛所修《后妃传》,复增未备者十之三,归而删定成《清列朝后妃传稿》两卷,世尤重之。同时有些清末人物的传不见于《满汉名臣传》和《国史列传》,并非取材于常见的一般史料,必当另有所本。由此以观,这部《清史稿》具有一定的史料价值和参考价值者,在此不在彼,可知也。

如果说《清史稿》有被禁锢的嫌疑的话,那么,关外二次本被禁锢的嫌疑为尤烈。故当时在世之北京馆员,略事补缀,删订成关内本。然南京政府之号令不但不达关外三省,即华北亦有所不及,终于大量关外本捆载以入异邦(日本为最多);所禁锢者仅为大江南北地区,而关外及华北一带为禁锢令所不及。故所禁锢者仅只国人之耳目,实则《清史稿》成为异国文人学士研究探讨我国清代史的不可或缺之宝贵资料。即使我国史学界欲得一部《清史稿》以从事清史研究而不可得,恒裨转贩于异国史学界之第二手著述,心知其事之可耻,而又无如之何。

有实例为证,长年旅居香港之知名宿学汪宗衍老人既不能得睹《清史稿》之关内本,只好写信转托上海商务印书馆馆长兼总编张元济先生为之代购一部关外本。张先生辗转托人从沈阳买得一部,于是越梯航,到大连,至香江而转广州,终于达港。不由中原,盖多次检查没收堪虞也。迨抗战事起,国军退让,从南京迁武汉,再迁重庆偏安,自顾不暇,然则《清史稿》书不明令解禁而书畅行无阻,是书不解禁而亦自解禁矣。

大家都知道,凡从事历史教学与研究之人,不能废清代267年之历史而不读不讲,即不能废此数百卷的《清史稿》而不用。当日南京国民政府之威力禁令,只达长江以内,非特国外各大图书馆可为保存《清史稿》之最佳场所,再以政令表面上可及而实际上不可及之北平,如北平图书馆、北京大学图书馆、清华大学图书馆以及其他国家机关,如北平研究院等皆有收藏,私自公开阅览。甚至辇毂之下的江苏省立国学图书馆,目录中将《清史稿》称之为正史,以补迁、固以降迄于末代《二十五史》(不包括

《新元史》)之缺,是南京国民党政府自立禁锢令而自践踏之。至于私立大学,如燕京大学图书馆、辅仁大学图书馆、岭南大学图书馆、金陵大学图书馆、福建协和大学图书馆、四川华西大学图书馆等早已预约订购之《清史稿》全部,书款一次付清,分两次取书,已取得前半部,而禁锢令下,下半部付之阙如。则已购得前半部者自不能不斥巨金,以求得后半部而成为完整无缺的全部《清史稿》。从此,关外本之《清史稿》大量捆载入关,每部索价高于原价之五六倍甚至十余倍之多,于是当时政府之禁令成为奸商牟利之有利工具。日本商人竟将多卷本之《清史稿》缩印成两大本,后又缩印成两小本者,皆为洋装,大都据关外二次本付印。更有甚者,竟有辗转贩卖之书贾假借金梁之名,仿效关外本偷印者。此又伪中之伪,牟利不择手段,以盗名牟利而妄图蒙蔽世人之耳目者也。

民国十七年(1928)南京国民政府下令查禁《清史稿》,而旋禁旋不禁,禁令不出国门(南京所辖地区)一步,等于不禁。今其书既流传于海内外,而学术界引为瞩目者,即纂修《清史稿》之诸多名家之底本(手稿与清本),仍大有追踪探源之余地。

如列传自以夏闰枝(名孙桐)、金篯孙(名兆蕃)为总汇。

夏氏总阅列传,自嘉、道以后,咸、同、光、宣皆归之。后光、宣无暇顾及,由校刻之人以原稿付印。汇传则《循吏》《艺术》两传,皆其所撰。《忠义》初亦拟有条例,后交章式之(名钰)整理。清史馆第一期中,多撰嘉、道等列传及汇传;第二期中,专任修正嘉、道两朝列传,又撰《艺术传》。

金氏任列传清初至乾隆朝总阅。馆长赵尔巽初推夏闰老总阅列传,闰老、篯孙分任,汇传、《孝义》、《列女》亦归整理。第一、二期中,曾与邓邦述合撰太祖(努尔哈赤)本纪及清初各传,康、乾列传。按金氏所纂都264册,其子问源于"文革"期间,全部捐献于上海文物管理委员会。夏氏手稿是否尚存夏家,是宜首先注意者一也。夏氏稿内诸表,多出作表名家吴廷燮氏之手,吴氏早故于江宁(今南京市)原籍,而书稿却藏于北京私寓中,被充作还魂纸料,斥卖殆尽。又唐邦治氏夙号表谱专家,馆长赵尔巽延之家中,获见清室爱新觉罗《玉牒》,后唐氏独成《清皇室四谱》(一、列帝;二、后妃;三、皇子;四、皇女)单行[上海聚珍仿宋印书局排印,民国十二年(1923)十月],为世所重。而《大臣》《藩服》《督抚》各表,订正史事尤多,全稿统归南京文物管理委员会,是宜注意者二也。秦树声氏极毕生之力,纂修《地理志》,文辞浩博,今《史稿》断自宣统三年(1911)为止,以后所改地名,自有专史,其中《江苏》一卷,由张孟劬(尔田)师所撰,咸谨严有法,方物郦道元,所阙无几,其稿原藏其家,是宜追查者三也。《清史稿》历15年,总纂、纂修以逮协修,不下百数十人,留稿未用者必不少,正不妨汇总都为一集,庶与《清史稿》正史相勘校,得以览其有无异同得失,是宜引为注目者四也。至若史馆开馆时所征集历朝大臣之传状、事略以及各种著述稿本、刊本,皆应一一为之广为搜集,制成一目录,并馆中所遗存的各种档案文献资料,均纳入一大橱中,俾后之留心史馆与《清史稿》之有心人有所查考和借鉴,是宜引起史馆当事人留意者五也。

此外,必须引起注意者,民国十七年(1928)上海中华书局出版了《清史列传》80卷,20册,即《国史列传》正本。原清代国史馆所修诸朝列传部分,以刊印于民国时代,故书名改题为《清史列传》。是书于嘉庆以前各王公大臣之家世著述,无不详载,而《清史稿》列传部分,格于类例,多所刊落。因此,《清史列传》的史料价值尤高,为史家所重。凡同一人同一传,既见《清史列传》又见《清史稿·列传》部分者,莫不弃《史稿》而引用《清史列传》,以《清史稿》之传过简,又多有年无月,甚至年月俱无;与之相反,《清史列传》叙事详明,年月俱全,甚至个别传中尚有日可查者,虽或有被斥为纯属流水账簿之诮,但读者因人依时、沿流溯源以求,每得事半功倍之益。

一般人只知道清史馆创建于民国初年,其实清朝于乾隆二十五年(1760)已开国史馆于东华门内,重简儒臣之通掌故者司之,将旧传尽行删削,唯遵照实录、档册所载,详录其人生平功罪,案而不断,以待千古公论,真修史之良法也。后又重修《王公功绩表传》《恩封王公表》《蒙古回部王公表传》等书,一遵是例。嘉庆五年(1800)上复命补修列圣本纪及《天文》《地理》诸志,《儒林》《列女》等传附之,一代之史毕具于此。其续录者以十年为限,陆续修之。必须指出的是,康熙中所纂《三朝功臣传》和雍正中所修《八旗通志》诸王公大臣传,但一语未及国史馆,而正式提到"特命开国史馆"则在乾隆二十五年(1760),似清国史馆的设置年代第一次是在康熙二十九年(1690),第二次才是在乾隆二十五年。国史馆虽首创于康熙二十九年,并已开始进行纂修,但终康熙一朝61年间,迄未编辑成书。所以雍正(清世宗胤禛)一登位,即命续修三朝国史,著将国初以来文武诸臣内立功行间、诚敬任事、卓越之才,有应传述者,行文八旗,将诸王、贝勒、贝子、公以及文武大臣之册文、诰敕、碑记、功牌、家传等项详加查核,暨有显绩可纪者,亦著详察,逐一按次,汇成文册,悉付史馆,删去无稽浮夸之词,务采确切事实,编成列传,如此,可以垂之万世。这时国史既然包括雍正朝在内,雍正朝以前为《四朝国史》,则乾隆朝所修自然而然地被称为《五朝国史》了。

第二次国史馆正式开馆应该在乾隆三十年(1765)。乾隆认为,从前国史编纂时,原系汇总进呈,未及详加确核,其间秉笔之人,或不无徇一时意见之私,抑扬出入,难为定评。今已停办年久,自应开馆重事辑修,著将国初以来满、汉大臣已有列传者,通行检阅,核实增删考正,其未经列入之文武大臣,内而卿贰以上,外而将军、督抚、提督以上,并宜综其生平实迹,各为列传,均恭照实录所载及内阁红本所藏,据事排纂,传示来兹。按所云"恭照实录(即《清实录》)所载"文武大臣之事实远不如《明实录》之详明,不足为训。我们要知道,清朝历次开馆修编的《国史列传》,实为《清史列传》所据稿本来源之一。今《清史列传》全书共分八门:一、宗室王公;二、大臣(划一传档正编、次编、续编、后编,新办大臣传,已纂未进大臣传);三、忠义;四、儒林;五、文苑;六、循吏;七、贰臣;八、逆臣。所谓"划一传档",所谓"新办""已纂未进"的大臣传,无疑是出于清历朝国史馆多次纂修的大臣列传。今包含将近三千人的《清史列传》,只不过选录了其中当时保存到今的列传的一部分,按时别类,依时间先后编排而成。同时说明,《清史稿》固成于众手,仓促刊刻付梓,为世人所诟病,殊不知清史馆即等于清朝的国史馆,《清史稿》所依据之史料亦多沿用增删订补的历朝《国史》,则绝无疑义者也。

《清史稿》草创之初,于式枚(拟开馆办法九条)、吴士鉴(陈纂修体例)、袁嘉谷(陈清史凡例商榷)、梁启超(清史商例第一书)、金兆蕃(拟修清史略例)以及张宗祥、卢彤等皆有搜罗档案、广采遗书之建议。于氏议搜罗档册有云:史馆大库,庋藏历代史稿,方略稿本,大臣列传初稿、屡改稿。嘉庆以前大臣列传、宗世著述,无不详载;嘉庆以后,则非公牍所有,一字不许阑入。其人学行言语,无所表见,一篇详履历,录谕旨奏疏而已。须将史馆旧稿,巨编零册,折包旗档,全数发出,编号备查。又档案以旧时军机处、方略馆为大宗,然抄存之档,均系外折,若京师各衙门奏折,奉旨以后,即日发下,由本衙门领回;军机处并不录档。庚子(光绪二十六年,1900)之役,各衙门档案损失惨重。又云满蒙字档须延认识满文蒙文者编号并摘由,以备利用。再者清朝文人,考古则优于历史,征今则不如前明。推原其故,满员知之而无记载;汉员则不使知之,即知之而亦不敢记载。此有清一代档册载籍之所以难得也。

兹就清史馆所采集之各处典籍资料,分别略记于下:

(1)史馆大库。其中有各朝实录(《光绪实录》后借于清室)、起居注、各种方略、国史馆满汉臣工传,又《忠义》《儒林》《文苑》《循吏》《列女》等传,汇录内外大臣奏疏,《天文》《地理》诸志、各省方志、各种书簿、各种官制表。

(2)军机处档案。有满档、折包、随手档、外交档等,自雍正七年(1729)设军机处起,至清末止,其中历年虽有缺略丧失,然尚不过多,实为清史之第一手资料。吴向之(廷燮)撰清史各表曾利用之。有关鸦片战争及剿白莲教诸折,均系实录、《东华录》之材料,仅军机处中之十一耳。且当时避讳之事,为实录删削,此中尚可见之。

(3)方略馆。方略有正副抄本及刊本,各种略全。尚有禁书,乾隆时从《四库全书》抽出者,亦存其中(如李清《南北史合注》禁书,即存其中)。

(4)东华门内内阁大库。多清初档案及地图、各杂件,可为清史之辅助史料,惜清史馆无暇过问利用。

(5)各部署则例及各省督抚署档册。辛亥革命之际,多焚毁散佚,清史馆曾行文调取抄录稿件,大部丧失,不能得其全。

(6)内务府档案。清史馆亦尝行文调取,然未能顺手利用。

（7）内阁存国子监之章奏、京报五六十大捆。移置天安门楼,部中以烂字低贱价售之纸店,为罗振玉等高价收购,辗转鬻人。内尚有残本宋元书籍、殿试策等件,尤以入关前太宗（皇太极）书馆秀才奏折为珍稀史料,殊不易得,而清史馆诸公均未注意于此。

（8）采访书籍。清史馆曾行文各省,征求有关清史书籍,江浙两省抄录私家著述文集有关史料者数十函,其中多未刊之稿,每函十册,十函即有100册之多,后不知下落。江浙外,尚有云南清代硕学之士的著述书目,不分卷,明季遗逸著述书目一卷,乃辑刊云南丛书处编送。又有甘肃省征书局编辑的《清代甘肃文献录》,不分卷。山东送有曲阜《清儒著述记》两卷,孔祥霖编。此外各省呈送省志、州志、县志及书籍者亦不少;又有私人呈送其本人著作者,其中有刊本,亦有抄本或誊清本。

（9）各省图书馆书目。唯《京师大学堂书目》及江浙图书馆书目送清史馆,余多未送。

《清史稿》刊成于1928年,通行本为关外、关内及金梁影印本,坊间缩印者皆从此三本出。《清史稿》成于众手,总纂柯劭忞以高年精力不济,未有划一体例,未亲自阅稿,仓促付梓,恒有抵牾。金梁本虽略经修正,然亦有误改者矣。

1977至1978年间,中华书局印行标点分段本,则以金梁本为工作本,而其校改、标点尚不无差失,亦有新勘误者:年、时、月、日、朔、人名、地名、官爵、书名,以及史文之脱、误、衍、倒、错简、明清两代避讳字,多未及校订。旅居香港之宿学名家汪宗衍先生尝取纪、志、表、传互校,参以他书,从事校勘,日就月将,积稿盈箧,都二十余万言,于1985年2月由澳门文会书舍出版,书名为《清史稿考异》。此为《清史稿》（中华书局标点本）出版后进行最全面的勘误之第一部。《清史稿考异》一书析为18篇，凡一千七百余条。如校点、记载、年月、甲子名岁、失书月序、干支日序、人名（及对音）、避讳、地名（及对音）、官爵、书名、数字、字句、行段错排、互见、重传等18种类型例证，每一类型仅举出一两例，而未一一枚举，可详参看汪氏《清史稿考异》上下两卷之尤为有得也。

这里还须提出的另外一本对中华书局标点本《清史稿》进行纠谬勘误的书，即佟佳江同志所著的《清史稿订误》（吉林大学出版社，1991年版）一书，仅就中华书局标点本《清史稿》而作，根据《清历朝实录》《清四通》《清五会典》等文献资料，并吸收时人的研究成果，对《地理志》《职官志》《皇子世表》《公主表》《藩部世表》《诸王表》《藩部传》七部分进行考订和纠谬，而对于孤证采取两种办法：一、凡是《清实录》与《清史稿》记载不同的，以《实录》为主；二、其他文献资料与《清史稿》抵牾的，两说并存，不下断语。

## 附录三 我为什么专攻清史与满族史

作为一个中国人,1931年"九·一八"事变以后,眼看着中国政府把东北三省大片国土,一枪不发,拱手送人,怎么不激起每个青年学子的爱国热忱和义愤?那时我还年轻,在中学念书,但我很想参军上前线抗日。按当时我的想法,认为一个爱国的人能亲自上前线与敌人拼搏才是真正的爱国主义者。只因自己身体不合格,报过海、陆、空,落了空,未能投笔从戎。但在高中最后两年期间,我被选入学生会,负责主编《年刊》,而我决心改为《周报》,每周出刊一期,一年中从未间断,为学校做了一点贡献,因此,高中毕业也得到资助,于1934年秋考入北平燕京大学历史系。

燕京大学位于北平西郊今北京大学西校门以东,包括未名湖一带直至临湖轩以南的一大片地方。不但中西合璧的校园建筑堪称全国一流,就是学术研究的设置也后来居上,与清华、北大鼎足而三,在国际高等学府中也占有一席之地。燕大的历史系不算大系却颇有一点名气,宿学名儒有张孟劬(尔田)、邓文如(之诚)、顾颉刚、王克私(瑞典人,懂好几种语言文字)和学贯中西的一代大师洪煨莲(业)诸先生。

回忆起大学时代对我影响最大最深的有两位老师:一位邓文如师。当1934年秋一踏入燕大校门,第一学期即必修中国通史一课。平日上课时,邓师从秦汉讲起,口若悬河,如数家珍,而板书快捷,宛如八分,劲健有力。偶尔学生问及引书出处,邓师指示卷页,无一差错,人人莫不为之叹服!每每谈及古今朝代嬗递、政治兴衰成败,邓师莫不为之再三致意,每以爱国救亡,必先读史,尝言:"靖康之祸,昔人以为其原在宋人之不读史。""诚欲救亡,莫如读史。"庶几不致有负先贤"国家兴亡,匹夫有责"之遗训。邓师对于传统的中国历史文化,无论是文学诗词歌赋,还是历史经史子集,都有很高很深的修养和造诣,文史合一,随手写来,便成文章,言简意赅,不啻有如行云流水,乾嘉人莫敢望其项背。人称邓师之文置之明末清初名家中殊难为之辨认也。我尤认为明清两代之史是其所长,胜朝遗闻、文献掌故,笔之于《骨董琐记合编》者尤多。我忝列门下近三十年,未克传其学于万一,而邓师捐馆于1961年初,享年七十有二。而为引导我进入明清史研究领域的一位最有影响的老师,我固何敢一日忘怀也。

我最敬重的另一位史学大师就是洪煨莲(业)先生。洪师,福建侯官(今福州市)人,与邓师颇有相近之处,旧学均出于庭训为多,而洪师尤学贯中西,讲究实事求是、科学方法,十分重视史学方法与引得编纂(中国字庋撷法),强调五个w字方法,即研究任何历史问题,必须从了解who(人)、when(时)、where(地)、why(原因)、how(过程如何)入手;只要从研究一个历史问题中抓住五个w中的一个,发现问题,分析问题,使问题合情合理地科学地得到解决,并写出自己的心得,就是一篇好文章。洪师平日上课口含烟斗,侃侃而谈,谈笑风生。1935年12月平津高等院校学生反对当时中国政府与日本帝国主义政府签订《何(应钦)梅(津)协定》,反对华北独立的"一二·九"爱国学生运动停课两个月以后,史学方法课复课后第一堂课,洪师缓步走进课堂,这次没有口含烟斗,挺身站立在讲桌前,久久未发一言,同学们为之愕然。猛不提防地洪师激于对日寇的满腔愤恨,大声慷慨激昂地对我们说,现在你们知道了吧,我们中国人在军事上打不过日本人,但在做学问上我们不能不跟他们比一个高低!洪师又说,日本人很骄傲,他们说汉学中心根本不在中国。从20世纪初以来,国际学术界所谓的汉学(即中国学)中心,最早是在英国伦敦,有著名学者斯坦因。后来是在法国巴黎,有著名敦煌学者伯希和。日本人像白鸟库吉等有名的蒙古语言学家以及内藤虎次郎掌握沈阳崇文阁满文老档的清史专家,他们很想把汉学中心抢到日本东京去。我们要争一口气,汉学本来就在中国,我们一定要把汉学中心从东京抢回北京来!当时我们全班不到十人,洪师的一席话深深震撼着我们每一个人的心,震动很大,无法用言语文字表达出来,大家都表示要好好学习,争取在学术研究方面能做出一点成绩来。我个人下决心从事清史、满族史的研究就是从这时开始的。

　　大家都知道,日本自明治维新开始,在我国东北的"南满洲铁道株式会社"就高薪聘请了一大批有名的日本学者专治中国学问,实地考察和实物搜集,从东北三省遍及黄河流域,远达长江流域,只言片纸,无所不包,像《满洲旧惯调查报告》九大册,其中有《典的惯习》《内务府官庄》《一般民地》《租权》《皇产》《蒙地的习惯》《押的惯习》等。但日本人治中国学问确有一部分人是别有用心,为日本帝国主义者的御用文人,为入侵中国东北搞出一个伪满洲国来找根据。这期间,洪师之所以大声疾呼"把汉学中心从东京抢回北京来",就是为中华民族的尊严和中国领土完整的神圣主权而发。辅仁大学陈援庵(垣)和东北大学金静庵(毓黼)等先生均有同感。我受洪师的影响最深。我既立志专攻清史与满族史之后,又当面向洪师请训。洪师告诫我说:日本人搞清史满族史,其目的所向,路人皆知,但日本人做学问,有他们自己的一套,目前不管在研究成果和积累材料方面都比我们强。在清史满族史研究的战略上要藐视他们,但在战术上要重视他们。而且不要急于求成,首先从根柢方面下苦功夫,坐他八年、十年冷板凳再说。我在这方面是遵照洪师的教诲,五六十年来,从未间断过,下过大气力,但做出的成绩是很有限的,当然不可避免地受到一些客观和主观条件的影响和限制,远远没有做到我最尊敬的洪师所希望于我能达到的水平。每念及此,自惭形秽,弥增仰止。

回忆1946年秋我幸运地从成都燕京大学获得哈佛燕京学社奖学金赴美国哈佛大学研究生院学习四年的机会,我深知要治清史,就应多学几种语言文字,能多看懂一些原始资料。英文我从中学到大学都在学,日文虽也学过好几次,但在抗日期间心里有抵触情绪,始终没学好。一到哈佛,即先选修拉丁文,接连念了两年,第二年本应学满文,因未开班,改选修蒙文;此外还自修德文、法文。虽说我当时年龄偏大,又没有学语言的天分,但最重要的原因还是求知欲太切,贪多嚼不烂,没有消化得了,什么都没有学好。最后以落第败下阵来,失去了奖学金,没有达到留学四年取得学位的夙愿,只好买棹言旋,"无颜见江东父老",有愧燕大老师和学长。

1948年回国以后,我虽没有学到更多的东西,却没有受到国内诸名师的冷遇,尤其是洪、邓两师更希望我专心从事清史的研究,洪师安排我回到他亲手创办的北平燕京大学引得编纂处去工作,还嘱咐我用十年工夫念完《清史稿》和《清历朝实录》,

以及蒋、王两氏的《东华录》和《续东华录》，最后将它们编成一部综合性引得，也许比《三十三种清代传记引得》更为有用。洪师一直担任引得编纂处主任，聂崇岐君是副主任。我回国之时正是聂君赴美国讲学之时，因此，洪师命我去代替他为副主任，专心主持其事。谁知我回国后不到半年中华人民共和国成立，误认为编纂引得完全是为了满足美国人治学的需要，不免被认为是为洋人服务之奴化工具，因而在不到三年期间，由我主编出版的只有《后汉书引得》和《荀子综合引得》。合计引得编纂处成立22年中，共出引得64种与综合引得八种，对研究中国文史方面做出不小的贡献。

在此三年中，我发表过关于雍正篡位方面的《清世宗夺嫡考实》及《胤祯西征纪实》两文，刊于《燕京学报》第45、46两期，得到洪师的奖许。我还在燕大历史系开过清史、明史两门课。1952年10月全国院系调整，我被调入北京中央民族学院任研究员（教授），参加东北内蒙古研究室，转入满族史研究领域。头两年我也发表过有关满族史的两篇文章即《满族在努尔哈赤时代的社会经济形态》和《皇太极时代满族向封建制的过渡》，在满族史研究上有所突破。也就在这时，我在人民出版社出版了第一部结集《清史杂考》。1956年，我又调到本校新成立的历史系任教授。翌年，党中央毛泽东主席号召帮助党整风，发动群众大鸣大放，我因被卷入本校各民主党派联合帮助党整风，也被错划为"右派"。自1957年直到1978年彻底平反以前的二十多年间，我再也没有发表过一篇文章。不幸中之大幸是我的《清史杂考》一书的稿子于1957年4月已交给人民出版社，而且9月书已印成。我当时虽已被划为"右派"，但按中共北京市委规定，教授级划"右派"的必得其审批后才能正式公布，因此我的书没有被耽误而得以公开出版,1963年9月又被中华书局出版过一次。

从1957年到1978年二十余年在一个人生平不算短的时间里,我虽不能再写文章发表,但我并没有消沉下去,停止看书,不看书也实在没法打发日子。除平日经常喜欢读的《日知录》《圣武记》《石渠余记》三部书外,我倒趁这段较长的时间仔细地阅读了几部大书,第一部是《明实录》(南京江苏书局梁鸿志复印本,当时台北"中央研究院"由李光涛、黄彰健等精校的《明实录》尚未出版)。当年曾经发表了《明代女真人的分布》一文,刊于《中国民族问题研究集刊》(中央民族学院研究部,1957年,第1期),就是通读《明实录》后的副产品。本来还想写一篇关于"《明实录》中之女真史料之选编",因有同志要求要写,我只好搁笔不写。第二部是《朝鲜李朝实录》。1959年我被调往沈阳参加编纂《满族简史》工作,我于每星期日乘环路电车去沈阳旧城城南东北档案馆(现辽宁省图书馆历史部)搜集资料,上午8点至下午5点历经三个寒暑,摘录其中有关的女真资料。到1978年由辽宁大学历史系排印,书名题为《朝鲜李朝实录中之女真史料选编》,约18万字,列为辽大历史系出版的《明末清初女真史料丛刊》14种之一,其中所收录的有不少女真史料为孟森所著的《明元清系通纪》16册(北京大学铅印,1935年)与吴晗所编的《朝鲜李朝实录中之中国史料》18册(中华书局,1979年)两书所未收,作为研究满族先人女真人的史料不无可供参考之处。第三部是1971年由中华书局提出,经毛主席、周总理批示整理标点出版的《清史稿》。我也被调往参加点校,前后六七年,全书刚标点完毕,"文化大革命"结束,本来同被调来书局参加点校的四五人均被调回原单位,而民院未调回我,我因与书局吴树平、何英芳两位同志负责看清样,全书共装订48册,不下七八百万字,我在一年半时间里至少校读三四遍。第四部是《清史列传》,由我一人独力点校。由于要写《校勘记》,必须搞清楚本书的来源及其来源所从出,从私寓(当时我住北大中关园30号内子住所)奔波于书局、一史馆之间达五六寒暑,终于点校完毕,每卷后附《校勘记》,出校约三十条,全书80卷,装订20册,共写有两千条以上,不下十万余言,再附上长达七八千字的《点校叙言》,总算弄清楚了《清史列传》的版本来源及其史料价值。

1978年底错划右派被彻底平反后,我又可以开始写文章发表了,头一篇《清代旗地性质初探》一文,就在1978年被彻底平反的同时在中华书局主编的《文史》第4期刊出。从这一年开始直到最近,平均每年至少有一篇,多则两三篇,最短的只有一两千字的不计算在内,聊补二十多年来不能发表文章之不足耳。同时,我被调参加的还有中国社会科学院民族研究所重订修改《满族简史》的编审工作,当时参加的还有社科院民研所五六位学有专长的中青年同志,由我负责讨论审阅,最后通纂。此书于1979年交由中华书局公开出版,于1983年获中国史学会与全国记者出版协会颁发的爱国主义通俗历史读物优秀奖,1984年再版。由于这段时间重订修改《满族简史》的工作,民族所的五六位同志颇有收获,于是又组织由我主编出版了《满族史研究集》(中国社会科学出版社,1988年11月)。1978年到1990年十多年所发表的文章不下20篇,拣选17篇为第二部结集,命名为《清史新考》(辽宁大学出版社,1993年7月),其中录入的除《明代女真人的分布》和《北京厂寺访书记》两篇在1956年以前和1957年刊出过以外,其余15篇都是在1978年以后发表的。全书字数25万,与第一部结集《清史杂考》约略相当,从内容看,均属于清史和民族史的范围,民族史中自然以满族史的研究课题为多,这也与《杂考》内容大致相同。所不同者,《新考》17篇中只有一篇是文言文,而且是1956年以前写的。中华人民共和国成立后学写白话文而不再写文言文,当然是受新时代的潜移默化,烦琐考据少了,理论性的话语多了,应该说是我的一点进步。可是一位从台湾转到澳大利亚墨尔本的友人,竟说我变了样了,不再与我通信也不再交换文章了。

我的第三部结集《清史续考》(华世出版社,1993年11月),共收论文21篇,再也没有一篇纯属于文言文的文章了。全书约三十万字,字数略超过前两部结集,但内容仍以清史与满族史为大宗,元朝一篇之外,间亦涉及藏族以及清王朝一代的民族宗教问题,而体例一仍《杂考》与《新考》之旧。1986年秋,由国家民委学术委员会副主席黄颖同志(教育司副司长)发起,与中国社会科学院民族研究所和中央民族大学三家协商,组织写作班子,以我年长,被推为主编,副主编为刘先照、杜荣坤、王辅仁三同志,承担国家"七五"规划重点项目之一的《中国民族史》编纂任务,参加撰稿的15位编委,有13位教授、研究员,两位年轻的副教授(出书后均升为正教授)。经过八年的共同努力,反复研讨修订,全书共分七编,各编又有分主编,各章节由有专长的同志执笔,写出初稿后,交由各分主编统稿反复修改订正,最后交由主编通阅定稿。终于1994年12月全部脱稿,共157万余字,这部大型通史体《中国民族史》著作在已有研究成果的基础上,达到了一个新的水平。1995年获第九届中国图书奖,1996年获北京市第四届哲学社会科学优秀成果特等奖,1997年获中国人民大学吴玉章奖金历史学一等奖,1998年获教育部颁发的国家图书成果优秀一等奖。自本书出版发行以来,颇受海内外史学界的注目和好评。

自问五六十年来,自己在历史知识训练的基础方面,曾受到过好几位驰名海内外的史学大师的教诲和指引,注重基本功,在作文遣句上亦下过一点功夫,既受乾嘉学派的旧史学影响,讲究写文章要字字有来源,注明出处(版本与卷页),严谨有法,不轻下断语,同时又吸收西方汉学家的一些长处,科学地实事求是地不先存成见,不拘泥于陈说,扩大眼界,追根究底,求得其历史背景、来龙去脉、因果关系,必定找出这一问题发生的所以然及其解决之详细过程,即能回答出其为什么发生和怎样解决的过程。另外,中华人民共和国成立五六十年来,我也多少接受了一些马克思主义唯物历史观和辩证历史观作为自己研究历史的指导思想,即从历史发展的总趋势来分析问题的方法,虽然学习很不够,还有很大距离,但心向往焉,竭力以赴,只问耕耘,不求收获。

如果说在学术研究方面有一点小小收获的话,我自己认为比较主要的专题论文是以下几篇:首先两篇是《清世宗夺嫡考实》与其姊妹篇《胤祯西征纪实》,虽然都为文言文,使用考据方法,但详细占有史料,论证逻辑比较清楚,观点亦有所突破,将康熙、雍正两朝时间的连续性与皇位变更,以及隆科多、年羹尧、阿其那(皇八子胤禩)、塞思黑(皇九子胤禟)等具有典型意义的一些人物和历史事件综合联系起来加以全盘考虑,不就事论事,局限于一两个具体的小问题上。清朝是继元朝之后又一个由少数民族入主中原建立起来的统一的多民族的封建王朝,然而元朝祚短,未百年而亡,清朝建立了长达267年的统治,产生了远逾唐开元、天宝的康雍乾盛世,远超大元入主中原,统治全国版图之广阔。但盛极必衰,康熙末年诸王子夺嫡之争,势同敌国。皇位承继,本为最高统治者一家一姓之事,但雍正继位引起全国政局的极大波动。不有雍正自撰《大义觉迷录》以及同时代人萧奭（一作萧奭龄）所著的《永宪录》两书遗存到今，有谁能判定雍正之逼母与杀弟之为真事实。后来续撰的《清圣祖遗诏考辨》一文，根据《圣祖实录》康熙五十六年十一月对诸王公大臣的一次长达五六千余言的《面谕》，与《遗诏》相勘比，正好证明《遗诏》是雍正一手从《面谕》过录修改而成的一份假遗诏。雍正继位是篡立、夺嫡，还是具有合法性的继位，关键在于康熙之死与是否确有遗诏传位于雍正。康熙之死竟无遗诏，所谓遗诏是假的，则雍正即位系由篡夺而来，不问可知。

传统史学的功底往往与版本目录学分不开，自入燕京大学历史系以后即从洪师学史学方法两年。而我发表的第一篇学术文章为《辨纪晓岚（昀）手书四库简明目录》，被洪师推荐，全文刊于1937年天津《大公报·史学周刊》上，对当时享有盛誉的中国营造社珂罗版影印十分精美的所谓纪晓岚手书的《钦定四库全书简明目录》进行条分缕析的考辨，摘出所收书目有别于《四库全书总目》者41种，舛误脱夺者97条，证明《简明目录》绝非出于纪氏之手，所举出的所有论据大概都是站得住脚的。我的大学本科毕业论文《清三通之研究》（后改题为《清三通纂修考》，收入《清史杂考》中），考证了《清朝通典》《清朝通志》《清朝文献通考》三书的撰写过程、编纂体例、资料来源、编纂人员，对清三通与杜氏《通典》、郑氏《通志》、马氏《文献通考》的沿革损益无不究源竟委，触类旁通。从而列举清三通所据文献资料来源不下数十百种之多，分之为15类，条例一一录出。同时指出清三通中雷同抵牾之处，亦一一为之钩稽爬梳、考订辨析，虽不能说完备无缺，然经过一番整理探析，迄今尚不无可供参考之处。还有一篇对清代基本史料研究的文章，则发表在半个多世纪之后,题目为《清国史馆与清史列传》,是在1982年我赴美访问到普林斯顿大学讲学,涉及清史纂修问题,题目是由同学好友刘子健教授(宋史专家,普林斯顿大学东亚学系讲座教授)给我出的。我首先用大量史料,证实清国史馆第一次开馆是在1690年(康熙二十九年),第二次是在1765年(乾隆三十年),并将《清史列传》与其他重要的清代大型传记如《国朝耆献类征初篇》《满汉名臣传》等书作比较,认为《清史列传》直接抄自原国史馆纂修的《大臣列传》稿本(藏于北京第一历史档案馆,44大包,1517件,正传3129人,附传尚未计算在内)的并不很多,而间接从《满汉名臣传》和《国朝耆献类征初编》两书过录的却为数不少。这就纠正了以往长期把《清史列传》全部视为抄自原国史馆纂修的《大臣列传》稿本和《国史列传》的不正确看法。可以看出,治史者首先应对基本史料及其版本源流,不厌其烦地在手披目验的基础上了解本书的内容,做一番比较,以便左右逢源,融会贯通,互为补充,相得益彰,这将使治学者不费太大太过分的手足之劳,而悠游岁月,乐在其中矣。

　　清史学科的特点之一,就是新史料的不断发现,使过去研究的问题重新受到检验,原来的结论有的被否定,有的得到证实,获得新的发展。我当年在撰写《胤禎西征纪实》一文时,所能利用的胤禎奏档稿仅有27份(原燕京大学图书馆所藏,现归并于北京大学图书馆中)。文章发表后,一位友人后又为同事的吴丰培先生告我说他有更详细的满汉合璧的奏档(后于1991年印出为《抚远大将军允禎奏档》,列为《中国文献珍本丛书》之一),可以借给我看,但始终没拿出来借给我看,我后来在北京大学图书馆善本库看到同样一部满汉合璧的《抚远大将军王奏档》,不分卷,20册。1990年我在访日期间,承日本方面清史名家神田信夫教授介绍,得以在东洋文库善本室借阅库藏的珍本《抚远大将军奏折档》两函11册。所有中日这些版本,比我当年最初所见到的节本,分量多出十几倍(10本或11册)。在撰写关于《奏档》一文之前,我顺便写了一篇小文《满族贝子称王考》,说明雍正为了打击异己,下令将当时称颂胤禵功绩所立三块碑文中的"抚远大将军王"字样磨去,但是嘉庆年间刊本引用上述三块碑文却一字未改,说明满族世代相传的历史文化之旧俗,由来已久,非一朝一夕所能改变或能抹杀掉的。我最后写出的《胤禵与抚远大将军王奏档》一文,远比前者《胤禵西征纪实》在资料文献方面更有说服力。

研究清史与满族史应学习民族语言特别是满语文。《清史论丛》(第二辑)载有我撰写的一篇关于《沈阳锡伯族家庙碑文浅释》的文章,此文即对清嘉庆八年(1803)距今将近两百年(按:此为作者讲义之时间)以前所立的一块锡伯族家庙的满文碑进行详细而较深入的考释,根据碑文所述锡伯族先人的迁徙历史经过,我认为锡伯人十六七世纪驻牧于黑龙江省海拉尔河以南的绰尔河流域,而并不是像日本学者岛田好氏所认为的在今吉林省扶余县的伯都讷。这篇小文章很快被译为德文,与意大利威尼斯大学斯达理教授(满文讲座教授)所著《锡伯史稿》同编为《锡伯史专号》。利用满文研究历史,我发表的文章还有《满文老档中计丁授田商榷》与《清圣祖遗诏考辨》(后一文已在前面提及),两文均是围绕特定所要探讨的问题,对谕旨的各种行文进行比较分析,勘同辨伪,对一些问题提出自己的看法,对自己以前错误看法提出自我否定。刊于《中国民族史研究》(中央民族学院出版社,1987年)中的《释马法》一文,更能说明满语文在满族史研究中的重要性。"马法"一词,满语有两层不同的意思:一为有血缘亲属关系的"祖父"(爷爷);二为无血缘亲属关系的"老翁"或"长者"。而清顺治帝(世祖福临)之称外国传教士汤若望为马法,是尊称,并没有称汤为"爷爷"之意。所传顺治帝之亲母孝庄文皇后曾称汤若望为"义父",实因汉语译基督教语汇中之 father 一词应为"神父或神甫"而致误。我国老辈学者陈援庵(垣)先生,曾提到过康熙帝称汤若望为爷爷,实因以讹传讹耳。而以后美国研究中国近代史的权威专家费正清(J. K. Fairbank)和费绍尔(J. Fletcher)等教授于 20 世纪 80 年代所著《清代史》中还引用了康熙称汤若望为祖父这一错误说法。诚如陈寅恪先生所指出的:"至于清代史事,则满文名字之考证殊与推求事实有关。治史者不得置而不究。"

　　七十多年来,我的教学和科研工作做得太有限了,目前又已年过九旬,精力日衰,记忆力大不如前,虽仍有信心,不断自勉,希望能多做点工作,怕的是力不从心,做不出太多的贡献来,实乃人生中无可奈何之事!

## 附录四 五石先生小传

先生姓邓氏讳之诚，字文如，号明斋，别号五石，江宁人。生于川，长于滇。禀赋岐嶷，博闻强记，得于家学者过半。年二十三，授教昆明，年三十一，来游北京，识故老宿儒殆遍。初就国史馆编纂，嗣执教北京大学、师范大学、辅仁大学、燕京大学，先后几四十年。日伪时被捕囚禁百余日，苦楚备尝，而吟咏不辍。解放后仍任教四年，始退老郊居，以著述自娱者又七八年。性嗜书史，老而弥笃；教人不倦，成就者多。而持躬俭约，布衣蔬食，怡如也。先生生于清光绪丁亥年十月十五日，卒于己亥年腊月八日，享寿七十有三。配庄氏、樊氏。子四人：瑜、璧、珂、瑞，女三人：琰、瑛、瑁。珂、瑞，现能守其学。

庚子年四月吉日刻石

五石先生小传

先生姓邓氏讳之诚字文如号明斋别号五石江宁人生於川长於滇粟赋颖岐嶷博闻强记得於家学者过半年二十工诗年二十一来游北京识故老宿儒殆遍初就国史馆编纂员执教北京大学师范大学燕京大学先後凡四十年日伪时被捕日苦楚俗当而吟咏不辍解放後仍任教四年始退老邓居以著述自娱者又七八年性嗜书史者而弥为敌人不倦成就者多而持躬俭约布衣蔬食恰如也先生於清光绪丁亥年十月十五日卒於己亥年腊月八日享寿七十有三配庄氏继丁氏瑜璧珂端女三人燕瑛璜珂端配宁其学其子四人瑜璧珂端女三人

庚子年四月吉日刻石

《五石先生小传》碑今立于东北义园

邓之诚先生摄于蒋家胡同二号寓所

## 附录五 邓之诚先生评传

邓嗣禹 周一良 王锺翰

先生姓邓，名之诚，号明斋，又号五石斋，文如其字。原籍江苏江宁。以清光绪十三年十月十五日（公元 1887 年 11 月 29 日）生于成都，1960 年 1 月 6 日卒于北京，享年七十有三。清道光年间闽浙总督邓廷桢是其曾祖。祖名文基，字竹芗；父名栻，字小竹。同、光之际，先生之祖与父均游宦川、滇。先生于光绪二十四年（公元 1898 年）侍母自川入滇，自后随宦小竹公，遍历滇中。比遭孤露，久滞昆明。先后客滇十有八载。

先生儿时就傅喜读书，耽文辞，曾毕业于成都外国语专门学校法文科。稍长抵滇，随小竹公赴东川、蒙化、腾越、开化、广南、云南诸府任所，略习六代书史，得自庭训居多。继而考入云南两级师范学堂，中分文武两科，同时考入者，有李印泉（根源）先生。李身材魁梧，体力过人，专习军事；而先生文弱书生，禀赋岐嶷，专攻文史。俱各年少气盛，豪迈不羁，咸抱经世致用之志，虽一文一武，而最称莫逆，至老而弥笃。先生在校，品学兼优，试辄冠曹。

先生既毕业，以弱冠之年，担任《滇报》社编辑，主笔政者数年，时值戊戌变法失败之后，故对国内外政局以及地方应兴应革事宜，多有论述，辄为时贤所赞许。年二十三，受聘于昆明第一中学，教授史地课程者又数年，不特于历代史地之学，博闻强识，如数家珍，而且对当时朝野政局及世界各国形势亦莫不洞悉其得失利弊。但先生所最瞩目而又最感切于怀者,厥为清政府政治之腐败,完全被当时昏朽无能的满洲宗室王公亲贵所把持,成为爱新觉罗氏一家的封建专制独裁;而环视四邻,列强虎视眈眈,得寸进尺,势在垂涎瓜分,深恐我行将有亡国灭种之祸。故对其时从事推翻清政府的革命党人的地下活动,先生均解囊相助,有时还为掩护革命志士逃脱虎口而甘冒风险。辛亥革命前夕,先生亦挺身而出,与同班学友李印泉、邵次明、李西原等多人,为加速推翻清朝政府的革命活动,不辞辛苦,四处奔波,几达一年之久。即在武昌起义以后,先生仍兼报社工作,撰写过多篇政治性文章,高声欢呼辛亥革命,热忱不懈。自袁世凯窃国,先生于1916年自滇入蜀,又积极参预护国军运动,并谒见了革命领袖孙中山(文)、黄克强(兴),以及护国军统帅蔡松坡(锷),同时会见了倒袁督军唐蓂赓(继尧)、陆干卿(荣廷)、陈二庵(宧)、汤住心(芗铭)等人。其中与二庵先生为忘年交,意气相投,嗣后又同寓北京二十余年,论学谈艺,知人论世,始终过从甚密。

先生与江阴缪筱珊(荃孙)先生同婚于成都庄氏,为姑侄辈(先生夫人庄宛如女士卒于1955年)。1917年先生自蜀出鄂,沿江东下,始返吴中。同年秋,赘见缪先生于上海虹口联珠楼寓所,倍觉亲切。适以叶浩吾(瀚)先生之介,应聘于北京大学,先生乃浮海北上,缪先生亦为议清史事抵京,同寓都中者数月,得时相过从,深蒙奖许。当时国史馆初改为国史编纂处,隶教育部,以北京大学校长蔡子民(元培)先生兼任处长,礼聘屠敬山(寄)、刘申叔(师培)、叶浩吾(瀚)、童亦韩(学琦)、蒯耕崖(寿田)、孙季芃(诒棫)诸先生为国史纂辑,而张蔚西(相文)与先生任民国史纂辑。是时,先生尝欲编纂民国以来诸大事,成一专书,自以为廿年间祸乱相寻,泰半身亲目睹,或且预知隐秘,应易于属笔,终以其时当事人大都健在,个中曲折,是非恩怨,言人人殊,迄未克以一人一手之力成之。

稍后,先生又出任北平《新晨报》社总编辑者几一年,曾一度逐日撰写社论,大抵为斥责当时柄国者独夫专制祸国殃民之篇。事后剪贴裒辑,成两巨册,题名曰"千金簿",先生对之,意颇自矜。从1917年至1928年十余年间,先生亦尝往来南北,得交章太炎(炳麟)、杨沧白(庶堪)、李仲公(以字行)、龚镇洲(振鹏)、叶誉虎(恭绰)、陈公穆(庆龢)、张孟劬(原名采田,后改尔田)、费闿生(行简)、尹石公(炎武)诸先生,诗文酬应,鱼雁时通。

先生于民国十年(1921年)前后,专任北京大学史学系教授,后兼任北平师范大学、北平大学女子文理学院史学教授。1928年先生之所以就教于燕京大学,乃由于国史编纂处同人叶浩吾先生为之转介于燕大文科学长洪煨莲(业)先生,而洪先生之识叶先生,又由于燕大法律系主任郭云观(冈畴)与洪先生为在美同学挚友,郭、叶又为至交之故。从1930年秋起,先生就聘于燕京大学历史系讲学,敛锷藏锋,潜心书史,专以授徒著述为职志,直到1952年院系调整为止,前后教授燕京大学二十有三年。其始,先生兼任北平师范大学和辅仁大学史学课程,专任燕大以后,遂于1931年秋,从城内迁居西郊,初住原燕京大学(今北京大学)三号。与邻居张孟劬先生及洪煨莲先生时以诗词相投赠,稍后择其佳者,印有《槐居唱和集》,得诗四十一首、词一首;而以先生得诗二十四首为最,其中殊多兴怀感时之佳作。初只单印一百册,流传不广;后应清华大学吴雨僧(宓)教授之请,以《槐居唱和》为题,刊布于《学衡》杂志第七十九期。随于1933年秋,先生再迁居于燕京大学南门外冰窖十七号(因今北京大学新建校医院,原房已拆除)。

1937年,卢沟桥事变后,四郊多垒,抢劫时闻。同年秋,先生迁入校内南宿舍勺园四号(原在燕京大学南门附近汽车房后面,今已拆除),一直住到1941年冬太平洋战争爆发,燕京大学被日军占领。先生与洪煨莲、陆志韦先生等同被日军逮捕入狱,先生家口仓皇迁至燕京大学东门外桑树园四号。翌年夏,先生出狱后,即暂寓桑树园。此后数年是先生一生中生活最窘迫的时期,家无隔宿之粮,唯靠卖书及木具、典当、借贷以及戚友学生的接济,偶而刻印鬻字以得微资,维持十余口之家,仅免于冻馁。就是在这样艰窘万状、局促于斗室的情况下,先生一直拒绝替日伪工作,衣粗食粝,泰然处之,仍日以诵书自遣,不废吟哦,坚贞不屈,见重士林。1942年出狱后,最先写出囚居一百四十一日中默记于心之所咏各体诗一百零五首,题为《闭关吟》。后仿陆游《剑南集》例,将出狱后几年中续有所赋的二十余首,一并附录于书后,单本印行。又追忆狱中所受非人待遇的真实情状,纪述备极详尽,凡二万余言,题为《辛壬纪事》,即指1941年冬至1942年夏半年内被囚而言。四年后,复将原稿删去三分之一,改为《南冠纪事》,于1946年刊于《现代知识》半月刊上。这一《纪事》,正是日本帝国主义侵华战争中严重摧残迫害中国文化学术界罪行的一个历史见证。

抗日战争胜利后,1945年10月燕京大学复校,先生仍回校任教,并迁居今北京大学东门外蒋家胡同二号。1949年1月北平解放,直到1952年秋大专院系调整,先生得到党和政府的深切关怀和照顾,特准作为调整后的北京大学历史系教授,唯不授课,仍任明清史研究生导师。后先生亦曾应中央高级党校之请,为党校三四位学员来家开讲明清史一课两三年,但大部分时间在家从事著述,以迄于1960年1月谢世为止。

先生从事教学工作,前后整五十年,先在昆明,后到北京,单就执教燕京大学而言,就有二十三年之久。中经囚禁几近半载,出狱后赋闲三年,生活艰窘,莫此为甚。而先生当时《口占桑园》二首:"老去耽书兴味长,陈编相对发幽香。人间万事书应备,只少仙人辟谷方。""忧患多从识字始,著书亦只误苍生。如何午夜犹探索,和墨研朱直到明。"又寄怀洪煨莲先生一首,中云:"衣粗食淡平生愿,力果思精几卷书。老去心情怜我拙,年来愁困赖君舒。"足以想见先生处于最艰苦时犹孜孜不倦地埋头著述的高尚情操。晚年家居,不授课近十年,但旧日门人之登门请益、质疑问难者颇不乏人。先生教学的一生,为社会主义祖国培养了一大批文史方面的研究工作者,其中不少人成为海内外知名的专家。

先生博闻强识,治学谨严,对自己对学生都同样要求。先生讲课,条理清晰,娓娓动听,对每一历史事件,都能源源本本,究其消息盈虚,明其因果得失,剖析透彻,释疑解惑,发人深省之处尤多。每次讲课先生是不带讲稿的,只带笔记本上课,但在上课前不见客,不理事,一人静坐半小时至一小时,聚精会神作为上课的准备。既上课,口若悬河,一泻不止,遇到必须引用史书时,则随讲随写,拿粉笔在黑板上用端正行书写出,而且是一大段一大段地写出,既快又准确,一丝不苟,很少出错。学生在课堂听讲外,如果到先生家去问问题,那是最受先生欢迎的。先生认为在课堂讲课,必须照顾全面,每个学生程度不一,要求不同,接受能力也因人而异,所以,有机会和学生个别谈话讨论,因材施教,最便于解决每个学生提出的疑难问题,接触多了,彼此了解深了,也更便于引导学生向深广方面钻研。实践证明,先生这种不单靠课堂讲授,通过师生间的经常接触,耳提面命,是行之有效的一种教学方法。

记得卢沟桥事变发生之后不久,先生十分感慨地说:"庚子(1900年)以后迄民国成立,北洋派争权,可谓不生不死。北伐成功以后,竟为大言,专骛高远,不切事势,以致灾民数省,逾数千万人,外祸陡起,可谓生中求死。今后只有死中求生,万不可再从一线之生以求死。"于日常说:"做学问要老老实实,要脚踏实地地去做,不要弄虚作假,自欺欺人。要熟读几部最基本的书,每读一部,要从头到尾地读,不要见难而退,更不要半途而废。读完一部,再读第二部。先求懂,再求记。不但要写读书心得,更要记下那些不懂的和疑难的问题,以便随时向师友请教。如果这样做下去,日积月累,持之以恒,自然由不懂到懂,由少到多,学问就会大有长进。"先生记忆力特好。每当学生问到某书,先生能马上告诉你在哪一卷哪一页。一次谈到如何记忆的问题,先生曾这样说过:"这并不难。一个人的脑子就像一个储藏室,各色各样的问题和资料先得审查一下,然后分门别类,各归各类地把它们储藏起来。待要需用时再到各门各类去找就是了。"这是说学历史讲究有系统的归纳、演绎是非常重要的方法。先生又常说:"作为一个搞史学的人,必须具备两个条件:能读懂古书和能写好文章,两者缺一不可;多读和多写又是准备这两个条件的基本功。舍此而外,别无其他捷径可言。现在人往往看书得到一点心得,就喜欢轻易下笔,写文章发奉,而且爱'是我非人,是今非古',是其通病。别人、古人不是不可以批评的,但要多读些书,经过反复深思熟虑之后,再写文章也不为迟。"每当我们感到自己学识谫陋、功力浅薄时,先生虚怀若谷地教导我们说:"做学问哪有止境的时候?我教了好几十年的书,今天不懂的东西还多着呢！每年都要继续学习，多看几本书，总要有点进步才成；如果不继续学习，一年之中没有一点点进步，那就糟了！你们自己知道自己不足，正是你们要求进步的表现。"先生逝世二十多年了，今天怀念先生的言传身教，宛然如昨，益增景仰爱慕之忱。

今就先生的一生治学、教授著述、辑佚印书，举其荦荦大者数端，分述如下。

北京旧为学术渊薮，人文荟萃，治史学者尤众。先生之初来北京，周旋于名宿新进之间，并时有诗酒酬和。然生性狷介，不轻许人，既不随声附和于主张一切复古的国粹派，对于主张全盘西化的革新派，亦不敢苟同。但有时感于忧患，喜抨击，多所触犯，更不为新文学运动改革论者所容，终受其排挤。当时学术界喜谈考据，蔚然成风，而先生游燕之暇，多读乙部书，兼及前人别集、笔记，凡二百余种，随手摘录，于1925年夏间，排比纂辑，成《骨董琐记》八卷。所辑举凡金石、书面、陶瓷、雕绣，尤详于明清两代的朝章国故、遗闻佚事，莫不兼综条贯，都七百余条，附有旁证，别加案语，印行于1926年；以后又成《骨董续记》二卷，摘录三百余条，再印于1933年；而《骨董三记》六卷，不下四五百条，则在1941年即已脱稿，迄未付印，直至1955年，连同正续两记合为《骨董琐记全编》，交由生活·读书·新知三联书店出版。遗稿《松堪小记》亦与三记体例略同，于1982年始刊布于《文史》杂志第十四、十五两期中。《琐记》全书范围广博，对于考释古物，记述前朝史事，提供了不少资料。先生当时浏览所及，每毕一书，辄札记数条，但注所引书于某一条之首或末，后经分类编排，一书数条分置各类，不相连贯，错简脱漏亦在所难免，因而征引出处遂多不完备。

《中华二千年史》一书,都二百余万言。先生在国史编纂处于负责民国史纂辑之公暇,即已开始着手进行,先成《南北朝风俗志》一篇。后因在北京大学史学系开设中国通史一课,为教学需要,乃并力撰写,作为教本印行,名之为《中国通史讲义》。既至燕京大学后,先生复大力扩充补辑。乃仿司马光作《资治通鉴》前编之旨,断自秦始。从秦以后,约分秦汉三国为一时代,两晋南北朝为一时代,隋唐五代为一时代,宋辽金夏元为一时代,明清为一时代,厘为五卷。凡历六七寒暑,前后修改不下六七次。直至1933年秋,才完成宋元部分,明清部分迄未完编。先生《叙录》有云:"世无司马光之才,二千年之事,正史、杂史,次及史事记载、考证之书,浩如烟海,当如何纠集,而后不致贻误来学。"又云:"所采原书,遍加雠对,并细检书名、卷数、著者姓名,其他又小有是正。""敢云实事求是,不欲自误误人,则可自信者也。"当时国事日亟,浅薄者废史不观不讲,先生尝谓"靖康之祸,昔人以为其原在于宋人之不读史",用是苦心孤诣地提倡读史,读史必先读正史,旨在欲使青年学子通观历代兴亡史实始末,识其成败得失与诒谋臧否,庶几不至有负"国家兴亡,匹夫有责"之训。章太炎先生复书所云:"鄙人提倡读史之志,本为忧患而作。顷世学校授课于史最疏,学者讳其伧陋,转作妄谈,以史为不足读。"又云:"总由史部繁富,躁人不及审观,而又耻其不知,故不惮多为妄论以摧破之;今欲使学校中历史一课得以稍稍振起其事,益不可视以史书只宜于阅读,不宜于演讲也。"与先生提倡读史讲史之旨正复符合,足以互相发明。抗战前,先生这部《通史讲义》被商务印书馆选为"大学丛书"之一种,易为今名《中华二千年史》,先付排上、中两册,交由上海该馆出版,公开发行。中经太平洋战争,罢讲中辍者又数年。直到1955年,先生重理旧业,始将下册明清史部分补纂编成完书。先生初意明清史部分三十余万言足以了之,不意编成后,清史部分即逾六十万言,而所删削者已十余万言,尚未计在内,仍增多一倍,已无法再减。全书求明历代封建王朝治乱兴亡之迹,倡经世致用之学,总结封建统治者政绩谠论,借供后人各取所需。善读者得产先生之以生民来世为怀,不善读者仅视为西洋式资料书之范本,近似推崇而实不悟先生述作之旨趣所在也。

先生于书无所不窥,尤喜钞书、印书;在执教燕京大学二十余年中,为燕大图书馆和哈佛燕京学社审核鉴定的善本、孤本、稿本或传钞本,不下数十百种。先后选出校印的有《佳梦轩丛著》,手稿本,凡十一种,经先生考定,知为道光年间宗室奕赓所著。此稿初无总名,因其中偶署有"佳梦轩"字样,先生为题今名。我们知道,有清一代文网綦严,清人讳言当代事,于满洲习俗尤讳莫如深,并一代朝章国故亦甚少过问,有之亦语焉不详,更谈不上写成专书,公之于世了。像宗室昭梿所著《啸亭杂录》和震钧(后更名唐晏)所著《天咫偶闻》两书,最为诹清故者所称道,然比起奕赓亲身经历、闻见真切而写成的这部书来,似乎有好些地方又不止稍逊一筹而已。又如《万历三大征考》,传钞本,不分卷,一册,明末茅瑞征著。先生据《明史·艺文志》只著录《三大征考》而不及《东夷考略》,推断二书实为一书。时人有怀疑先生所推断为妄谈者,后来访知上海南洋中学所藏明天启刻本《万历三大征考》附《东夷考略》共二册,正是一书,得到了原书证实。又如《汪悔翁乙丙日记》,手稿本,系江宁人汪士铎于太平军既破南京后,留居城中,身亲目击,所记咸丰五、六两年的日录。字迹行草细密,讹夺杂出,殊不易辨认。先生躬身手订校正,并为之付印刊布。虽书中有不少诋毁太平天国的字句,如称"贼"或"洪贼"等,为了保持原书本来面目,不复代为删改。其中所记多为官书所不详,远比耳食余闻为可佐证,不失为研究太平天国历史的一部较有史料价值的参考书;而且该书洞彻世情,类多灼见,其论致乱之原,谓由于"应办不办之事,应杀不杀之人,充塞乎山林郡邑之间",诚切中道咸间之时弊。又如《神庙留中奏疏汇要》,四十一卷,明传钞本,董其昌撰。董以书法擅名,又有民抄董宦之事,后世鲜知其尝留心朝政大事。先生认为《汇要》一书万历一朝之事粲然具备,尤以所录兵事最详,吏、户次之,显然董所注目者东事之外,当为三大征之役,每事首尾胪列,议论亦较持平。1937年燕京大学图书馆为之校定刊布,供明清史研究工作者参考。他如明末人张萱所著《西园闻见录》,一〇七卷,三山陈氏居敬堂钞本,先生亲嘱门人陈矩孙(絜)从闽中负载抵京,转让于燕京大学图书馆者。这次整理付印,先生又据顺德李氏光绪年间传钞本加以一一对校,于1940年由哈佛燕京学社出资付排,从而使这部只有少量几部钞本的书得以大量流传于世,而书中所记多为今所罕见之书,不但可以和沈德符所著的《万历野获编》相媲美,其参考价值也许还要更大一些。至于先生自己印行的清末人胡延《长安宫词》和王闿运《祺祥故事》,均系当时人记当时政局之大事,可以补证史文之阙,列为"旧闻零拾"小丛书中的两种。就是在20世纪50年代,中华书局出版的明末清初人谈迁著的《北游录》以及康乾人萧奭龄著的《永宪录》,也都是由先生提供自己所藏的五石斋钞本。此外,中国社会科学院近代史研究所于1959年排印的《锡良遗稿》(手稿本)、北京古籍出版社于1982年出版的崇彝臣所著的《道咸以来朝野杂记》(传钞本)亦都是由先生提供的。先生一生与钞书、印书为缘,先后印书大小十数种,又屡为人校雠,且代之作序作跋,自己所藏钞本秘籍,也多付之排印,不稍吝惜。此事最足为法,不特表章往哲,彰阐幽微;更重要的是,保存了孤本,流通了古籍,为祖国文化学术事业做出了贡献。

先生治史,认为史学以纪载为先,纪载以近事为急,及今不述,后将无征。民国以来,事之湮没不彰与夫浮夸失实的太多了;而一般史学工作者,明于察古,有昧知今,直笔不存,是非淆混,实不足以昭示来兹。先生生长川、滇,又足迹殆遍,熟悉西南各省军政界内幕错综复杂的情形,离滇入川之后,乃师王闿运《湘军志》所谓"不在表战功而在叙治乱得失之由"的宗旨,早年著有《西南纪事》,后改名《护国军纪实》,凡二万余言。先生以当时当地人的亲身经历、耳闻目睹,记当时当地之人之事,故能详其发难原委及其彼此因果关系,并认为护国军运动这一历史事件是关系到民初北洋政府治乱升降之枢纽。此作实堪与《湘军志》相颉颃。写成后,先生自认其中事实仍有不完全符合之处,乃检民国初年《东方杂志》中《大事记》,以订正纪事中年月之伪。先发表于1935年《史学年报》第二卷第二期,后于1941年又收入为《旧闻零拾》中的一种。《纪实》外,又有专记滇事之书,是为《滇语》。《滇语》撰写于抗战前燕居之暇,述其幼年遍历滇中各地所见所闻与所传闻其人其事,尤详于滇边诸少数民族的派支、分布及其生活、生产和习俗、信仰。先生于1942年出狱后又重新删定,颇自矜此作有独到之处,人物中亦颇有抑扬,唯文字摹六朝,去今太远,一时无从出版,乃亲自用端正小楷誊清一过,藏之于家。另有《至性集》一编,选自古迄清末至性至情之诗,亲笔写定四本,录数百家,都数千首,选择甚严,皆可诵之什。此选发轫于1934年至1935年间,先生以为事功出自性情,易俗在敦至性,欲事提倡真性情,借匡时俗之始。此为未刊稿,系先生行楷亲笔写定,无第二本,后佚于闽中。

《桑园读书记》作于出狱后的1942至1944两年间,记中仅择录两年中所读的四五十种书,集为一卷,都六七万言。体例殆合提要、札记而为一,每一书必贯彻首尾,有可供参稽的,间附己见。十余年后,又重勘一过,复有增省,于1955年交由生活·读书·新知三联书店出版发行,为文史研究者细心读书提供了一个良好的范例。书中评论清代学术,每有独到之见,如论包(世臣)、龚(自珍)、魏(源),推重世臣,谓"魏、龚非其匹也。三人学术,各有门庭,亦以世臣较为质直,盖由多见通人,无惊世骇俗之见。至若宅心和厚,龚不如魏,魏不如包。文亦如此"。此所言学术质直,无惊世骇俗之词,又言宅心和厚,文亦如此,实即先生平日立身治学之准绳,不啻先师自道。

《东京梦华录注》写定于1958年,于1959年由商务印书馆出版。早在二十年前,先生即着手作注,录于书眉及别纸,凡一二百条。书实未成,而世人多知先生有此注,每来怂恿付印,乃排纂成书,新注又得四五百条,引书一百五十余种,校出误字一百数十条,视前增三分之二。取材以宋人杂记为断:一、证闻;二、补遗;三、纠误。即以校勘误字而论,除本证外,也采用旁证。本注既以原刻为主,后此秘册、《津逮》、唐宋、《学津》各本不以后证前,况多臆改,故皆不取。孟元老这部书最不好读,断句以伎艺、饮食为最难,其他讹夺亦复不少,注释就更不容易了。此书出版后,引起国内外学者的重视。当年日本学人有撰文作评,略谓校订失多于得,句读误至五十余处,注释亦有当注未注、注而不切且注错者不少。但日本人所评亦有说可两存者。前几年,国内亦仍有人写小文,有所指摘。其实此书注成后,先生自云:"能释者未及十之三四。""虽力求不误,而误者必多。"又云:

"不必求备,实亦无从尽备。然取舍颇具微意,不徒志美,亦以志恶。其一事两传则取其较为详确者,展转负贩则取其纪录较早者,世人或不免诋为支蔓,而不知摈而不取者多矣。"足见先生对著书的实事求是和认真态度,是谦抑为怀、非常矜慎的。

先生临终的前一年,还写成了一部书,也是先生最后的一部书,稿已交中华书局上海编辑部付排,尚未出版,先生已不及待而与世长辞了。这就是1965年才出版的《清诗纪事初编》。众所周知,自唐以下,各朝诗都有《纪事》之作,先生此编正好填补了清代的这一空白。全书八卷,系先生根据三四十年中访求的七百余种顺、康人诗文集所写成的。以明遗民列为前编,顺、康两朝则按作者地区又分甲、乙、丙、丁四编,共收作者六百人,录诗二千余首。本黄梨洲(宗羲)以诗证史之说,所录诗都属有"事"的篇什,不限于名家,而贵乎诗能记史外之事,故本书与以前各朝《纪事》之作名同而实异了。先生忘年知交杨子勤(钟羲)所著《雪桥诗话》正、续、余三编,刊于民国初年;郭啸麓(则沄)所著《十朝诗乘》梓行于抗战胜利之顷。两者均以诗存人,亦未始非为佳构,然皆不过遗老对胜朝眷恋之言。郭书在后,辑佚为劳,而吏识不逮杨著。今若以两者视《清诗纪事初编》,相形之下,先生史家之作与杨、郭遗老之篇,迥乎有别。至于徐竹村(世昌)所纂的《晚晴簃诗汇》,二百卷,所录六千余人,可谓洋洋大观。《诗汇》以《明诗综》为法,惜诗多泛采,又编次凌杂。徐所见专集虽不多,然亦有先生所无者。先生锐意搜罗,亦自认不易通观一代,即顺、康时诗文集之泯没无闻者何限?今《初编》的六百篇小传,都六十余万言,皆为先生中岁以后精力贯注之作;所记各书均由目验,辨别审慎,间加纠正,于清初文献的考订帮助极大。至于先生就清初作者和著述所做评述,虽为文长短不一,对于清初八十年间的社会政治、学术思想和文学风尚所提供的丰富而又经过整理的资料,却有很大贡献。先生即在交稿付印之后,又翻阅过王培荪的《目录》,发现王所藏清初人集部,为先生所未见者有一百五十种,但切要者不过十余种而已。先生认为,如能合之上海复旦大学所得刘翰怡(承干)旧藏百余种,北京图书馆所得伦哲如(明)旧藏百六十种,加以中国科学院图书馆所藏五十种,中国社会科学院文学研究所所藏三十种,假以时日,使得从容采撰,则《清诗纪事初编》立可增至千人。惜各书分散各地,纠集不易,而先生自知年事日高,精力日减,故又认为,缥缃奇秘,分布南北,伏处荒郊,望洋兴叹,此事还须待之后人耳!

先生一生之治史讲史,要其大旨,端在昭示生民来世、消息盈虚之旨,盖兼史与子两者而皆有之。其所最服膺者,厥为顾亭林(炎武),亦每以"行己有耻,博学于文"教人;治生则"不耻恶衣恶食";求学则"知类通达","温故而知新";合群则"出入相友,守望相助,疾病相扶持";教诫则"内作色荒,外作禽荒。甘酒嗜音,峻宇雕墙。有一于此,未或不亡"。先生素主述作,又深以亭林深自矜秘、不轻示人为法;且不乐于唯事考订,非不善于考订也,无非以考订为平日读书之半,兼为随时写作之准备而已。所以于讲课与燕谈之际,屡屡以《日知录》为例,谓《日知录》每一条短的虽只有数十字,皆可供今人一二万言的长篇之作。又谓温公之于《通鉴》,许多考据,并《考异》亦不得羼入。世之称道先生者,谓先生熟于史事,兼知掌故;或谓先生博而杂,可称为杂家之学者,是岂真知先生者?其诋毁先生者,又谓先生清高自居,好批评人,尤其瞧不起今人。其实,先生不但瞧不起今人,连清代乾嘉学派也很少放在眼里。先生常说:"宋明人纪载之作,千载难继,不独赏其钻研功深,即翦裁之功何易企及?""昔人志在今古,故重史事,明典章,知沿革。"是知先生之为人治学,先求其大者远者,务使所学能有裨益于国家兴旺、长治久安、民族生存、发扬光大。盖取法乎宋明人之上,贵在志切国计民生,验诸事功,而有似杜工部"致君尧舜上,再使风俗淳"之咏也。

先生早年于书无所不窥,金石、书画、陶瓷、雕绣、印刻、版本、校勘、目录之学亦无不求精;平日讲课著书之外,尤喜买书、钞书、印书,得薪大半以偿书债。中岁以后,先生于1936年8月27日日记记云:"买书负累甚众,而无读书之益。今后决将由少买以至于不买。然后择版本稍佳可以悦怡者而买之,不在多也,多则累矣。即现有者亦将以渐廓清,庶乎博而反约。应力以书多装架为戒,或问学稍有进益乎?勉之勉之!"可见先生此时治学已由博返约,前此先生亦尝以南北朝史见长,自时厥后,则专致力于明清两代,而尤注意清初的研究,买书亦以顺、康人诗文集为限。以先生所著书而言,《骨董琐记》特详于明清两代无论矣,即就《中华二千年史》考察之,全书二百万言,明清史部分七八十万字,几占全书一少半,而清史部分六十余万言,又占明清史部分四之三,占全书亦几三之一,其重视清史可知。再说钞书、印书,钞而已印者,已不下十数种,其中除董其昌、茅瑞征、张萱三种为明人外,其余均为清人手稿本或传钞本,即董、茅、张三人亦均为明末之人;钞而未印者,尚有乾隆初年弘旺所著的《皇清通志纲要》《元功名臣录》和《松月堂目下旧见》等书。今《松月堂目下旧见》已列入1982年至1990年全国古籍整理出版规划中,则专记清初重要史事和人物的传记《通志纲要》和《名臣录》两书似亦应列入出版规划之中。至若《清诗纪事初编》一书的出版,虽在先生逝世六七年以后,而其搜罗七百余种的顺、康间诗文集之勤,历四十余年之久;六百人小传的撰写时间,虽大部分写定于最后一两年,但合前后时作时辍计之,亦几三十年。其中有早有成稿而又重撰者,如《叶燮传》,先生昔年所作初刻本《已畦集跋》,颇得意,以为不须重写;后又新作一传,乃尽易之,先生所谓"不知孰胜也"。又如补撰的《张兆骞小传》,撰成之后,乃忆旧有此稿,只因旧稿贬多于褒,仍用新撰者。他如顾(炎武)、孙(奇逢)、王(夫之)、黄(宗羲)四传,先生畏难久未草撰,后始成之。今人或有疑《清诗纪事初编》中的前编所录明末人多至二百余人,冠于全书之首,系先生录以自况,颇有不满现实之嫌。实则此编历时三四十年,陆续写成,当卢沟桥事变之秋,先生序中明言:"遭逢变乱,念明清之际,先民处境,有同于我者,不识何以应变,乃取其诗时时观之,钦其节操,忧患中赖以自壮焉。"是先生以明人入清自况,乃是四十年以前之事,岂可移以比之于今日?先生序中亦明言:"是集之作,端资纪事。沧桑诸老,若概以清人目之,彼不任受也。然入清已三四十年,其诗皆作于清时,今采清事,自不能以其明人也而屏之,因别为前编,以示微意。"然则先生之著此编,旨在实事求是,还历史以本来面目。解放后的十年中,先生深得党和政府的关怀和照顾,又何尝再以明人入清自况乎?

总之,先生一生治学由博返约,中岁以后,专心致志于清史,而堪称为先生代表作者,首推《清诗纪事初编》一书。先生于诗最为当行,六百篇小传中虽有不少人无事可纪,但记姓名、籍贯,然绝大多数小传,言之有物,字字贯行,疏密有致,先生亦颇自矜许,置之古人著作中,亦足称独到之作,无多让也。

我等忝列门墙,垂三十年,学识殊少长进,实有愧于先师之诲诱。今追忆所及,敢以质正于世之深知先生者。

王锺翰先生30年代中期摄于恩师邓之诚先生蒋家胡同二号寓所（前坐者为邓之诚先生；后立者右为房兆楹先生）

## 附录六 王锺翰先生传略

王锺翰先生(1913—2007)是中国当代著名历史学家、教育家,当代清史、满族史巨擘。在近一个世纪的漫长生涯中,先生自强不息,历经坎坷,初衷不改,成就斐然。

作为农家子,先生靠自身努力,勤奋进取,先后考取雅礼中学、燕京大学和美国哈佛大学,成长为当代著名历史学家。尤其是就学于燕京大学历史系时,师从著名历史学家洪煨莲、邓之诚诸先生,学养日增,并确立研究领域。响应洪师提出的"把汉学中心抢回中国"之口号,致力于对东北区域史、民族史之深入研究,以学术救国,回击日本侵略者掠夺中国领土、分裂中国之图谋。

1952年,先生调至中央民族学院(1994年更名为中央民族大学)任教,自此转入东北民族史、满族及其先世史研究。1956年起,任历史系教授,并发表《满族在努尔哈齐时代的社会经济形态》和《皇太极时代满族向封建制的过渡》两文,迈出运用历史唯物主义理论与传统方法相结合而进行史学探索的第一步,成为最早以民族史角度切入研究清史、注重发掘满文档案并予以充分运用的学者之一,具有开其先河的引领之功。1957年,其第一部论文结集《清史杂考》由人民出版社出版,收录论文八篇、附录两篇,计30万字,代表着中国当时清史、满族史研究的最高水平。

在此后发生的反右和"文化大革命"中,先生受到严重冲击,二十多年间,未有只言片语发表。

大难临头,唯从容应对,困而修德,坚守信念,不甘沉沦。20世纪50年代末至60年代初,先生被下放沈阳,利用业余时间,对清朝发祥地进行广泛深入的实地考察,获取大量一手资料;又详阅《李朝实录》,从中辑录出《朝鲜李朝实录中之女真史料选编》。70年代,先生借调中华书局,参与点校《清史稿》;后又独力点校《清史列传》,凡四百余万言。先生在学术资料整理方面,功不可没,并在此过程中注重收集资料,进行学术积累与准备。

1978年,春江水暖。先生苦尽甜来,厚积薄发,终于迎来了收获之金秋,先后出版了《清史新考》《清史续考》《清史余考》《清史补考》等四部论文结集,共收入论文近百篇,计百余万字,视野几乎覆盖了清史、满族史的各个领域;并注意从整体把握清史、满族史的发展阶段和特征,阐述满族史和清史的发展规律;不仅注意社会政治、经济,而且扩展到思想、文化、社会风俗的研究,且注重理论升华,分析成分明显增强。

此外,先生还完成《满族简史》之通纂,参与编纂《中国历史地图集·东北卷》和《中国历史地图集释文汇编·东北卷》;主持大型集体项目《中国民族史》和《四库禁毁丛刊》等工作。尤其是《中国民族史》,自1988年拟定提纲起,历时五载,方告完成,计140万字。就整体结构而言,该书打破了以汉族为主的传统皇朝体系,以少数民族活动为主线贯穿全书,以展示在不同历史时期各少数民族的重要影响与贡献。该书获1995年"中国图书奖"。

先生循循善诱,诲人不倦,先后培养硕士、博士、博士后计二十余位,大多已成长为清史、满族史领域著名专家。因此,他无愧于当代著名教育家之赞誉。

2007年12月12日,先生在北京西苑医院病逝,享年94岁。

纵观先生一生,以才学立身,学术报国,不仅是继孟森之后,又一位不存争议的清史巨擘,也无愧于当代史学大师之赞誉,赢得了海内外学术界的普遍尊敬。其对祖国的忠诚热爱、对学术的倾心投入和对兄弟民族特有的温情与敬意,是其取得成功的永恒动力与精神源泉,永远值得后学仿效与怀念。

(邸永君 中国社会科学院民族所研究员)

王锺翰先生30年代末摄于北京

附录

王锺翰先生与夫人涂荫松女士50年代摄于北大中关园寓所门前

1995年5月本书编者之一杨海英博士论文答辩会合影(前坐者左起:王锺翰先生、王戎笙先生、蔡美彪先生、何龄修先生、郭松义先生;后立者左起:邱永君、黄修义、贾卫列、杨海英、姚念慈、尹蔚彬、钟亚军)

王锺翰先生与弟子合影,1995年1月摄于家中。(前坐者左起:先生长女湘云、夫人涂荫松女士、王锺翰先生、学生定宜庄;后立者左起:学生赵令志、姚念慈、杨海英、邱永君、祁美琴、达力扎布、刘小萌、研究助手奇文瑛)

## 附录七 王锺翰先生著述目录

**1937 年**

《辨纪晓岚手书四库简明目录》,4 月 23 日《大公报·史地周刊》第 133 期

**1938 年**

《谈军机处》,《史学年报》

《祭父文》,手稿

**1939 年**

《清三通之研究》,《史学年报》(后改名《清三通纂修考》)

《读张孟劬先生史微记》,《燕京大学图书馆报》第 128 期

《遯堪文录序》,《史学年报》

《张孟劬先生遯堪书题》,《史学年报》

《清史稿纂修之经过》,《史学年报》(后被收入朱师辙之《清史述闻》)

《清律纂修奏疏序》,《燕京大学图书馆报》第 120 期

**1940 年**

《与人书五首》单行本

**1945 年**

《三国志裴注考证》,《中国文化研究汇刊》第 5 卷

**1948 年**

The Authorship of Yu-hsien-ku(《〈游仙窟〉著者考》), Harvard Journal of Asiatic Studies(《哈佛亚洲学志》),No.1-2,June

《清世宗夺嫡考实》,《燕京学报》第 48 期

**1950 年**

《胤祯西征纪实》,《燕京学报》第 49 期

**1951 年**

《北京访书记》,《庆祝周叔弢先生六旬论文集》(后改名《北京厂寺访书记》)

**1956 年**

《明代女真人之分布》,《中国民族问题研究集刊》第 5 期(后被收入《清史论文选集》第 1 期)

《满族在努尔哈齐时代的社会经济形态》,《中国民族问题研究集刊》第 6 期(后被收入《清史论文选集》第 1 期)

**1957 年**

《清史杂考》,人民出版社,9 月

**1961 年**

《五石先生小传》,刻石

**1963 年**

《清史杂考》,中华书局再版,9 月

**1977 年**

《清史稿》(主要点校者),中华书局,12 月

**1979 年**

《满族简史》(通纂之一),中华书局,8 月
《朝鲜李朝实录中之女真史料选编》,辽宁大学历史系,12 月
《清代旗地性质初探》,《文史》第 6 期
《战国秦汉辽东辽西两郡县考》(与陈连开合撰),《社会科学辑刊》第 4 期

**1980 年**

《雍正西南改土归流始末》,《文史》第 10 辑
《沈阳锡伯族家庙碑文浅释》,《清史论丛》第 2 期(后改名《沈阳太平寺锡伯碑文浅释》)
《对清前期历史必须作综合比较研究》,《清史研究集》第 1 期

**1981 年**

《关于满族形成中的几个问题》,《社会科学战线》第 5 期
《藤花会逸事》,《学林漫录》第 2 期
《洪煨莲先生传略》(与翁独健合著),《文献》第 10 期
《洪业论学集序》(与翁独健合撰),中华书局,3 月

**1982 年**

《国语骑射与满族的发展》,北京《故宫博物院院刊》第 2 期
《清国史馆与清史列传》,《社会科学辑刊》第 3 辑
《对编修清史的一点意见》,《清史研究通讯》第 2 期

《清政府对台湾郑氏关系之始末》,《中央民族学院学报》第 3 期
（后收入《郑成功研究论文选续集》）
《什么是清初四大疑案》,《文史知识》第 1 期

**1983 年**

《邓文如传略》(与邓同合著),《中国当代社会科学家》第 4 期
《自传》,《中国当代社会科学家》第 5 期
《清史研究中的几个问题》,《清史研究通讯》第 2 期
《满族之今昔》,《文史知识》第 3 期
《洪煨莲先生与引得编纂处》,《学林漫录》第 8 期,王锺翰主编《满族历史与文化》

**1984 年**

《试论理藩院与蒙古》,《清史研究集》第 3 期
The Qing History Bureau and Colletions of Qing Biographies, Ch'ing-shih-wen-ti(《清史问题》), Vol. 5, No. 2, December

**1985 年**

《邓之诚传》(与邓嗣禹、周一良合著),《中国史学家评传》第 3 册
《洪煨莲传》(与翁独健、刘子健合著),《中国史学家评传》第 3 册
《陈梦雷与李光地绝交书》,《中华文史论丛》第 5 期
《论袁崇焕与皇太极》,《社会科学战线》第 1 期(后收入《袁崇焕研究论文集》)
Erkl arung der Sibe-Steinschrift im Tempel des Hochsten Friedens zu

*Shen-yan*, Trans. by Prof. Givanni Stary(*Geschichte der Sibe-Mandschuren*, pp.54 – 72), Harrasowitz, Wiesbaden

《从满族的命名谈起》,《满族研究》创刊号

**1986 年**

《清实录与清史研究》,《书品》第 4 期

《满族简史》(通纂之一),中华书局再版,5 月

《清史稿》(点校者之一),中华书局再版,8 月

《书道咸以来朝野杂记后》,《史学集刊》第 1 期

《悼独健同志》,《民族研究通讯》

**1987 年**

《满文老档中计丁授田商榷》,《民族史论丛》第 1 期

《释马法》,《中国民族史研究》创刊号

《释汗依阿玛》,《满族研究》第 2 期

《清圣祖遗诏考辨》,《社会科学辑刊》第 2 期(后收入《清史国际学术讨论会论文集》)

《清实录与清史研究》,《文史知识》第 3 期

《清代官制简述》,《文史知识》1987—1988 年,第 1—3 期(后收入《中国古代官制讲座》)

《东北考察记》,《历史地理》第 5 期

*A Brief Summary of Manchu studies in the People's Republic of China*, Journal of Asian History(《亚洲史杂志》), 27,1:68 – 77

《清鉴易知录》(校订),北京古籍出版社,8 月

《清史列传》(校注),中华书局,11 月

《雍乾两朝镶红旗档序》,辽宁人民出版社,2 月

《清鉴易知录校刊叙言》,北京古籍出版社,8月

《盛京皇宫序》,紫禁城出版社,8月

《初学清史必读书目》,《文史哲》第3期

《谈学》,《开拓》创刊号

《陈二厂先生杂忆》,《陈宦研究资料专集》,《王锺翰清史论集》

**1988年**

《康雍乾三朝满汉京旗房地契约四种》,《北方民族》创刊号(后收入《清代区域社会经济研究》)

《试析康熙之农本思想》,《四平民族研究》第1期(收入《满族研究文集》)

《蒙古世系谱作者及其他》,《蒙古史研究》第3期

《满族史研究集》(主编),中国社会科学出版社,11月

《中国历史地图集释文汇编·东北卷》(合著),中央民族大学出版社,9月

《简明满汉辞典序》,河北教育出版社,3月

《骈字类编索引前言》,中国书店出版社,12月

**1989年**

《柳如是与钱谦益降清问题》,《纪念陈寅恪先生诞辰百年学术论文集》

《我和清史列传》,《书品》第2期

《陈寅恪先生杂忆》,《纪念陈寅恪教授国际学术讨论会文集》

《和珅秘传序》,吉林文史出版社,1月

《世界民族风俗及其传统文化序》,民族出版社,7月

**1990 年**

《清史新考》,辽宁大学出版社,1990 年 7 月

《天聪谕奏校注》,《历史档案》第 3 期

《年羹尧西征问题》,《青海社会科学》第 3 期

《内务府世家考》,《郑天挺纪念文集》3 期

《满族先世的发祥地问题》,《历史地理》第 9 期

《关于红楼梦的时代历史背景》,《纪念顾颉刚学术论文集》

《清代八旗中的满汉民族成分问题》,《民族研究》第 3—4 期(收入《中华民族研究新探索》)

《满族大辞典序》,6 月

《喜读郑天挺主编的清史》,《光明日报》5 月 23 日第 3 版《史学》

《满族发展史初编序》,天津古籍出版社,5 月

《清代政区沿革综表序》,中国地图出版社,6 月

《中国宫廷知识辞典序》,中国国际广播出版社,11 月

《全面开展乾嘉历史的研究》,《吉林师范学院学报》第 2 期

**1991 年**

《清代各部署则例经眼录》,《邓之诚学术纪念论文集》

《满族贝子称王考》,《中央民族学院建校四十周年学术论文集》

Notes on Han i Ama, Trans. by Prof. Nicola di Cosmo, Aetas Manjurica, Tornus 2, Otto Harrasowitz, Wiesbaden

The Question of the Place where the Manchu Ancestors Originated, Central Asiatic Journal, Vol. 35, No. 3 - 4

《评介韦庆远、刘守诒等编的〈清代的旗地〉》,《清史研究》第 3 期

**1992 年**

《清代民族宗教政策》,《中国社会科学》第 1 期
《清会典的官制史资料价值》,《书品》第 2 期
《清帝东巡评介》,《中国史研究》第 3 期
《读史与爱国主义教育》,《史学理论研究》第 1 期
《谈中国边疆学与民族史的研究》,《中国边疆史地研究》第 2 期
《成都燕大杂忆》,《成都燕京大学复校五十周年纪念集》
《神田信夫教授古稀华诞寿辞》,手稿
《清代八旗驻防制度研究序》,天津古籍出版社,8 月
《清太祖大妃纳喇氏》(中英文),《中国妇女传记辞典》(清代卷),香港浸礼学院
《清太宗孝庄文皇后济吉特氏》(中英文),同上
《清史续考》,台湾华世出版社

**1993 年**

《魏源与〈圣武记〉》,《社会科学战线》第 1 期
《胤禛与抚远大将军王奏档》,《历史研究》第 2 期
《毛大将军海上情形跋》,台湾《淡江史学》第 5 期
《清朝前期的党争问题》,台湾《历史月刊》第 70 期
《跋前清诰封广东省花市营都司章敏赫之母李氏为太恭人墓碑文》,日本《满族史研究通讯》12 月号
《有关民族史研究答记者问》,《治学与成才之道》,民族出版社,5 月
《孔飞力教授新著〈叫魂者〉的评介》,《清史研究》第 4 期
《明清史事论集刊序》,南京出版社,11 月
《多尔衮评传序》,东北师范大学出版社,12 月

《满汉大辞典序》,辽宁民族出版社,12月
《追悼先师劳启祥校长》,《雅礼简报》4月25日纪念专刊

**1994年**

《中国民族史》(主编),中国社会科学出版社,12月
《康熙与理学》,《历史研究》第3期
《五石斋日记选钞》,《学术集林》卷二
《东北古代民族古代地理丛考序》,中国社会科学出版社,2月
《清代六部成语词典序》,天津人民出版社,2月
《中华民族研究初探序》,知识出版社,11月
《清代满洲土地制度研究序》,吉林文史出版社,12月
《东北旗地研究序》,吉林文史出版社,12月

**1995年**

《李光地生平研究中的问题》,《燕京学报》新一期
《歪乃小考》,《满学朝鲜学论集》7月号
《左景伊新著〈左宗棠传〉书后》,《中国文化》第11期
《清一条鞭法序》,北京大学出版社,7月
《清代三姓副都统衙门满汉文档案选编序》,辽宁古籍出版社,7月
《清代内务府刻书目录题解序》,紫禁城出版社,9月
《无极甄氏族谱简编序》,中国档案出版社,9月
《满族的部落与国家序》,吉林文史出版社,11月

**1996年**

《清朝满族社会的变迁及其史料》,《中国文化》第13期
《黄河上游地区历史与人物评》,《西北史地》第2期

《满族在中华文化发展过程中的贡献》,《炎黄文化研究与中华民族》

《释阿其那与塞思黑》,《海峡两岸中国少数民族研究与教学研讨论文集》

《谈清入关前满族的社会分期问题》,《沈阳故宫博物院院刊——沈阳故宫博物院建院七十周年专辑》第 1 期

《洪承畴的历史功过问题》,《洪承畴研究》,中国社会科学出版社

《承前启后新义不穷——何炳棣著〈中国历代土地数字考实〉读后》,《中国史研究》第 3 期

《乔治忠著〈清朝官方史学研究〉评介》,《燕京学报》新二期

《我为什么专攻清史和满族史》,《文史知识》第 12 期

《清宫斗争内幕序和前言》(合著),《满族研究》第 2 期

《洪业传序》,(与侯仁之合撰),北京大学出版社,1 月

《说读书认字》,中央民族大学《研究生学报》第 1 期

《清宫斗争内幕序》,辽宁古籍出版社,6 月

《满族八旗制国家初探序》,北京燕山出版社,9 月

《追忆麻园岭二三事》,《雅礼中学九十周年纪念册》,10 月

《洪业先生小传》,《中国现代学术经典·洪业杨联陞卷》,河北教育出版社,6 月

《杨联陞先生小传》,同上

## 1997 年

《清史新考》,辽宁大学出版社再版,9 月

《满文档案与清史研究》,《庆祝邓广铭教授九十华诞学术论文集》

《记半通主人藏半部〈史通〉》,《燕京学报》新三期

《陈宝琛与末代皇帝》,《陈宝琛与中国近代社会》,陈宝琛教育
    基金筹委会刊行
《清代皇帝一家人丛书序》,辽宁大学出版社,7月
《四库禁毁书丛刊》(主编)(出版至第2期30册),北京出版社,
    11月

**1998年**

《明代漠南蒙古研究序》,内蒙古文化出版社,1月
《清史研究与民族古籍》,巴蜀书社,3月
《清代内务府序》,中国人民大学出版社,6月
《中国北方民族政权研究序》,中央民族大学出版社,8月
《再释阿其那塞思黑与满族传统文化》,《沈阳故宫博物院院刊》
    8月
《我和清史满族史研究》,《文史知识》1月

**1999年**

《王锺翰学述》,浙江人民出版社,1月
《三释阿其那与塞思黑》,《历史档案》4月
《陈梦雷与〈古今图书集成〉及助编者》,《燕京学报》新八期
《康熙敕谕抚远大将军王胤禛档》,《国学研究》10月
《施琅的历史功过问题》,《郑成功研究论文选续集》,7月
《王锺翰学术论著自选集》,中央民族大学出版社,5月
《四库禁毁与清代思想文化普及运动》,收入《四库禁毁书研
    究》,北京出版社,11月
《左景伊教授新著〈左宗棠传〉读后》,华夏出版社,8月
《孟森先生与邓、洪二师》,《文史知识》12月

## 2000年

《中国民族大观序》,《中国民族大观序》编委,3月

《中国民族文字与书法宝典序》,《中国民族文字与书法宝典序》编委,3月

《中国民族史研究五十年》,《明清论丛》5月

《满学研究中的几个问题》,《国学研究》8月

《孟森与〈明清史论著集刊〉正续编》前言,《二十世纪中国史学名著》,河北教育出版社,12月

## 2001年

《清史余考》,辽宁大学出版社,2月

《清前期八旗土地制度研究序》,民族出版社,4月

《乾隆八旗旗务总抄规例校注》,《燕京学报》新十期

## 2002年

《清代翰林院制度序》,社会科学文献出版社,1月

《满文档案与清史研究》,《社会科学战线》第3期

《清心集》,新世界出版社,8月

《大清王朝序》,中央民族大学出版社,10月

《清史稿说略》,载《经史说略·二十五史说略》,北京燕山出版社,11月

《王锺翰清史论集叙言》,《书品》第4期

## 2004年

《清史补考》,辽宁大学出版社,3月

《王锺翰清史论集(全四册)》,中华书局,11月

**2005 年**

《王锺翰手写甲丁日记》,文津书店,精装影印

**2006 年**

《清史满族史讲义稿》,鹭江出版社,5 月

**2009 年**

《清史十六讲》,中华书局,1 月
《王锺翰说清朝》,杨海英、邸永君编,上海科学技术文献出版
　　社,4 月

**2015 年**

《清史十六讲(典藏本)》,中华书局,6 月

# 后　　记

　　岁月不居，光阴如水。转眼间恩师锺翰先生离开我们已近一年了。在整理先生遗稿的过程中，我们又从中获得了许多启发和收益，感受到先生的严谨、博学、敬业与勤奋。尽管我们已尽力，但受识见、时间等条件的限制，这部小书实难展示先生的学术造诣于万一，又难以避免因我们仓促的编排所造成的舛误。明天，将在万安公墓为恩师暨师母举行安葬仪式，深感忐忑不安的同时，希望先生能够了解我们想为恩师做点什么的卑微心愿，也恭俟读者批评。

　　最后，还要感谢旅意电脑专家梁诏如先生帮助我们在工作过程中排忧解难，得以交稿，并感谢出版社为推出此书所付出的努力，感谢编辑的辛劳。是为记。

杨海英　邸永君<br>2008 年 8 月 25 日

# 再 版 后 记

己亥(2019)仲春某日,接张树先生电,说起《大家说历史》丛书将改由生活·读书·新知三联书店再版之事时,几乎已经忘却十余年前与同门永君兄一起完成之作业矣。《王锺翰说清朝》由历史所同仁宫长为先生牵线搭桥,功德无量。作序之时,先生已病卧西苑医院,月余后即驾鹤西归。此书也可算是对先生教诲之恩的区区回报。

1934年,锺翰师负笈燕京大学,后留校执教。曾用蝇头小楷整理、誊录文如(之诚)师祖《清史讲稿》计二三十万字,然"被中央党校的两位年轻教习借走,迄未送还"(旧版自序)而颇引为憾。自二十七岁起,先生在燕园讲授明清史课程,即亦步亦趋,追随恩师足迹,辛勤耕耘史坛六十余载,于清史满族史领域大木擎天,广受赞誉。今乃整理讲稿付梓并得以再版,或可聊慰师心于地下焉。

此时此刻,衷心感谢三联书店,感谢责任编辑杨女士精益求精,校正旧版的一些笔误及编排错误。另遵雅嘱,增补先生为文如师墓茔所拟碑文《五石先生小传》,及与邓嗣禹、周一良先生共撰之《邓之诚先生评传》,以明先生于学脉之传承与光大师门之志趣;并添补永君兄所撰《王锺翰先生传略》及整理之先生论著目录,以飨读者。

是为记。

杨海英　邱永君<br>己亥孟夏于燕京